融合型·新形态教材
复旦社云平台 fudanyun.cn

健康养老专业系列教材

老龄事业与产业发展

主　编　吴玉韶　张国芝
副主编　郑春梅　王　真　蔡　畅

复旦大學出版社

本书编委（按姓氏音序排列）

蔡　畅（黑龙江省民政职业技术学校）

程宝元（北京青年政治学院）

戴欣玲（黑龙江省民政职业技术学校）

宫欣雨（黑龙江省民政职业技术学校）

李金凤（山东青年政治学院）

王向梅（沧州职业技术学院）

王　真（北京青年政治学院）

魏柏熙（北京印刷学院）

吴玉韶（复旦大学）

于泽浩（北京青年政治学院）

张国芝（北京青年政治学院）

张　秀（新里程健康集团）

赵丽萍（童心养老服务承德有限公司）

郑春梅（辽宁经济职业技术学院）

健康养老专业系列教材编委会

学术顾问　吴玉韶（复旦大学）
编委会主任　李　斌（长沙民政职业技术学院）

编　　　委
唐四元（中南大学湘雅护理学院）
张永彬（复旦大学出版社）
黄岩松（长沙民政职业技术学院）
范　军（上海开放大学）
田奇恒（重庆城市管理职业学院）
杨爱萍（江苏经贸职业技术学院）
朱晓卓（宁波卫生职业技术学院）
罗清平（长沙民政职业技术学院）
王　婷（北京劳动保障职业学院）
高　华（广州卫生职业技术学院）
张国芝（北京青年政治学院）
陶　娟（安徽城市管理职业学院）
李海芸（徐州幼儿师范高等专科学校）
王　芳（咸宁职业技术学院）
罗　欣（湖北幼儿师范高等专科学校）
刘书莲（洛阳职业技术学院）
张伟伟（聊城职业技术学院）
朱建宝（复旦大学出版社）

石晓燕（江苏省社会福利协会）
郭明磊（泰康医疗管理有限公司）
邱美玲（上海九如城企业（集团）有限公司）
丁　勇（上海爱照护医疗科技有限公司）
关延斌（杭州暖心窝科技发展有限公司）
刘长松（上海福爱驿站养老服务集团有限公司）
李传福（上海瑞福养老服务中心）
谭美花（湖南康乃馨养老产业投资置业有限公司）
马德林（保利嘉善银福苑颐养中心）
曾理想（湖南普亲养老机构运营管理有限公司）

编委会秘书　张彦珺（复旦大学出版社）

前 言

在全球人口老龄化加速演进的背景下，中国正经历着规模最大、速度最快且"未富先老"的老龄化进程。这一人口结构变迁既是挑战也是机遇：一方面，人口老龄化给社会保障、医疗健康等公共服务体系带来显著压力；另一方面，也催生了老龄事业与产业协同发展的新动能，成为破解未富先老困局，实现"老有所养、老有所依、老有所乐、老有所安"的关键路径。

事业是产业的价值根基，产业是事业的物质支撑。遵循这样的辩证逻辑，本教材系统探讨了老龄事业与产业发展的内在联系：政府主导的养老保障体系为老年人提供基本生活保障，市场驱动的老龄产业则通过技术创新、服务创新，不断拓展服务边界，细化服务内容，二者协同发展，既彰显了老龄事业的公益性本质，又释放了产业的市场活力，共同构建起应对人口老龄化的立体生态。

本教材立足中国老龄化国情，结合全球治理经验，从经济学、人口学等多学科视角，深入分析老龄事业与产业发展的底层逻辑。内容兼顾理论深度与实践价值，旨在为康养专业师生、产业从业者及社会公众提供兼具学术性与可读性的参考读本，助力构建积极应对人口老龄化的社会共识。本教材的编写特色主要体现在以下几个方面：

1. 遵循国家专业标准与课程标准

本教材第二主编主持了全国民政职业教育教学指导委员会"老龄事业与产业发展"课程标准的制定，对国家专业教学标准与课程标准有深入的把握。教材从"老龄事业""老龄产业""老龄事业与产业发展环境""老龄事业与产业发展政策""老龄康养服务业""老龄文旅服务业""老龄金融服务业""老龄康养产品制造业"八个层面，为养老专业学生系统梳理老龄事业与产业发展的战略、实践与趋势，增强学生对人口老龄化国情的认知，树立积极老龄观，为后续专业学习提供理论支撑。

2. 系统构架，产学研深度融合

教材编写团队由高校专家学者、骨干教师、企业行业能手组成。其中，第一主编复旦大学老龄研究院副院长、中国社会福利与养老服务协会会长吴玉韶教授长期致力于人口老龄化研究，他为本教材审定整体构架，指引写作方向。编写团队连续两年深入政府机构、养老机构、金融机构、开设健康养老类专业院校等进行调研，收集老龄事业与产业发展的一手资料，引入北京健康养老集团有限公司、童心养老服务承德有限公司、新里程健康集团有限公司等真实产业发展案例，展现老龄事业与产业协同发展的样貌。

3. 任务驱动，资源丰富

教材依据职业教育教材编写要求，采用模块化项目式任务型模式编写。全书分为8个模块，每个模块设置"模块导读""模块目标""模块导图"。"模块导读"整体介绍模块内容,启发学生思考,"模块目标"指明学习方向,"模块导图"提纲挈领,构建模块知识体系。模块下共设30个项目,每个项目包含"任务发布""任务准备""知识链接""任务评价""思考练习""拓展研究"六个板块。课前任务与课后探索相结合,用网络搜索、实地调研任务,引领学生深入社会实践,获得老龄事业与产业的具象感知,并培养主动研究、独立思考、沟通协调等综合能力。

教材基于教学内容,配套丰富数字资源,覆盖教学准备、教学实施、教学评价完整闭环,促进学生巩固知识、拓宽视野。扫描书中二维码即可浏览拓展资料、完成配套习题。此外,登录复旦社云平台(www.fudanyun.cn),搜索《老龄事业与产业发展》书名,可获取配套教学课件等资源。

云平台使用说明

本教材编写分工如下:吴玉韶、张国芝负责模块一的编写,李金凤、张国芝、魏柏熙负责模块二的编写,蔡畅、戴欣玲、宫欣雨负责模块三的编写,郑春梅、张国芝负责模块四的编写,赵丽萍、张国芝、王向梅负责模块五的编写,于泽浩、张秀负责模块六的编写,郑春梅、戴欣玲、宫欣雨、张国芝负责模块七的编写,王真、程宝元负责模块八的编写。

本教材在编写过程中,参考了大量国内外关于老龄事业与产业发展的研究资料,在此对国内外老龄事业与产业发展的研究者表示真诚的感谢!感谢复旦大学出版社对于本教材出版的大力支持,尤其感谢朱建宝副编审、张彦珺编辑的付出。感谢北京健康养老集团有限公司、童心养老服务承德有限公司、新里程健康集团有限公司在案例方面提供的支持。由于时间紧促,加上我们的水平有限,书中难免存在错误或不足之处,恳请广大读者提出宝贵意见,以便我们修订时完善。

编 者
2025年6月

目 录
Contents

模块一　老龄事业 ·· 001

　　项目一　老龄事业的内涵 ·· 002
　　项目二　老龄事业的发展 ·· 006
　　项目三　老龄事业发展的战略与方向 ······························ 014

模块二　老龄产业 ·· 019

　　项目一　老龄产业的内涵 ·· 020
　　项目二　老龄产业的类型 ·· 023
　　项目三　老龄产业发展现状 ·· 029
　　项目四　老龄产业发展趋势 ·· 033

模块三　老龄事业与产业发展环境 ·· 040

　　项目一　经济环境 ··· 041
　　项目二　人口环境 ··· 049
　　项目三　社会环境 ··· 058
　　项目四　技术环境 ··· 065

模块四　老龄事业与产业发展政策 ·· 069

　　项目一　老龄事业发展政策 ·· 070
　　项目二　老龄产业发展政策 ·· 073
　　项目三　国外老龄事业与产业发展经验借鉴 ·················· 080

模块五　老龄康养服务业 ·· 088

　　项目一　老龄居家康养服务业 ·· 089
　　项目二　老龄社区康养服务业 ·· 097
　　项目三　养老机构康养服务业 ·· 104

模块六　老龄文旅服务业 ·· 113

　　项目一　老龄文旅服务业的内涵 ···································· 114

  项目二 老龄文旅服务业的发展 ········· 116
  项目三 老龄文旅服务业发展战略 ········· 121

模块七 老龄金融服务业 128

  项目一 老龄金融服务业的内涵 ········· 129
  项目二 老龄金融服务业的基本内容 ········· 134
  项目三 老龄金融服务业的发展 ········· 139
  项目四 老龄金融服务业发展面临的问题 ········· 145
  项目五 老龄金融服务业发展战略 ········· 148

模块八 老龄康养产品制造业 154

  项目一 老龄康养产品制造业的内涵 ········· 155
  项目二 老龄康养产品制造业的内容 ········· 159
  项目三 老龄康养产品制造业的发展 ········· 165
  项目四 老龄康养产品制造业发展面临的问题 ········· 168
  项目五 老龄康养产品制造业发展战略 ········· 172

主要参考文献 176

模块一

老龄事业

模块导读

2024年末，我国人口总数为140 828万人。从年龄构成看，16—59岁的劳动年龄人口为85 798万人，占全国人口的比重为60.9%；60岁及以上老年人口为31 031万人，占全国人口的22.0%，其中65岁及以上人口为22 023万人，占全国人口的15.6%。我国已经进入人口老龄化社会和中度老龄化阶段。积极应对人口老龄化已成为我国推进中国式现代化进程中不容忽视的重大现实课题。老龄事业作为社会主义事业的关键组成部分，其重要性不言而喻，它不仅关系到老年人的生活质量与幸福指数，更牵系着千家万户的家庭和谐以及整个社会的稳定发展。党和政府始终高度重视老龄事业。党的十九届五中全会将积极应对人口老龄化上升为国家战略，《国家积极应对人口老龄化中长期规划》《中共中央 国务院关于加强新时代老龄工作的意见》等一系列国家战略文件相继出台，对老龄事业发展作出全面且细致的部署，明确了工作方向与重点任务。本模块重点介绍我国老龄事业发展的历史脉络、政策体系与发展战略。

模块目标

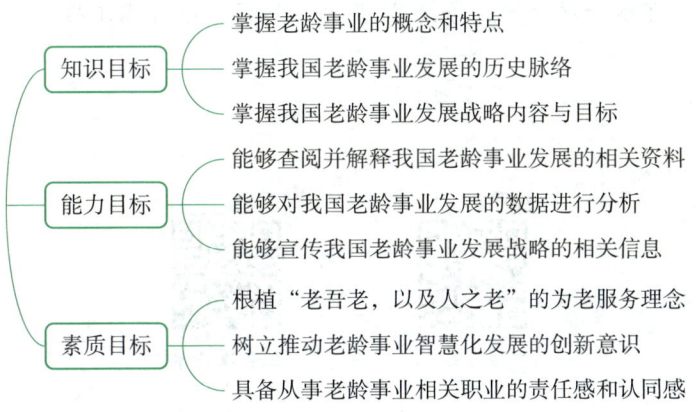

模块导图

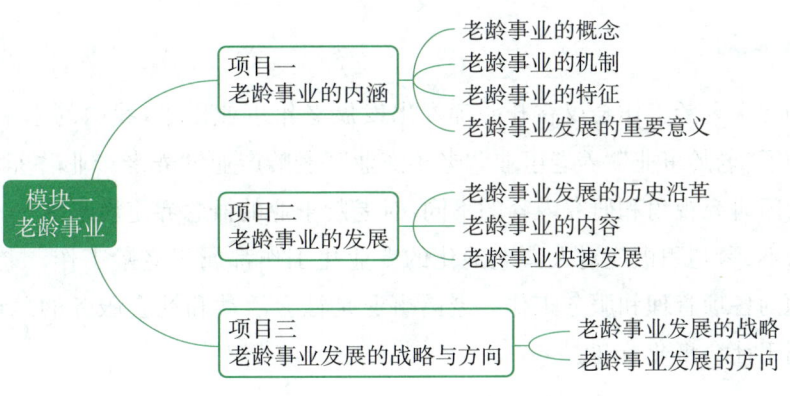

项目一 老龄事业的内涵

任务发布

银发时代

人口老龄化已成为全球性趋势,深刻影响着社会发展的各个方面。面对老年人口规模持续扩大,如何保障其生活质量、维护其合法权益并促进其社会参与,成为亟待解决的重要议题。在此背景下,老龄事业应运而生并快速发展,成为社会事业的重要组成部分。老龄事业是以老年群体为核心服务对象的综合性社会事业,涵盖养老服务、医疗保健、文化教育、权益保障等多个领域,通过政府、社会组织、企业和志愿者等多元主体的协同参与,构建起一套完整的运行机制。

老龄事业具有显著的社会性、公益性、系统性、长期性和创新性特征,这些特征决定了其发展的重要意义,特别是在我国老年人口规模庞大、老龄化进程加速的背景下。当前,老年人养老需求正从生存型向发展型转变,但老龄事业和养老服务仍面临发展不平衡、不充分等挑战。因此,深入理解老龄事业的内涵与特点,认识其发展的重要性和运行机制,对于应对人口老龄化挑战、推动社会可持续发展具有关键作用。

请你完成以下任务——

任务一:借助互联网平台,检索并整理出5条老龄事业的概念。

任务二:阐述老龄事业的特点。

任务三:查阅中国人口老龄化数据,阐述中国老龄化的特点。

任务四:走进社区,了解社区养老服务情况,撰写社区养老服务需求报告。

任务准备

任务分组表

任务准备单

知识链接

1. 老龄事业的概念

自1984年全国首次老龄工作会议召开明确提出发展老年事业以来,我国的学术专著、论文、法律政策、发展规划中出现了"老龄事业""养老事业""老年产业""老龄产业""养老产业""养老服务业"等相关概念。目前,不同学者因研究视角和研究内容的不同,对老龄事业的概念界定尚未统一。

杜鹏等提出,从事、参与积极应对人口老龄化的专业化工作都属于老龄工作。老龄事业就是老龄工作,是解决老龄问题的各项管理和服务工作。老龄事业是社会活动和社会服务的总称,主要是提高老年人整体福利水平,属于社会事业范畴。

国家应对人口老龄化战略研究、老龄事业发展指标体系研究课题组提出，老龄事业是为了解决人口老龄化所产生或将要产生的经济社会问题，是国家机关和其他社会组织为满足公民年老以后的物质文化需要，而进行的社会建设和公共服务活动。

吴玉韶从供给和需求角度界定了老龄事业。从供给看，我国养老事业主要是指以政府为主提供的基本养老服务和产品，具有公益性、普惠性、兜底性等特征；从需求看，养老事业主要针对老年人基础性的养老需要。

穆光宗从老龄产业与老龄事业的联系视角界定了老龄事业，认为老龄事业主要是福利性的，即社会福利、政府供给、公共服务。老龄产业是广义老龄事业的一部分。老龄事业是政府和社会运作的有关老龄工作和老龄福利。广义的老龄事业包括老龄产业，即提供公共产品和市场产品，体现政府在发展老龄产业中的地位和作用。

归纳起来，老龄事业是指以老年人为对象，以满足老年人物质生活和精神文化生活需要为目的，以维护老年人权益为宗旨，以政府为主导、社会力量广泛参与，为老年人提供服务和保障的事业。老龄事业属于社会公共管理领域，包括老年社会保障、老年医疗保健、老年文化教育、老年体育健身、老年社会参与、老年权益保障等多个方面。

2. 老龄事业的机制

(1) 社会主体

参照《中华人民共和国老年人权益保障法》，老龄事业的社会主体主要包括国家、政府、事业单位、社会组织、企业/个体工商户、志愿者和其他，而由企业/个体工商户等在市场监督管理部门注册的单位完成的工作归属于老龄产业。

(2) 实施对象

老龄事业的实施对象包括所有老年群体，其中核心对象主要是困境中的老年人，即需要政府兜底保障和社会关心关爱的特殊老年人。

(3) 实施手段

老龄事业主要通过国家福利政策，或发挥公益慈善功能和作用，来实现涉老资源的合理配置和有效利用。

(4) 发展目的

老龄事业发展的目的是发展和提升老年福利，以保障困境老年群体的基本生活，让老年人能够老有所养、老有所医、老有所为、老有所学、老有所乐。

3. 老龄事业的特征

老龄事业作为国家社会福利体系的重要组成部分，其出发点在于满足老年人日益增长的生活、健康、精神、心理等多方面需求，具有显著的社会性、公益性、系统性、长期性和创新性等特征。

(1) 社会性

老龄事业的基本特征是其具有广泛的社会性。随着人口老龄化进程的加快，老年人口数量快速增加，康养问题已经成为全社会共同关注的焦点，老龄事业的持续健康发展，不仅能够保障老年人的生活质量和幸福感，而且关系到社会的和谐稳定和可持续发展。老龄事业是以政府为主导，为老年人群体提供服务的公益性事业。在政府发挥主导作用的同时，需要全社会的共同参与，尤其是社会组织、各类机构、家庭和个体要积极承担社会责任，共同参与养老服务公益活动，凝聚老龄事业发展的社会合力，形成全社会共同关注、支持和参与老龄事业的良好氛围。

(2) 公益性

老龄事业，作为政府、社会组织和个体通过提供康养服务，保障老年人的生活安全和幸福感的公共事业,以保障和提高老年人的民生福祉为导向,关注老年人群体的基本生活需要、安全感和幸福感,是国家公共事业的重要组成部分。各级政府主导老龄事业发展,在资金、政策、规划和法律等方面提供支持和保障,具有公益性质。

(3) 系统性

老龄事业,作为保障老年人生活、身体、心理等多方面需求的公益性事业,涉及医疗、保健、康复、娱乐、文化、教育、科技、金融、地产和社会活动等多个领域。老年人在生活、身体、心理等方面的需求多种多样,需要提供全方位、多层次、多渠道的服务。因而,老龄事业是一个庞大的系统工程,需要统筹配置社会资源,建立包含政府、社会组织、各类机构、社区、家庭和个人的协作机制,实现资源共享、优势互补,形成为老服务有效供给,满足老年人的康养需求。

(4) 长期性

人口老龄化是当前人类社会发展的客观趋势,老龄事业具有长期性。据测算,2000—2050年我国人口老龄化水平将从10%提升到34.9%[1],比世界平均速度快一倍多。"十四五"期间,我国60岁及以上老年人口年均增加将超过1000万。我国人口规模大,伴随着医疗水平的提高,人均寿命不断提高,老龄人口存量将持续增长。且老年人需求层次不断提高,需求结构正在从生存型向发展型转变,老龄事业和养老服务存在着更加突出的不平衡、不充分问题,体现在养老服务总量不足、结构不优、质量不高、价格不低等方面。具体来说,社区居家养老和优质普惠服务供给较少,广大农村养老服务水平较低,智慧健康养老专业人才短缺,健康养老领域科技创新和智慧健康养老产品支持有待加强等。老龄事业需要按照可持续发展理念进行长期战略规划,不断完善养老服务体系,提高养老服务质量,确保老年人能够享受到持续、健康、稳定、安全的养老服务。

(5) 创新性

生产力的不断发展和科技的快速进步推动老龄事业进行技术创新和管理创新。当前,互联网、物联网、大数据、人工智能等智慧技术的蓬勃发展,助力智慧养老模式为老年人、机构提供实时、高效和低成本的服务。尤其是,随着越来越多习惯数字生活的人口步入老年阶段,智慧康养新业态将迎来广阔发展空间,智能护理机器人、家庭服务机器人等将有机会推广应用于更多寻常百姓家,智慧康养经济将成为中国银发经济的重要组成部分(见图1-1-1)。

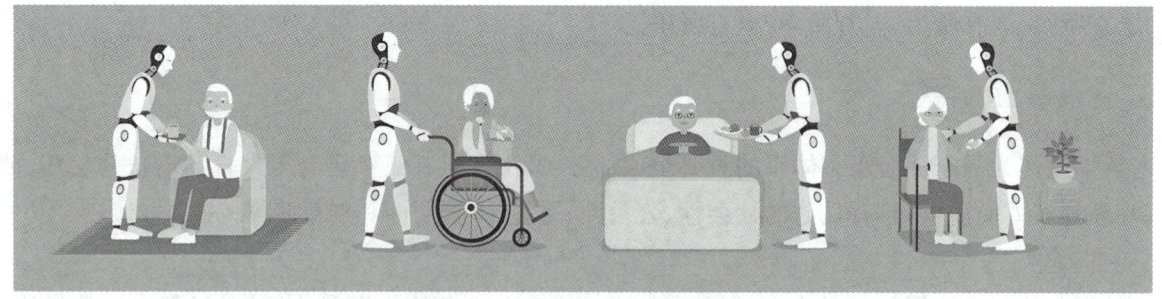

图1-1-1 养老服务智能机器人

4. 老龄事业发展的重要意义

(1) 有效保障老年人的合法权益

老年人不仅依法享有政治权利、人身自由权利、宗教信仰自由权、社会经济权利、受赡养扶助权利、财

---

[1] 田晓航. 到2050年老年人将占我国总人口约三分之一[N/OL]. (2018-07-19)[2025-06-13]. https://www.gov.cn/xinwen/2018-07/19/content_5307839.htm.

产所有权、婚姻自由权利、住房权、继承权、文化教育权利,而且有从国家和社会获得物质帮助的权利,有享受社会服务和社会优待的权利,有参与社会发展和共享发展成果的权利。老龄事业包括社会保险、社会福利、社会救助和公益慈善事业等老年人社会保障体系。发展老龄事业就是要不断改善保障老年人生活、健康、安全以及参与社会发展的条件,有效保障老年人的合法权益。

(2) 推进新时代经济社会协调发展

人口老龄化是人类社会发展进步的客观趋势,中国已经进入了中度人口老龄化阶段。截至 2024 年末,全国 60 岁及以上人口 31 031 万人,占全国总人口的 22.0%;65 岁及以上人口 22 023 万人,占全国人口的 15.6%。人口老龄化对经济运行、社会建设、文化教育等多方面,乃至国家综合实力和核心竞争力都具有重要而深远的影响。发展老龄事业不仅能够让老年人享受改革发展成果,提高老年人的福祉,促进家庭的团结稳定,而且有利于促进社会和谐稳定发展。

(3) 促进全社会树立积极老龄化理念

发展老龄事业旨在满足老年人对美好晚年生活的新期待。老龄事业发展是一个复杂的系统工程,需要个人、家庭、政府、企事业单位、非政府组织等全社会的共同参与,以满足老年人的物质生活和精神文化生活需要。这个过程有利于推动全社会树立积极老龄观,即科学老龄观、主动老龄观和有为老龄观,旨在强调"积极"氛围,营造全社会积极为老服务氛围。

(4) 推动构建完善的养老服务体系

我国老年人口基数大,老龄化速度快。随着我国生产力的快速发展和生活水平的不断提高,老年人对晚年生活充满更高期待,他们对养老服务需求呈现多样化、多层次化特点。为了满足老年人对美好生活的向往,就需要集全社会力量大力发展老龄事业,建立完善的养老服务体系,推动构建以居家为基础、社区为依托、养老机构为补充的,健全的社会养老服务体系。在城镇建立以保障高龄、独居、空巢、失能和低收入老年人为重点的居家养老服务网络,提供助餐、助医、助洁、助浴、助行、助急和探访关爱等服务。在乡镇(街道)建设区域养老服务中心和社区嵌入式养老服务机构,如托老所、日间照料中心、老年康复中心。同时,大力支持社会力量投资兴办不同档次的养老服务机构,持续优化养老机构床位结构,支持护理型床位建设,提供专业照护服务。让老年人共享新时代改革开放成果,安享幸福晚年。

任务评价

学生自评表

小组互评表

教师评学表

思考练习

1. **单项选择题**

2. 简答题

（1）解释什么是老龄事业，老龄事业的特点有哪些。

（2）阐述老龄事业发展的重要意义。

（3）查阅"十五"以来我国老龄事业发展的数据，并以柱状图的形式体现。

3. 拓展研究

（1）走进社区，了解社区老年人服务情况，撰写社区老年人服务需求报告。

（2）请扫码阅读《"十四五"国家老龄事业发展和养老服务体系规划》的目标，结合我国老龄事业发展的实际情况，谈一谈该文件的目标对我国老龄事业发展的重要意义，并撰写一篇小论文。

《"十四五"国家老龄事业发展和养老服务体系规划》的目标

项目二 老龄事业的发展

任务发布

应对老龄化

在我国尚未进入人口老龄化社会之前，我国政府已经开始关注老年人问题。1950 年，我国探索建立干部、职工退休制度。1951 年颁布了《中华人民共和国劳动保险条例》，实施劳动保险制度。1956 年全国人民代表大会通过了《高级农业生产合作社示范章程》，实施老年社员社会福利保障制度。此后，"五保"制度和敬老院诞生，老年社会福利制度逐步建立和完善。自 2000 年我国进入人口老龄化社会之后，老龄事业快速发展。截至 2023 年底，全国参加基本养老保险人数达到 10.7 亿人，36 个城市（地区）先行实施个人养老金制度，49 个试点城市参加长期护理保险人数共 18 330.87 万人，设有老年医学科的二级及以上综合性医院 6 877 个，老年友善医疗机构的综合性医院 11 097 个、基层医疗卫生机构 27 755 个，185 个市（区）开展安宁疗护服务，医养结合机构 7 881 家，医疗卫生机构与养老服务机构建立签约合作关系超过 8.7 万对，完成残疾老年人家庭无障碍改造 41.19 万户，"智慧助老"行动累计投入资金超过 1.3 亿元，惠及 2 500 多万名老年人。如何满足老年人多元化、多样化、多层次服务需求成为推动中国式现代化的重大课题。那么，中国老龄事业发展是如何演进的呢？老龄事业发展的内容具体包括什么？我国老龄事业快速发展表现在哪些方面？

请你完成以下任务——

任务一：利用互联网平台，梳理老龄事业发展脉络。

任务二：阐述老龄事业的内容。

任务三：查阅中国老龄事业发展的历史脉络，绘制思维导图。

任务四：走进社区养老驿站，了解医养结合为老服务情况，了解"智慧助老"的形式。

任务分组表　　任务准备单

1. 老龄事业发展的历史沿革

(1) 老龄事业创立发展时期(1949—1981年)

在老龄事业创立发展时期,我国建立了职工干部退休制度、养老和医疗保险制度以及老年社会福利制度。1950年政务院公布的《关于退休人员处理办法的通知》、1951年国家颁布的《中华人民共和国劳动保险条例》、1952年政务院印发的《关于全国各级人民政府、党派、团体及所属事业单位的国家工作人员实行公费医疗预防的指示》、1954年颁布的第一部《中华人民共和国宪法》、1955年政务院颁布的《国家机关工作人员退休处理暂行办法》、1956年通过的《高级农业生产合作社示范章程》、1978年国务院颁布的《关于安置老弱病残干部的暂行办法》、1978年中组部下发的《关于加强老干部工作的几点意见的通知》、1982年中共中央发布的《关于建立老干部退休制度的决定》等文件,对我国职工干部退休、养老和医疗保障、农村养老社会福利作出了具体规定,标志着我国职工干部退休制度、养老和医疗保险制度以及老年社会福利制度的确立。

(2) 老龄事业探索发展时期(1982—1998年)

① 建立老龄工作机构

1982年,联合国第一次老龄问题世界大会召开,中国开启了现代意义上的老龄工作。经国务院批准,1982年3月我国成立了老龄工作机构,即老龄问题世界大会中国委员会,同年10月更名为中国老龄问题全国委员会。1984年8月,在北京召开全国首次老龄工作会议,提出了"老有所养、老有所医、老有所学、老有所为、老有所乐"的老龄工作目标和七项老龄工作主要任务。1987年10月,党的十三大提出,要注意人口迅速老龄化的趋向,及时采取正确的对策。1989年3月,七届全国人大二次会议提出,各地区、各部门都应关心老年工作,标志着党和政府将老龄事业发展纳入工作日程。1994年,我国颁布了第一部老龄工作中长期规划《中国老龄工作七年发展纲要(1994—2000年)》,对推动老龄事业全面发展产生了重要影响。

② 开启老龄宣传与研究工作

针对全社会对老龄化问题的认识不足、研究深度不够的情况,我国开始宣传、研究老龄化问题,并成立了中国老龄科研中心、中国老年报社、《中国老年》杂志社及中国老年基金会、中国老年学会、中国老年大学协会等国家级事业单位和老年社会团体。自此,全社会开始研究和重视老龄问题。

③ 注重维护老年人合法权益

1987—1989年,全国共有16个省份颁布了老年人权益保护地方性法规,其中,《关于维护老年人合法权益的决议》由湖南省人大颁布实施,是我国第一个地方性老年法规。1996年,我国颁布了第一部老年人权益保障法兼第一部老龄事业促进法,即《中华人民共和国老年人权益保障法》,明确规定老年人家庭赡养与扶养、老年社会保障、老年人参与社会发展、老年人权益维护等事项,有效地保护了老年人合法权益。

④ 举办老年文化参与活动

1983年,山东省红十字老年大学建立,是我国第一所老年大学,标志着老年教育事业的开启。1988—1989年,我国23家老年报刊出版单位联合进行了"老有所为精英奖""敬老好儿女金榜奖"评选表彰活动。1990年,中国关心下一代工作委员会成立,依靠"五老"(老战士、老模范、老干部、老专家、老教师)力量,在全国范围内开展关心下一代活动。

⑤ 开展老龄事业国际交流活动

作为当时总人口和老年人口最多的国家,我国在此时期积极开展国际交流与合作。1986年,中国老年学会加入国际老年学会,这是我国参加的第一个老龄国际组织。1991年,中国老龄问题全国委员会第一次召开"国际老人节"座谈会。同期,我国先后与联合国、联合国人口基金、联合国亚洲及太平洋经济社会委员会等国际组织及日美等国家开展老龄领域的国际交流和学术研讨。

(3) 老龄事业全面发展时期(1999—2011年)

1999年末,我国60岁及以上人口占总人口的比例超过10%,65岁及以上人口达7%,标志着我国进入了人口老龄化社会。为了积极应对人口老龄化,我国全面部署开展老龄工作,中国老龄事业进入了全面发展时期。

① 建立全国老龄工作机构

1999年10月,党中央成立全国老龄工作委员会。2000年8月,中共中央、国务院印发党中央第一个加强老龄工作的纲领性文件,即《关于加强老龄工作的决定》。随后,国务院召开了新中国成立以来的第一次老龄工作会议。2001年7月,国务院颁布《中国老龄事业发展"十五"计划纲要》,这是国家颁布的第一个老龄事业五年规划。2002年2月,全国老龄工作委员会第四次全体会议提出"党政主导、社会参与、全民关怀"的老龄工作方针,意义重大,影响深远。

② 完善社会养老保障制度

2003年,党的十六届三中全会提出探索建立农村低保制度。我国2007年开始进行城镇居民基本医疗保险试点。2009年,我国建立了新型农民养老保险制度,开始实施农村普惠式养老。同年6月,民政部印发《关于转发宁夏建立高龄老人津贴制度有关政策的通知》,其他地区结合实际建立高龄老人津贴政策。随后10月,我国颁布了《中华人民共和国社会保险法》,社会保险开始法制化。

③ 开展专业建设与重大科学研究

1999年,长沙民政职业技术学院和大连职业技术学院开设老年服务与管理专业。2003年,老年学专业在中国人民大学开始设立。此后,北京大学设立了老年学专业,并招收硕士和博士研究生。2006年和2010年中国老龄科学研究中心开展第二、三次全国性老年人生活状况抽样调查研究。2006年,全国老龄工作委员会办公室第一次公布人口老龄化百年预测和分省50年预测结果。同年,国务院发布《中国老龄事业的发展》白皮书。2009—2012年,全国老龄工作委员会组织开展了我国最大的应对人口老龄化研究工程,即国家应对人口老龄化战略研究,包括23个专题,研究团队由400多名专家组成,出版研究报告15部,共计520万字,推动了应对人口老龄化上升为国家战略。

(4) 老龄事业快速发展时期(2012年至今)

2020年10月,党的十九届五中全会将积极应对人口老龄化上升为国家战略。我国老龄事业的发展由"老龄不是问题""老龄成为问题"转变为"老龄国家战略",中国老龄事业进入快速发展时期。

① 实施积极应对人口老龄化战略

2012年12月,首次全面修订的《中华人民共和国老年人权益保障法》提出,积极应对人口老龄化是我国的长期战略任务。"十三五"规划纲要的第六十五章"积极应对人口老龄化",提出"开展应对人口老龄化行动,加强顶层设计,构建以人口战略、生育政策、就业制度、养老服务、社保体系、健康保障、人才培养、环境支持、社会参与等为支撑的人口老龄化应对体系"。2019年10月,我国开始实施《国家应对人口老龄化中长期规划》。2021年,"十四五"规划将积极应对人口老龄化战略作为其中的重要内容。2022年4月,国务院印发《关于推动个人养老金发展的意见》。2023年,中共中央办公厅、国务院办公厅先后印发《关于进一步完善医疗卫生服务体系的意见》《关于推进基本养老服务体系建设的意见》,十四届全国人大常委会第三次会议表决通过《中华人民共和国无障碍环境建设法》,应对人口老龄化的顶层设计日益完善。

② 全社会关注老龄事业发展

各级人大、政协把老龄事业发展列为重点议题,相关提案逐年增加。政府部门加大老年法规执法检查、养老服务专项督查力度。全国老龄工作委员会不仅开展"敬老文明号"创建活动和全国"敬老爱老助老模范人物"评选表彰活动,而且连续15年开展全国"敬老月"活动。2018年,《关于开展人口老龄化国情教育的通知》印发,人口老龄化国情教育活动在全社会迅速开展。同时,高等院校、科研院所、新闻媒体等社会各界更加关注老龄事业发展。

③ 加快发展康养服务业

2013年9月,《国务院关于加快发展养老服务业的若干意见》发布,提出建设以居家为基础、社区为依托、机构为支撑的,功能完善、规模适度、覆盖城乡的养老服务体系。同月,《国务院关于促进健康服务业发展的若干意见》发布,明确"加快发展健康养老服务"和"积极发展健康保险"等8项健康服务业主要任务。此后,中央和地方政府出台了一系列养老服务业发展的政策文件。

2. 老龄事业的内容

(1) 老年民生保障

老年民生保障主要包括养老保险、医疗保险、长期护理保险、基本生活救助四个方面。

我国养老保险体系采用基本养老保险、补充养老保险、个人养老金"三支柱"模式。基本养老保险(第一支柱)包括城镇职工养老保险(单位与个人共同缴费)和城乡居民养老保险(个人缴纳)等,提供基础养老保障。补充养老保险(第二支柱)含企业年金(企业自愿设立)和职业年金(机关事业单位强制建立),由单位与个人共同缴费,提升养老待遇。个人养老金(第三支柱)主要是个人自愿参与的储蓄型养老保险和商业养老保险。

医疗保险主要指基本医疗保险,包括城镇职工基本医疗保险和城乡居民基本医疗保险两大类型。前者缴满规定年限,即可终身享受保障,后者每年缴取一定费用可持续参保,享受相应医疗报销。

长期护理保险简称"长护险",是针对那些身体衰弱、生活不能自理或者不能完全自理,需要他人辅助全部或部分日常生活的被保险人,为其在护理院、医院和家中接受的长期医疗护理或者照顾性护理服务提供经济保障的保险。

基本生活救助包括为城市、农村生活困难的老年人,提供最低生活保障。

(2) 养老服务体系

养老服务体系主要包括养老服务供给、养老服务兜底保障、养老服务安全和质量、养老服务人才培养,具体内容如表1-2-1所示。

表1-2-1 老龄事业养老服务体系一览表

类目	具 体 内 容
养老服务供给	建设养老机构、社区养老服务设施等,提供助餐助洁助行助医、日间照料、康复护理、老年教育等养老服务
养老服务兜底保障	高龄津贴、养老服务补贴、养老护理补贴、养老综合补贴、残疾老年人补贴等

(续表)

类目	具体内容
养老服务安全和质量	养老机构消防安全管理、养老服务信用监管、养老机构康复服务规范、居家养老上门服务规范、养老服务认证、养老机构等级划分与评定等制度等
养老服务人才培养	普通高等教育、职业教育和继续教育等培养老年护理、老年保健和智慧健康养老等专业养老人才

(3) 老年健康服务

老年健康服务包括老年健康服务体系和医养结合服务。其中,老年健康服务体系包括健全老年健康政策、老年健康服务供给和老年健康宣传教育,具体内容如表1-2-2所示。

表1-2-2 老年健康服务体系

类目	具体内容
老年健康政策	如出台加强中医医院老年病科和中医康复科建设,提升中医药服务老年健康质量的政策文件;加强老年健康标准体系建设,如《医养结合机构内老年人在养老区和医疗区之间床位转换标准》《老年安宁疗护病区设置标准》
老年健康服务供给	国家基本公共卫生服务、老年人健康管理服务和老年健康与医养结合服务;家庭医生签约服务;老年人健康促进专项行动;老年医疗护理服务;老年友善医疗机构建设;老年残疾人康复服务;老年医学人才培养、培训;等
老年健康宣传教育	全国老年健康宣传和老年健康教育科普;老年人健康素养调查;老年人失能失智预防干预;等

医养结合服务主要包括:医疗卫生机构为居家和社区养老的老年人提供健康教育、健康管理服务、医疗巡诊服务、家庭病床服务、居家医疗服务、中医药服务、心理精神支持服务、转诊服务8类医疗卫生服务;医疗卫生机构建设医养结合项目;医养结合城市试点;老龄健康医养结合远程协同服务;医养结合人才能力提升培训;高等职业教育本科"医养照护与管理"专业教材编写。

(4) 老年文化教育

老年文化教育主要包括:大中城市建设综合性老年活动中心,县(市、区、旗)建立老年文化活动中心,乡(镇)、街道设立老年活动站(点),基层村(社区)开设老年活动室;公共文化服务设施和场所免费服务或优惠服务老年人;提供符合老年人特点的精神文化产品;创办老年大学和面向老年人的网络学校。

(5) 老年友好型社会

老年友好型社会构建主要涉及老年宜居环境建设,老年人社会参与支持,老年人文体活动开展,为老志愿服务,营造养老、孝老、敬老社会氛围,保障老年人权益,与国际交流合作等。

3. 老龄事业快速发展

(1) 顶层设计日益完善

2023年,中共中央、国务院颁布的《党和国家机构改革方案》对老龄工作体制做出部署。强调"实施积极应对人口老龄化国家战略,推动实现全体老年人享有基本养老服务"。全国老龄工作委员会办公室改设在民政部,旨在强化其综合协调、督促指导、组织推进。另外,中国老龄协会改由民政部代管。

《中华人民共和国无障碍环境建设法》《关于进一步完善医疗卫生服务体系的意见》《关于推进基本养老服务体系建设的意见》《国务院办公厅关于发展银发经济 增进老年人福祉的意见》等法律和文件为我国的老龄事业发展提供了政策支持。

(2) 老年民生保障力度不断提高

① 养老保险方面

2023年末，全国参加基本养老保险人数超过10.7亿人，其中，参加城镇职工基本养老保险人数超过5.2亿人，参加城乡居民基本养老保险人数5.5亿人。全国建立企业年金的企业超过14万户，企业年金的投资运营规模达到近3.2万亿元，参加职工超过3100万人。个人养老金制度迅速普及，由2022年设立的36个试点城市（地区）开始，2024年底推开至全国。2024年6月，个人养老金开户人数已经超过6000万。金融监管总局高度重视个人养老金行业信息平台建设，积极推动个人养老金制度健康持续发展。

② 医疗保险方面

我国基本医疗保险参保率基本稳定在95%。目前，全国基本医疗保险参保人数超过13.3亿人，其中，全国城镇职工基本医疗保险参保人数和城乡居民基本医疗保险参保人数分别超过3.7亿人和9.6亿人。

③ 长期护理保险方面

我国积极推进长期护理保险试点工作。2025年，长期护理保险试点城市达到49个，定点服务机构为8080家，护理服务人员达到30.28万人。长期护理保险参保人数超过1.83亿人，享受待遇人数134.29万人。

(3) 养老服务体系不断完善

① 养老服务供给有效增加

养老服务供给支持政策不断完善。《"十四五"积极应对人口老龄化工程和托育建设实施方案》《支持城市更新的规划与土地政策指引（2023版）》《关于印发完整社区建设试点名单的通知》等政策文件为养老服务设施建设提供了有力支撑。目前，全国累计1.3万套公租房免费用于养老服务。全国106个完整社区进行养老服务设施补短板建设试点，包括助餐助行、日间照料、康复护理、老年教育等服务供给。

养老服务供给能力不断增强。据统计，目前，全国便民生活圈试点地区达到150个，累计建设便民生活圈达到3476个，涉及社区餐饮、养老服务等商业网点达到78.8万个，服务居民达到6455万人。全国各类养老机构和设施达到40.4万个，养老床位共计823万张，其中，注册登记的养老机构为4.1万个，床位数为517.2万张，占养老床位总数的62.84%；社区养老服务机构和设施达到36.3万个，床位数为305.8万张，占养老床位总数的37.16%。

② 养老服务兜底力度加大

《国家基本公共服务标准（2023年版）》明确了我国养老基本公共服务项目、服务对象、服务内容、服务标准和支出责任。《关于贯彻落实〈中共中央办公厅国务院办公厅关于推进基本养老服务体系建设的意见〉的通知》对推进基本养老服务体系建设具有重要指导意义，有利于实现省级基本养老服务清单全覆盖。目前，我国享受高龄津贴的老年人数达到3547.8万人，享受养老服务补贴的老年人达到621.4万人，享受护理补贴的老年人达到98.5万人，享受综合补贴的老年人达到66.7万人。仅2023年，我国全国老年福利资金和养老服务资金分别支出421.7亿元和223.2亿元。全国60周岁及以上残疾老年人为947.9万，均领取残疾人两项补贴。

③ 养老服务质量水平不断提高

《养老机构消防安全管理规定》《养老机构重大事故隐患判定标准》《关于开展养老服务信用监管试点工作的通知》《关于开展"养老服务监管效能提升年"活动的通知》《养老机构康复服务规范》《〈养老机构等级划分与评定〉国家标准实施指南（2023版）》《食品经营许可和备案管理办法》和《居家养老上门服务基本规范》等国家政策文件有效保障了养老服务安全和质量提升。我国具备养老服务认证资质的机构数为55家。

④ 养老服务专业布点增加

为了增加养老服务人才的数量，2023年全国高等院校增设养老服务管理、护理学等专业点34个，全国高等院校布点养老服务管理和护理学专业超过770个。目前，全国高职院校智慧健康养老服务与管理专业、老年服务与管理布点达到600多个,中职院校相关专业布点超过了700多个。国家开放大学、北京开放大学等33所主要从事继续教育的高校布点智慧健康养老服务与管理专业34个。

(4) 老年健康服务水平不断提升

① 老年健康服务体系日益完善

我国老年健康政策支持体系不断完善。政策支持中医医院老年病科建设、中医康复科建设、老年健康标准体系建设、国家基本公共卫生服务老年人健康管理服务和老年健康与医养结合服务管理项目、老年友善医疗机构建设、老年医学临床研究的协同创新网络建设、老年健康宣传教育、中国老年人健康素养调查和老年人失能失智预防干预等。据统计,仅2023年我国有389.6万名残疾老年人得到了医疗康复服务。13 545.7万名65周岁及以上老年人在基层医疗卫生机构接受健康服务。我国老年医学机构日益健全。目前,我国有1个国家老年医学中心、6个国家老年疾病临床医学研究中心、6 877个二级及以上设有老年医学科的综合性医院、11 097个老年友善综合性医院和27 755个基层医疗卫生机构。185个市(区)开展安宁疗护服务。

② 医养结合更加紧密

医养结合旨在为居家养老和社区养老的老年人提供医疗巡诊、家庭病床和居家医疗等医疗卫生服务。全国医养结合试点城市达到90个。我国连续多年开展老龄健康医养结合远程协同服务工作,组织"敬老月"会诊活动,并不断加大医养结合人才能力的提升,每年培训几万名医养结合机构从业人员。目前,我国共有具备医疗卫生机构资质并进行养老机构备案的医养结合机构达到了7 881家,医疗卫生机构与养老服务机构建立签约合作关系已经超过8.7万对,并呈现逐年递增趋势。

(5) 老年友好型社会建设步伐加快

① 老年宜居环境建设持续推进

全面推进城镇老旧小区改造。我国大力推进城镇老旧小区改造,仅2023年新开工改造城镇老旧小区就达到了5.37万个,惠及居民897万户,增设养老、托育等社区服务设施2.1万个,居家适老化改造不断普及和推广。截至2023年末,全国享受公租房保障的60周岁及以上老年人累计达到716万,累计完成148.28万户特殊困难老年人家庭适老化改造工作和41.19万户残疾老年人家庭无障碍改造工作。同时,政府高度重视农村特殊困难高龄、失能、残疾老年人家庭实施适老化改造。全国示范性老年友好型社区逐年增加,2023年命名了999个全国示范性老年友好型社区。

适老化无障碍交通出行服务持续提升。各地持续新增及更新低地板及低入口城市公共汽电车,打造敬老爱老城市公共汽电车线路,改造城市公共汽电车站台,推动老年人电话约车平台、城市轨道交通无障碍服务、公路水路客运适老化服务及无障碍标准和无障碍环境认证等工作。

② 老年人社会参与度不断提高

2023年我国成立国家老年大学,并依托国家开放大学,成立42家省级分部、3 000个学习中心和5.5万个基层学习点。全国老年教育公共服务平台汇聚了丰富的课程资源,包括43.6万门(个)课程,视频时长达到408.9万分钟,注册用户超过了235万人,为老年人提供学习支持服务达到5 708万人次。

随着生活水平的提高,老年人文体活动加快发展,敬老爱老文艺作品日益丰富,老年人喜闻乐见的群众文化活动不断增加。截至2024年10月,全国群众文化机构馆办文艺团体9 322个,指导的群众业余文艺团体462 920个,为老年人组织专场活动年均超3.5万余场次。全国2 451个公共体育场馆向老年人免费或低收费开放,以及提供更优惠服务。全国老年人体育健身大会和"九九重阳"全民健身等体育活动持续开展,老年人体育项目不断创新和丰富。

我国积极推动面向老年人开展志愿服务,包括"关爱健康志愿服务"活动;三甲医院医生深入城乡社区为老年人开展体检、义诊等医疗志愿服务;以关爱老年人为主题的学雷锋和职工志愿服务活动;青年志愿者为老服务"金晖行动";巾帼志愿阳光行动;全国老年志愿服务暨"银龄行动"乡村振兴行主题活动等。

③ 数字技术适老化加快推进

随着互联网技术的快速发展,针对老年人运用现代智能技术存在的困难,政府相关部门实施了一系列建设任务,包括:老年人常用的互联网应用改造;国家社会保险公共服务平台开通全国性、跨地区社会保险公共服务;开通电子社保卡的"亲情服务"功能、社保待遇资格线上认证和"长辈版"服务页面;通过社保卡发放养老金和老年相关服务;"交管12123"手机APP推出大字版;开展老年数字求职技能培训;推行电视操作复杂治理及旅居海外的退休老年人领取养老金资格线上认证服务等。

④ 养老、孝老、敬老社会氛围日益浓厚

为了营造良好的养老、孝老、敬老社会氛围,相关部门持续组织开展全国"敬老月"活动,"我们的节日·重阳"主题文化活动,"小我融入大我"社会实践育人活动,全国敬老、养老、助老公益广告作品征集暨展播活动,"最美家庭"评选活动和"心系老年·孝心工程"、人口老龄化国情教育"大讲堂"百日宣讲活动等,形式多样、内容丰富的敬老、爱老、助老活动营造了良好的社会氛围。

⑤ 老年人权益得到有效保障

老年人安全意识不断提高。全国"敬老月"、非法集资宣传月、防范养老服务领域非法集资宣传月、老年普法教育进社区——老年人防诈骗主题活动等,提高了老年人防骗意识和法律意识。中国老龄协会发布的全国老年人权益保护十大警示教育案例,制作的"老有所依·乐享桑榆"系列主题节目、"守护夕阳十年间"老年普法教育大型系列节目,指导开展的全国老年人防诈反诈知识大赛、中国老年健康知识大赛等宣传,利于老年人权益保护意识的普遍提高。尤其是,常态化打击整治养老诈骗工作,养老领域非法集资专项整治行动,制售涉老保健品、药品等打击行动;集中用餐单位食品安全问题专项治理行动;旅游市场执法检查;"神医""神药"广告乱象清理整治等,以及公共法律服务体系建设,有效保护了老年人的合法权益。

学生自评表

小组互评表

教师评学表

1. **单项选择题**

2. **简答题**

(1) 简述我国的老龄事业发展经过了哪几个阶段。

(2) 阐述我国的老龄事业发展的主要内容有哪些。

(3) 查阅"十三五"以来我国城乡居民基本养老保险发展的数据,并以柱状图的形式体现。

3. 拓展研究

（1）走进养老驿站，了解养老驿站智慧助老服务的内容与形式，撰写智慧助老服务需求报告。

（2）请扫码阅读《养老服务行业细分，新职业已超15种，如何守护最美夕阳红？》，结合自己的专业，查阅老龄事业和产业相关的职业，选择自己未来拟从事的职业，撰写简单的职业规划书。

养老服务行业细分，新职业已超15种，如何守护最美夕阳红？

项目三 老龄事业发展的战略与方向

任务发布

党的十八大以来，我国老龄事业发展取得了一系列新成就。老龄事业发展国家机制和顶层设计更加科学完善，老龄政策法规体系、多元社会保障体系、养老服务体系、健康支撑体系、老年文教卫生建设等不断完善，老年宜居环境建设持续推进，老年人权益保障持续加强。我国开启全面建设社会主义现代化国家新征程，党中央把积极应对人口老龄化上升为国家战略。坚实的物质基础、充足的人力资源、历史悠久的孝道文化，使我国完全有能力、有条件应对人口老龄化。但我们也要清醒地认识到，我国老年人口规模大，老龄化速度快，老年人需求结构正在从生存型向发展型转变，老龄事业和养老服务还存在发展不平衡、不充分等问题。那么，我国的老龄事业发展的战略是什么呢？老龄事业发展的指导思想与方向是什么呢？

请你完成以下任务——

任务一：查阅2020年度至2023年度的国家老龄事业发展公报，指出我国老龄事业发展的3点变化。

任务二：查阅《"十四五"国家老龄事业发展和养老服务体系规划》，简述其中2点重要内容，阐述建设内容的重要性。

任务三：利用DeepSeek、豆包等人工智能软件撰写《人工智能对老龄事业发展的影响》报告，然后走进社区或对5位老年人进行访谈，了解社区老年人对智慧养老服务的需求，绘制老年人最需要的智慧养老服务需求调查表。

路在何方？我国养老服务现状

任务准备

任务分组表

任务准备单

1. 老龄事业发展的战略

(1) 指导思想

《"健康中国2030"规划纲要》提出，以提高人民健康水平为核心，以体制机制改革创新为动力，以普及健康生活、优化健康服务、完善健康保障、建设健康环境、发展健康产业为重点，把健康融入所有政策，加快转变健康领域发展方式，全方位、全周期维护和保障人民健康，大幅提高健康水平，显著改善健康公平，为实现"两个一百年"奋斗目标和中华民族伟大复兴的中国梦提供坚实健康基础。

《"十四五"国家老龄事业发展和养老服务体系规划》提出，实施积极应对人口老龄化国家战略，以加快完善社会保障、养老服务、健康支撑体系为重点，把积极老龄观、健康老龄化理念融入经济社会发展全过程，尽力而为、量力而行，深化改革、综合施策，加大制度创新、政策供给、财政投入力度，推动老龄事业和产业协同发展，在老有所养、老有所医、老有所为、老有所学、老有所乐上不断取得新进展，让老年人共享改革发展成果、安享幸福晚年。

(2) 发展目标

促进老龄事业发展，目的在于实现"老有所养、老有所医、老有所教、老有所学、老有所为、老有所乐"。"十四五"时期，我国老龄事业发展的目标是积极应对人口老龄化国家战略的制度框架基本建立，老龄事业和产业有效协同、高质量发展，居家社区机构相协调、医养康养相结合的养老服务体系和健康支撑体系加快健全，全社会积极应对人口老龄化格局初步形成，老年人获得感、幸福感、安全感显著提升。

① 养老服务供给不断扩大

覆盖城乡、惠及全民、均衡合理、优质高效的养老服务供给进一步扩大，家庭养老照护能力有效增强，兜底养老服务更加健全，普惠养老服务资源持续扩大，多层次多样化养老服务优质、规范发展。

② 老年健康支撑体系更加健全

老年健康服务资源供给不断增加，配置更加合理，人才队伍不断扩大。家庭病床、上门巡诊等居家医疗服务积极开展。老年人健康水平不断提升，健康需求得到更好满足。

③ 为老服务多业态创新融合发展

老年人教育培训、文化旅游、健身休闲、金融支持等服务不断丰富，围绕老年人衣食住行、康复护理的老年用品产业不断壮大，科技创新能力明显增强，智能化产品和服务惠及更多老年人。

④ 要素保障能力持续增强

行业营商环境持续优化，规划、土地、住房、财政、投资、融资、人才等支持政策更加有力，从业人员规模和能力不断提升，养老服务综合监管、长期护理保险等制度更加健全。

⑤ 社会环境更加适老宜居

全国示范性老年友好型社区建设全面推进，敬老、爱老、助老的社会氛围日益浓厚，老年人社会参与程度不断提高。老年人在运用智能技术方面遇到的困难得到有效解决，广大老年人更好地适应并融入智慧社会。

(3) 建设任务

"共建共享、全民健康"是建设健康中国的战略主题。其中，共建共享是建设健康中国的基本路径，全民健康是建设健康中国的根本目的。

① 健全社会保障制度

完善基本养老保险和基本医疗保险体系。进一步扩大基本养老保险覆盖面、推动企业职工基本养老保险全国统筹,发展企业年金、职业年金和第三支柱养老保险,完善基本医保制度,积极推进长期护理保险制度,构建长期护理保险制度政策框架,协同促进长期照护服务体系建设。完善社会救助和社会福利制度,健全分层分类的社会救助体系,将经济困难的老年人纳入社会救助范围,建立经济困难失能老年人护理补贴动态调整机制。

② 扩大普惠型养老服务

建设普惠养老服务网络。发展社区养老服务机构,支持社区养老服务机构建设和运营家庭养老床位,支持物业企业发挥贴近住户的优势,与社区养老服务机构合作提供居家养老服务。在乡镇(街道)层面,建设区域养老服务中心。支持建设专业化养老机构,支持社会力量建设专业化、规模化、医养结合能力突出的养老机构。积极推进公办养老机构改革,形成完善的公办养老机构委托经营机制。探索建立城市养老服务联合体。

支持普惠养老服务发展。完善社区养老服务设施配套,即严格按照人均用地不少于0.1平方米的标准分区、分级规划设置社区养老服务设施,在城镇老旧小区改造中,统筹推进配套养老服务设施建设。综合运用规划、土地、住房、财政、投资、融资、人才等支持政策,引导各类主体提供普惠养老服务,建设方便可及、价格可接受、质量有保障的养老服务机构。同时,建立国有经济对养老服务供给的补短板机制,强化中央国有经济在养老服务领域有效供给,加强地方国有经济在养老基础设施领域布局。

③ 强化居家社区养老服务

围绕满足老年人多层次、多元化的生活需求,综合利用社区养老服务设施和闲置房屋等资源,构建城乡老年人助餐、助洁、助浴、助医、助行等全面服务体系,丰富和创新居家社区养老服务提供机制。建立居家养老巡防关爱服务制度,通过"社工+邻里+志愿者+医生"相结合的方式,为特殊困难老年人提供身心关爱服务。加快发展生活性为老服务业,推动"互联网+养老服务"发展,培育老年人生活服务新业态,实现互联网平台企业与为老服务需求的精准对接。

④ 完善老年健康支撑体系

加强老年健康教育和预防保健。依托开发老年健康教育科普教材和老年健康宣传周等形式,运用多种传播媒介为老年人普及健康知识和健康生活方式。积极落实基本公共卫生服务老年人健康管理项目,实施老年健康促进工程,加强老年人群重大传染病和重点慢性病的早期筛查、干预。同时,积极推动老年健康领域科研成果的转化,促进老年健康适宜技术的提升,有效提升基层的老年健康服务能力。

加强国家老年医学中心、区域老年医疗中心、综合性医院老年医学科、护理院和康复医院、老年友善医疗机构等建设,推动医疗卫生机构开展老年综合征管理,推动老年医疗服务由单病种模式向多病共治模式转变,增强医疗卫生机构为老服务能力。大力支持医疗卫生机构向居家社区老年人提供家庭病床、上门巡诊等居家医疗服务和中医药健康服务。推动医疗卫生机构按照"充分知情、自愿选择"的原则开展安宁疗护服务,建立机构、社区和居家紧密衔接的安宁疗护服务机制,推动安宁疗护病区和安宁疗护病床建设。实施老年健康促进工程和老年健康服务体系建设工程。监测老年人健康素养状况,开展老年人健康教育。建立综合连续、覆盖城乡的老年健康服务体系。

深入推进医养结合。支持有条件的养老机构内部设置医疗卫生机构,推动养老机构与周边医疗卫生机构开展签约合作,丰富医养结合服务模式。实施社区医养结合能力提升行动,开展基本公共卫生服务老年健康与医养结合服务项目,推动社区、乡镇和村卫生服务中心与养老服务机构毗邻建设。提升医养结合能力和服务质量,尤其是社区医养结合能力。积极开展基本公共卫生服务老年健康与医养结合服务项目。支持优抚医院、光荣院转型,开展医养结合服务。推动社区卫生服务中心与社区养老服务机构、乡镇卫生院与特困人员供养服务设施(敬老院)、村卫生室与农村幸福院毗邻建设,采取多种有效方式实现资源整合、服务衔接。大力推进"互联网＋医疗健康、护理、康复服务"的智慧医养结合服务。开展医养结合人才能力提升培训,实施医养结合示范行动。

⑤ 践行积极老龄观

创新发展老年教育和增加老年文化服务供给。加快发展城乡社区老年教育,支持举办老年大学(学校)、老年开放大学、社区老年学习点和在线老年教育。通过扩大老年文化服务供给、支持老年人参与体育健身和促进养老和旅游融合发展,丰富老年人文体休闲娱乐活动。

⑥ 营造老年友好型社会环境

通过巩固和增强家庭养老功能、完善家庭养老支持政策体系、举办中华孝亲敬老文化传承和创新大会、开展人口老龄化国情教育等形式,传承弘扬家庭孝亲敬老传统美德。进行公共场所、社区、家庭适老化水平改造,建设兼顾老年人需求的智慧社会,宣传培育敬老、爱老、助老社会风尚。切实防范老年人面临的各类侵权风险,加强涉老矛盾纠纷化解和法律援助,构建以老年人权益保障、养老服务等法律为统领,行政法规、部门规章、规范性文件为主体,相关标准为支撑的养老服务政策法律体系,加强老年人消费权益保护。

2. 老龄事业发展的方向

(1) 老龄事业发展国家机制

实施积极应对人口老龄化国家战略,加强老龄事业发展的顶层设计,包括健全老龄法律法规政策,制定老龄事业发展规划,健全优化老龄事业发展工作体制机制,为有效推进基本养老服务体系、完善医疗卫生服务体系和无障碍环境建设等提供制度保障和政策支持。

(2) 养老民生保障体系

养老民生保障体系是老龄事业发展的重要任务和优先领域。人口老龄化程度的加深,需要健全完善政府、社会、家庭和个人相结合的养老民生保障体系,以确保满足老年人基本生活需求。养老民生保障体系建设主要包括养老保险、医疗保险、长期护理保险、基本生活救助、社会福利和公益慈善等内容。

(3) 养老服务体系

养老服务体系建设是有效保障老年人日益增长的社会服务需求的重要举措。根据"9073"养老模式[①],构建以居家养老为基础、社区服务为依托、机构养老为补充的养老服务体系。养老服务体系建设主要包括发展居家社区养老服务、社区养老服务设施建设、养老机构建设、养老机构安全与服务质量提升、农村养老服务设施建设以及现代智慧健康养老服务人才的培养等。

(4) 老年健康支持体系

老年健康支持体系的建设主要包括老年健康政策体系的制定、老年健康服务供给、老年健康宣传教育;创新医养结合机制、制定养老机构开展医疗服务政策、老年人健康促进和疾病预防支持、加强老年医疗与康复护理服务和老年人体育健身等。

(5) 老年友好型社会

老年友好型社会建设主要包括老年宜居环境建设、设施无障碍建设、发展老年教育、开展老年人文体活动和老年人精神关爱、宣传养老孝老敬老社会风尚、推动老年志愿活动、解决老年人运用智能技术问题、促进基层老年社会组织发展、保障老年人权益、推动老龄事业国际交流合作等。

(6) 智慧老龄事业

人工智能、物联网等智慧技术促进健康管理与医疗、生活辅助、社交与心理健康、养老机构管理、老年

---

① 即约90%的老年人居家养老,约7%的老年人依托社区支持养老,还有约3%的老年人由机构养老。

教育与技能培训等智慧化。实现:智能诊断、个性化治疗、远程医疗;使用智能家居、机器人护理和老年人能力评估;虚拟陪伴、社交平台使用和心理健康监测;养老机构的资源优化、安全管理与数据分析;老年人技能培训与护理培训等。

学生自评表

小组互评表

教师评学表

思考练习

1. 单项选择题

2. 简答题

(1) 简述我国"十四五"老龄事业发展规划的重要建设内容。
(2) 阐述我国老龄事业发展战略的主要方向。
(3) 简述人工智能、物联网、大数据等智慧技术对我国老龄事业发展的影响。

3. 拓展研究

(1) 走进养老机构,了解医养结合发展需要的政策支持,撰写养老机构医养结合的发展报告。
(2) 请扫码阅读《"健康中国2030"规划纲要》,请结合我国老龄事业发展的实际情况,谈一谈上述纲要的目标对我国老龄事业发展的影响,并撰写一篇论文。

"健康中国2030"规划纲要

模块二

老龄产业

模块导读

《银发经济蓝皮书：中国银发经济发展报告（2024）》指出，2024年中国银发经济规模在7万亿元左右，约占国内生产总值（GDP）的6%，到2035年，银发经济规模有望达到30万亿元，占GDP的10%。在中度人口老龄化背景下，老龄产业作为应对人口老龄化的重要经济手段，既是满足老年人多元化需求的民生工程，更是推动经济结构升级的新增长极。《国务院办公厅关于发展银发经济 增进老年人福祉的意见》《"十四五"国家老龄事业发展和养老服务体系规划》等国家战略文件，明确将老龄产业纳入积极应对人口老龄化的核心布局，提出培育老年用品、智慧康养、老龄金融等七大潜力产业，为老龄产业发展指明方向。本模块重点介绍老龄产业结构、历史脉络及未来趋势。

模块目标

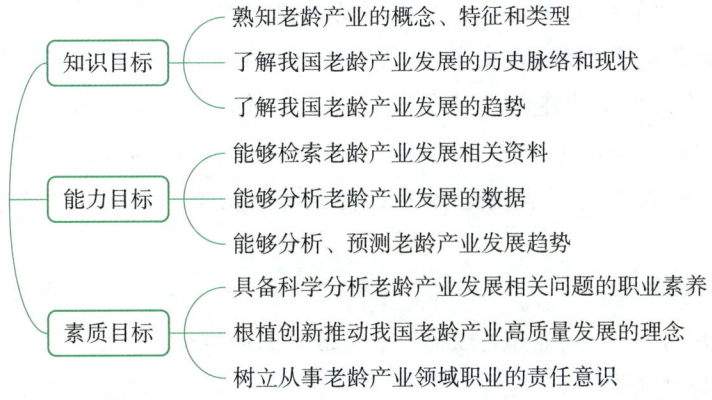

模块导图

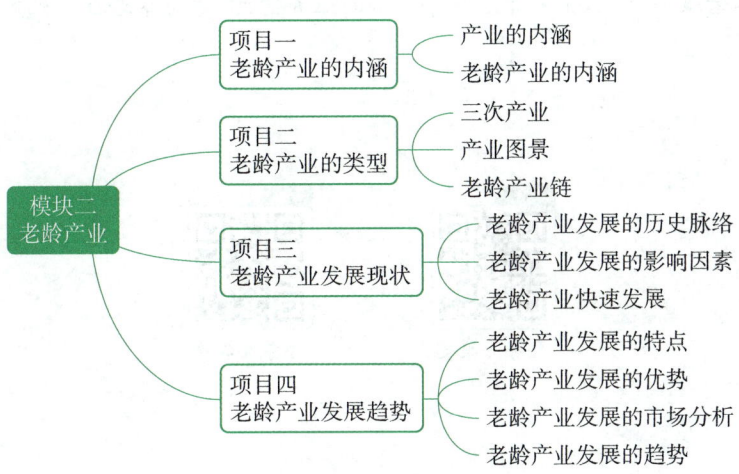

项目一 老龄产业的内涵

任务发布

我国老年人口占世界老年人口的比例已经超过我国人口占世界总人口的比例,叠加区域发展不平衡、未富先老、少子化等特点,我国应对老龄化既有挑战又有机遇。挑战在于面对老龄化速度加快、规模加大,对养老、医疗、社会保障等方面的需求不断增长,各个年龄段的老年人口需求差异性较大,供需匹配难度大,单纯靠老龄事业很难满足养老服务高质量发展的需要;机会在于我国拥有全世界最大老年群体市场,这是老龄产业发展的基础推动力,而且涵盖国民经济各行各业,所有的行业都因人口老龄化而被重新定义。尤其是"60后""70后"这一批享受了改革开放40多年政策红利与经济大发展的老年人,他们不再满足于生存型养老,转而追求享受型养老,这将进一步拓展老龄产业的外延,不断出现新业态新模式。数字化大背景也为老龄产业发展提供了创新契机。

近几年尤其是2024年以来,国家和地方为老龄产业以及银发经济的发展做了很多有效的制度安排,精准地指向积极老龄化国家战略推动过程中的痛点、难点。2024年7月,中共二十届三中全会在《中共中央关于进一步全面深化改革 推进中国式现代化的决定》中指出,"积极应对人口老龄化,完善发展养老事业和养老产业政策机制,发展银发经济"。2025年1月,《中共中央 国务院关于深化养老服务改革发展的意见》发布,这是我国首次以党中央、国务院名义印发的关于养老服务工作的意见,明确提出要构建养老服务事业产业发展的三方协同机制,即政府主导作用、市场配置资源、社会参与,为今后老龄产业发展指明了方向。那么,究竟什么是老龄产业?我国老龄产业发展的历史脉络怎么样?我国老龄产业发展的情况如何?未来老龄产业发展的趋势是什么?

请你完成以下任务——

任务一:借助互联网平台,检索并整理出6条老龄产业的概念。

任务二:阐述老龄产业发展的特点。

任务三:查阅资料,阐述中国老龄产业发展的历史脉络。

任务四:走进养老服务机构,了解养老服务机构的业务情况,撰写养老服务机构服务内容报告。

任务准备

任务分组表

任务准备单

知识链接

1. 产业的内涵

(1) 产业及其分类

产业是社会分工的产物,随着社会分工的产生而产生,并随着社会分工的发展而发展。从经济学的角度来看,产业是国民经济中,按照一定的社会分工原则,为满足社会某种需要而划分的从事产品或劳务生产及经营的各个部门。换言之,产业就是从事相同类型经济活动的企业或组织的集合。

按照产业在国民经济中的地位和作用,可以划分为三次产业。其中,第一产业主要包括农业、林业、畜牧业、渔业;第二产业主要包括工业和建筑业,如制造业、能源工业等;第三产业主要包括服务业,如商业、金融、交通运输、通信、教育、医疗等。

(2) 特征

① 同类性

产业内的企业通常具有相似的经济活动特征,如相似的生产过程、技术水平和市场定位。

② 关联性

产业内部的企业和组织通过供应链、价值链等相互连接,形成一个完整的产业生态系统,相互依存、相互促进。

③ 动态性

随着社会生产力的发展和生产方式的变革,产业的内涵和外延不断发生变化,新的产业不断涌现,旧的产业可能逐渐衰退。

2. 老龄产业的内涵

(1) 定义

老龄产业是指专门为满足老年人口特殊性的消费需求,由具有一定营利性特征的产品生产与服务活动的总体构成。从定义来看,老龄产业内涵包括如下内容:

① 面向对象

面向的对象是老年人口,即 60 岁及以上人口。国际上通常把 60 岁及以上人口占总人口比例达到 10%,或 65 岁及以上人口占总人口的比重达到 7%,作为国家或地区进入老龄化社会的标准。

② 需求特殊

老年人口的消费需求具有一定的特殊性,主要是因为随着年龄增长与身体健康情况的变化,老年人更加注重健康管理、安全监测、医疗护理、精神文化生活。

③ 产业属性

老龄产业兼具产业属性与社会属性。老龄产业有一定的产业属性,既是生产或者提供满足老年人口需求的产品与服务的总和,又有一定的营利性。

(2) 特征

① 产业融合性

从发达国家的发展经验来看,要达到资源的最优配置,老龄产业与老龄事业密不可分,且前期主要以政府发挥主导作用的老龄事业为主,尤其是对兜底保障对象的服务以及在公共健康服务、健康教育普及以及医疗卫生服务供给等领域。但随着老龄化的加剧,就需要充分发挥多种社会主体多种形式的参与,

来满足不同老年群体的多样化、多层次的需求,如老年教育、老年旅游,产业之间融合性较强。

② 人力资源密集性

老龄产业是积极应对人口老龄化的产业,涵盖了一、二、三产业的主要领域,如:与中药材种植养殖相关的农林业;与医疗药品与设备器械、保健用食品与器具制造等相关的制造业;以健康管理、医疗卫生、康复护理等为主的服务业。从目前老龄产业的发展来看,现阶段老龄产业还主要集中在医疗卫生、康复护理等需要依靠大量人力资源投入的行业,体现出比较明显的人力资源密集型特点。

③ 产业需求多元化

因为老龄产业是以人群进行细分的,而老年群体的需求是多样化的,涉及衣食住行文娱康养等,且随着老年人健康及经济水平的提升,其需求也从基础的生理及安全需求逐渐拓展至社交及自我实现需求,加上不同年龄段、不同区域的老年人群需求叠加,所以呈现多样化和多层次的特征。

学生自评表

小组互评表

教师评学表

1. 单项选择题

2. 简答题

(1) 阐述老龄产业及其内涵。
(2) 阐释老龄产业的特征。
(3) 选择老龄产业的细分领域,分析其发展现状与存在的问题。

3. 拓展研究

扫码阅读《我国老龄产业发展的历史脉络》,并查阅新中国成立以来,我国促进老龄产业发展的相关政策,分析老龄产业发展政策重心的变化。结合《国务院办公厅关于发展银发经济 增进老年人福祉的意见》中提出的七大培育潜力产业,小组讨论这七大产业对康养人才培养的需求。

我国老龄产业发展的历史脉络

项目二 老龄产业的类型

任务发布

近年来,老龄产业逐渐成为重要的经济领域。传统的家庭养老模式难以满足需求,社会对专业化养老服务的需求增加,机构养老、社区养老、居家养老等多种模式并存,智能化养老设备和服务逐渐普及。老年人慢性病和健康问题增多,老年专科医院、康复中心、健康管理机构快速发展,健康监测设备和个性化健康管理服务广泛应用。老年人对生活辅助用品的需求增加,助行器、智能穿戴设备、适老化家居等产品种类丰富,市场不断扩大。老年人对财富管理和老龄金融产品的需求增加,推动了相关金融服务的创新,养老储蓄、养老保险、反向抵押贷款等产品逐渐增多,金融机构推出更多针对老年人的理财服务。老年人对精神文化生活的需求提升,老年大学、健身、文化娱乐活动等日益丰富,老年社交平台和在线娱乐内容也逐渐增多。老年人对终身学习和技能提升的需求增加,老年大学、在线课程等教育形式多样化,课程内容涵盖健康、艺术、科技等多个领域。老年人对休闲旅游的需求日益增加,老年团队旅游、康养旅游等产品多样化,旅游服务逐渐适老化。那么,老龄产业的类型如何划分?老龄产业的图景与产业链是什么呢?

请你完成以下任务——

任务一:结合实际案例,分析并阐述老龄产业类型。

任务二:不同类型的老龄产业分别具有哪些主要特点。

任务三:举例说明不同类型老龄产业有哪些龙头企业。

任务四:结合案例,分析不同类型老龄产业的运作模式与市场需求。

任务准备

任务分组表

任务准备单

知识链接

1. 三次产业

(1) 第一产业

① 涉老农产品种植与养殖业

涉老农产品种植与养殖业包括:专门为老年人种植的、具有特定营养成分或易于消化吸收的农作物,如高钙大米、富硒蔬菜、有机蔬菜等;针对老年人消费需求进行的禽类、畜类、水产类等生态养殖,如养殖肉质鲜嫩的老年专供鸡、脂肪含量低的鱼类等，这些农副产品可以用于养老机构的食材供应。同时，还包括动植物中药材种植、养殖和采集，以及非动植物中药材采选等。

② 涉老林业

涉老林业主要包括为老年人休闲、康复等用途提供特色林木种植。例如：在养老社区周边种植具有观赏、养生价值的树木，利用林下空间开展适合老年人的活动，如林下康养步道等。

(2) 第二产业

① 老年用品制造业

老年用品制造业是为老年人口健康、养老进行产品研发、制造与销售的所有产业的总和，是适应老龄化社会要求的、新的制造产业体系。从全球范围来看，传统制造产业转向老龄制造产业，是制造产业新一轮战略机遇。

老年用品制造业主要包括：老年食品加工，如生产低糖、低盐、低脂、高纤维等适合老年人特殊饮食需求的食品和保健品；老年服装及辅具制造，如制作宽松、舒适、具有特殊功能（如防滑、保暖、防摔倒）的老年服装，以及拐杖、轮椅、助行器等辅助器具；老年医疗器械制造，如生产血糖仪、血压计、康复训练设备、智能健康监测设备等医疗器械和康复辅具等。

老年用品制造业通常侧重生产满足老年人日常生活直接需求的各类用品。根据工业和信息化部《老年用品推广目录》，老年用品主要可分为老年服装服饰、日用辅助产品、养老照护产品、健康促进产品、适老化家居产品和适老环境改善产品六大类，如表 2-2-1 所示。其中，前五类属于老年用品制造业。

表 2-2-1　工业和信息化部《老年用品推广目录》中的产品分类

大类	小类	定　　义
老年服装服饰	老年服装	满足老年人对服装服饰功能性、便利性、舒适性和时尚性需求，具备吸湿速干、易护理、拉伸回弹，以及安全防护、蓄热保暖等功能
	老年服饰	
	老年鞋	针对老年人足部保健，具有防跌倒、耐穿舒适等特点
日用辅助产品	助行产品	辅助老年人支撑体重、保持平衡和行走的器具
	助视产品	辅助老年人提高视功能的产品
	助听产品	辅助老年人提高听力的器械
	家务辅助产品	符合老年人人体工学设计的、便于老年人日常家务使用的工具及产品
养老照护产品	照护辅助产品	辅助老年人饮食起居用产品，如辅助用餐、穿脱衣、位姿转换、健康管理和监测等
	卫浴辅助产品	辅助老年人卫浴的产品，如二便护理、辅助如厕、淋浴辅助等
	卫生清洁用品	为老年人日常卫生清洁提供便利，具有舒适性、亲肤性、安全性，包括卫生用品和清洁器具
健康促进产品	保健用品	具有调节人体机能和促进健康等功能的器具
	健身产品	适合老年人日常活动健身使用的产品
	老年休闲娱乐产品	适合老年人休闲娱乐使用的产品
适老化家居产品	适老化家电	基于老年人生理心理特征设计的、老年人使用方便的、易操作的、智能化、功能性家居产品
	中老年家具	
	服务机器人	
	新型照明	
	家纺产品	

(续表)

大类	小类	定义
适老环境改善产品	支撑装置	适合老年人生理特征,易于抓握、手感舒适的支撑装备
	地面防滑产品	用于地面防滑处理的产品

② 适老化设施设备制造业

适老化设施设备制造业主要专注于为老年人创造安全、便利、舒适的生活环境和提供相关的功能性设备,以提高老年人的生活质量和自理能力。适老化设施设备制造业主要包括:无障碍设施制造业,如生产无障碍通道板、扶手、自动门、无障碍电梯等通道设施和出入设施;适老建筑部品制造业,如生产防滑地砖、保温材料等。《老年用品推广目录》中的"适老环境改善产品"的制造属于此类制造业。

(3) 第三产业

老龄产业的第三产业主要是老龄康养服务产业,涉及老年人生活服务和生命服务的方方面面。老龄康养服务广义上是指满足老年人口对健康、养老、养生等需求的服务,狭义上包括养老照护服务、老年医疗卫生服务、老龄金融服务、老年健康促进与社会参与服务、老龄文化教育旅游服务等。

① 养老照护服务业

养老照护服务业主要包括机构养老服务业、社区养老服务业和居家养老服务业。

机构养老服务业是指养老院、老年公寓等养老机构为老年人提供生活照料、医疗护理、康复服务等全方位专业服务。

社区养老服务业是在社区内建立日间照料中心、老年活动中心等,为老年人提供日间照料、生活护理、社区康复(见图 2-2-1)、家政服务、文化娱乐和精神慰藉等服务,包括日间照料、短期托养等形式。目前,社区养老服务的运营模式主要包括政府主导、公私合作(PPP 模式)、社会力量参与。

图 2-2-1 社区康复活动

居家养老服务业是养老服务人员上门为老年人提供生活照料、康复护理、助餐助浴和精神慰籍等服务。

② 老年医疗卫生服务业

老年医疗卫生服务业主要包括:老年病诊断与治疗服务业,即设立专门的老年病医院或综合医院中的老年病科,为老年人提供疾病诊断和治疗服务;老年康复与护理服务主要是建立康复中心、护理院,为失能半失能老年人提供康复训练和生活护理服务；老年健康管理服务业是为老年人提供健康体检、健康评估、健康咨询、健康干预、健康档案管理等服务。

③ 老龄金融服务业

老龄金融服务业主要包括：开发老年商业保险，如人寿保险、健康保险、意外伤害保险、长期护理保险等；提供养老理财服务，即由商业银行、保险公司和证券公司等推出适合老年人的低风险、稳健收益的理财产品；金融机构开展以房养老业务，使老年人通过反向抵押的方式将房产转化为稳定的现金流。

④ 老年健康促进与社会参与服务业

老年健康促进与社会参与服务业是指以提升老年人身心健康水平、增强社会融入能力为目标，通过专业化服务、活动组织、资源整合等方式，帮助老年人维持生理机能、延缓衰老、拓展社交网络并实现自我价值的综合性服务产业。该产业涵盖医疗保健、心理支持、文化教育、志愿服务及社交活动等多个领域，旨在推动"积极老龄化"和"健康老龄化"。

健康促进服务业包括为老年人提供：慢性病防控、老年营养咨询、健康讲座等健康管理与教育服务；太极拳、瑜伽等运动康复与认知训练等康复护理服务；心理咨询、哀伤辅导、老年抑郁干预等心理健康支持服务。社会参与服务业主要包括组建老年志愿者团队，提供老年人参与社区互助志愿服务与公益参与服务，促进老年社交活动与团体建设。

⑤ 老年文化教育旅游服务业

老年文化教育旅游服务业主要包括：老年教育，即开办老年大学、社区老年学校等，为老年人提供文化知识、艺术技能、健康养生等方面的教育课程；组织老年旅游，开发适合老年人身体状况和兴趣爱好的旅游线路和产品，提供专业的导游和护理人员陪同服务；丰富老年文化娱乐，建设和发展老年文化活动中心，组织开展戏曲、舞蹈、书法、绘画等文化娱乐活动。

2. 产业图景

《养老产业统计分类（2020）》将养老产业划分为 12 个大类、51 个中类和 79 个小类。基于各类产业在老龄产业发展中的地位和作用，分为核心产业、辅助产业与支持产业，如表 2-2-2 所示。以养老照护服务和老年医疗卫生服务为代表的核心产业，以老年健康促进与社会参与、教育培训和人力资源、养老科技和智慧养老服务、老年用品及相关产品制造等为辅助产业，以养老金融服务、老年社会保障、养老公共管理为支持产业的老龄产业，构成了我国老龄产业发展的新图景，决定了我国老龄产业发展的战略方向与趋势。

表 2-2-2 基于产业地位的老龄产业分类

产业地位	定 义	代表性产业
核心产业	围绕刚性需求，提供机构、社区、居家在内的养老照护服务，以及包括预防保健、健康管理、疾病诊疗、康复护理、安宁疗护等在内的医疗卫生服务	养老照护服务 老年医疗卫生服务
辅助产业	面向老年群体及养老企业，提供配套服务，包括老年用品及相关产品制造、老年用品及相关产品销售和租赁、教育培训与人力资源、养老科技和智慧养老服务，以及老年体育健身、老年文化娱乐、老年旅游、老年志愿服务等健康管理与社会参与，旨在完善养老服务生态，提升老年人生活质量与产业支撑能力	老年健康促进与社会参与 老年用品及相关产品制造 老年用品及相关产品销售和租赁 养老设施建设 养老教育培训和人力资源服务 养老科技和智慧养老服务
支持产业	为养老产业提供基础保障的配套行业，包括养老金融服务、政府主导的养老公共服务与社会保障，以及适老化改造、智慧养老平台、法律咨询和人才培训等，共同构建养老产业的技术、设施、金融和人力支撑体系	养老金融服务 老年社会保障 养老公共管理 其他养老服务

3. 老龄产业链

(1) 概念

老龄产业链是指围绕老年人的生活需求、健康需求和精神需求等,由多个与养老相关的行业和领域相互连接、相互作用而形成的一个完整的产业体系,旨在为老年人提供高质量的生活保障和服务,涵盖了从养老产品的生产制造、养老服务的提供,到相关支撑产业及配套服务等多个环节,形成了上游为基础支撑、中游为核心、下游为需求端的产业链条。

产品和服务方面,老龄产业链包括为老年人提供的各种物质产品,如养老住房、适老化家居、医疗保健器械、老年食品、老年服饰等的生产与销售,也包括各类养老服务,如生活照料服务、医疗护理服务、康复服务、心理咨询服务、文化娱乐服务、老年教育服务等。这些产品和服务相互配合,共同满足老年人在生活各方面的需求。

产业关联方面,老龄产业链与其他产业存在着广泛的关联和互动,与医疗产业、房地产产业、旅游产业、金融产业等相互融合、相互促进。如养老与旅游融合形成老年旅游产业,养老与金融结合产生养老金融产品等,通过整合不同产业的资源和优势,为老年人提供更丰富、更全面的产品和服务,同时也推动了各相关产业的协同发展。

(2) 内容

上游产业构成老龄产业链的基础支撑层,为老龄产业提供基础材料和技术支持,包括生产养老用品、医疗器械与康复辅具、食品与药品、技术与设备研发等需要的材料,养老信息化平台开发等产业。

中游产业构成老龄产业链的核心,包括老年医疗设备、康复器材等养老产品的制造业与养老服务业。其中,养老服务业是直接为老年人提供生活、健康与精神慰籍等方面的服务,主要包括:机构养老服务、社区养老服务和居家养老服务等养老服务;老年专科医院、综合医院老年科和社区卫生服务中心为主的老年医疗卫生康复和健康管理服务;以老年大学和老年培训机构为依托的老年文化教育和老年文旅服务;等。

下游产业构成老龄产业链的需求端。主要包括:以电商平台、线下门店和社区推广为主的老年用品和服务的营销和流通渠道;以服务质量评估机构、行业协会与监管部门为主的第三方评估与监督养老服务人才培训;老龄金融服务;等。

(3) 特点

① 需求导向特殊性

需求主体特殊化。老龄产业链的服务和产品主要面向老年人群这一特定主体,他们在生理和心理上有独特的需求,如对医疗保健、生活照料和精神慰藉等方面的需求较为突出,且随着年龄增长,需求会不断变化和多样化。

需求内容多元化。老龄产业链既包括满足老年人群的基本物质生活需求,如适老化的生活居住环境、营养适宜的食品和保健品等,也包括医疗康复、健康管理等医疗卫生健康需求,还涵盖文化娱乐、社交互动、情感关怀、社会参与、老年教育等精神层面的需求。

需求层次个性化。老年人的身体状况、生活习惯、兴趣爱好等方面的差异,决定了养老服务需要根据老年人的个体差异,提供个性化的服务方案。比如,为有特殊疾病的老年人制定专门的饮食和护理计划,为有艺术爱好的老年人提供相应的文化活动和培训。

② 产业高度融合性

老龄产业链的需求层次多元化决定了老龄产业必须与医疗产业、文化旅游产业、金融产业等融合发展。比如,医养结合模式是老龄产业与医疗卫生服务业的有机结合,养老机构配备专业的医疗设施和医护人员,或者与医疗机构建立紧密的合作关系,为老年人提供疾病的诊治、康复护理和健康管理等服务。老年旅游市场的兴起是旅游业针对老年人的特殊需求,将老年服务与旅游休闲娱乐业紧密结合。养老保险、养老理财产品、长期护理保险是老龄产业与金融业的融合,既为老年人提供养老资金的保障和增值服务,也为老龄产业的发展提供资金支持。

③ 政策支持依赖性

老龄事业与产业高度相关,需要强有力的政策支持。老龄产业链涉及民生问题,需要政府通过顶层设计制定发展战略和相关政策来引导产业发展方向,规范市场秩序,保障老年人的合法权益。例如,养老机构的设立、运营、资质审批等均需符合相关规定。同时,鉴于老龄产业前期建设投入大、回报周期长,政府给予财政补贴、税收优惠等政策来降低运营成本,提高经济效益,吸引社会资本投入。

④ 发展动态完善性

老龄产业链的发展是一个逐步完善的过程。随着社会经济的发展和技术的进步,老龄产业的各个环节不断发展和成熟,从最初简单的养老机构服务和老年用品生产,逐渐发展到涵盖多个领域、多种服务和产品的完整产业链,形成集聚健康养老资源的老龄产业集群。同时,随着人工智能、物联网等智慧技术在养老服务中的应用,老龄产业链不断适应社会变化和老年人需求的升级而发展变革。

学生自评表

小组互评表

教师评学表

1. **单项选择题**

2. **简答题**

(1) 收集整理目前国内龙头养老服务机构的基本情况。

(2) 简述老龄产业的特点。

3. **拓展研究**

(1) 收集整理工业和信息化部近 3 年《老年用品推广目录》,分析其大类企业数量、企业所在省份等特征。

(2) 请扫码阅读《健康产业分类和基于产业地位的老龄产业分类表》,结合健康产业与养老产业的分类,谈一谈你对老龄产业的理解。

健康产业分类和基于产业地位的老龄产业分类表

项目三 老龄产业发展现状

任务发布

中国已进入中度老龄化社会,老龄化带来养老、医疗、社会保障等压力,同时也催生了老龄产业的巨大市场需求。我国政府出台了一系列政策支持老龄产业发展,如《"十四五"国家老龄事业发展和养老服务体系规划》,明确了老龄产业的发展方向。各地政府推出税收优惠、土地供应、资金补贴等,鼓励企业进入老龄产业。随着老年人口增加,养老服务需求急剧上升,养老机构数量增加,但服务质量参差不齐,高端养老社区逐渐兴起,居家养老和社区养老模式也在快速发展。老年病医院、康复中心等机构增多。老年服装、助行器、护理用品等老年用品市场逐渐扩大,但产品种类和质量仍有提升空间。智能康养设备、健康监测系统、远程医疗等技术逐渐应用于养老服务,但普及率和技术成熟度有待提高。老龄产业面临着不少的挑战,比如:养老机构运营成本高,老年人支付能力有限,导致养老服务的供需不平衡;养老服务行业缺乏高素质的专业护理人才;部分养老机构服务质量不高,老年人满意度较低;智能康养产品的普及率较低,老年人对新技术接受度有限;部分地方政府对老龄产业的政策支持力度不够,政策落实存在滞后性。未来,我国老龄产业有着巨大的发展空间,居家养老、社区养老、机构养老等多种模式将共同发展,智能养老产品和服务将更加普及,医疗与康养服务的深度融合将成为未来老龄产业发展的重要方向,老年用品、文化娱乐、旅游等市场将迎来更大发展空间。那么,我国老龄产业发展的演进过程是怎样的?影响老龄产业发展的因素有哪些?老龄产业快速发展表现在哪些方面?

请你完成以下任务——

任务一:结合任务发布的背景材料,梳理近3年国家层面对于老龄产业的支持政策。

任务二:梳理近3年上海、北京、浙江、广东等省(市)对于老龄产业的支持政策。

任务三:分析上述省(市)老龄产业发展的影响因素有哪些。

任务四:结合不同老龄产业的类型,分析龙头企业的发展经验和启示。

任务准备

任务分组表

任务准备单

1. 老龄产业发展的历史脉络

(1) 萌芽期(2000—2012年)

2000年8月,中共中央、国务院发布《关于加强老龄工作的决定》,指出我国已经进入老龄化阶段,人口老龄化对经济和社会发展带来了深刻影响。该文件强调,全党全社会必须高度重视和切实加强老龄工作,采取积极措施,建立健全社会保障制度,加强社区管理和老年服务设施建设,保障老年人的合法权益。在这一阶段,老龄产业初步发展,养老服务业开始萌芽,养老服务项目开始进行试点经营。此阶段受益于人口红利,社会养老压力较小。

(2) 初步发展期(2013—2023年)

2013年9月,国务院发布《关于加快发展养老服务业的若干意见》。该意见要求各省、自治区、直辖市人民政府,国务院各部委、各直属机构完善市场机制,充分发挥市场在资源配置中的基础性作用,逐步使社会力量成为发展养老服务业的主体,营造平等参与、公平竞争的市场环境,大力发展养老服务业,提供方便可及、价格合理的各类养老服务和产品,满足养老服务多样化、多层次需求。

这一阶段我国人口红利逐渐减少,人口老龄化发展迅速,60岁及以上老年人口占总人口的比例从2013年的14.9%发展到2023年的21.1%,养老服务业逐步发展,以居家为基础、社区为依托、机构为支撑的养老服务体系初步建立,老年消费市场初步形成,老龄事业发展取得显著成就,逐渐形成了"9073"的养老格局,老龄政策体系也逐渐丰富。政策的引导和社会力量的参与,让养老服务和产品有效供给能力大幅提升、供给结构更加合理,养老服务政策法规体系、行业质量标准体系进一步完善。

(3) 快速发展期(2024—   )

2023年末,我国65岁以上老年人口约2.2亿,预计2035年将增至3.3亿,占总人口的1/4。未来10年,我国将步入重度老龄化社会。2024年1月,《国务院办公厅关于发展银发经济 增进老年人福祉的意见》发布,将"老龄产业"延展至涉及面更广、产业链更长、业态更多元的"银发经济"。据相关测算,目前我国银发经济规模在7万亿元左右,占GDP比重大约为6%。到2035年,银发经济规模有望达到30万亿元左右,市场潜力巨大。

2. 老龄产业发展的影响因素

(1) 老年人口数量及占总人口的比例

在市场经济体制下,只有在一定的人口规模基础上才能形成市场交易活动与市场形态。2024年末,我国老年人口数量达到3.1亿,占总人口22%,据联合国数据测算,到2050年,老年人口将突破4.8亿人,占总人口比重达到36.5%,我国将成为全球老龄化最严重的国家之一。如此庞大而不断增长的老年人口形成了一个巨大的消费群体,老龄医疗护理、日常生活照料、养老保险等服务需求会不断增加。据复旦大学老龄研究院"银发经济课题组"的预测:在人均消费水平中等增长速度背景下,2035年银发经济规模为19.1万亿元,占总消费比重为27.8%,占GDP比重为9.6%;2050年银发经济规模为49.9万亿元,占总消费比重为35.1%,占GDP比重为12.5%。由此可见,老龄产业随着老年人口的增加以及老年人口在总人口中所占比例的增长而快速发展。

(2) 老年人口及家庭的购买意愿

改革开放以来,我国老年人的消费观念也在逐步改变,购买欲望普遍增强,开始向发展型和享受型消费需求转变。现在的老年人愿意为健康、娱乐、保持年轻而消费，比原来更懂得享受生活，正在逐渐形成新的消费观念，这将为我国老龄产业市场带来巨大的发展机遇。《中国美好生活大调查》发现，2021年老年人消费意愿榜前三位分别是保健养生、旅游和电脑手机等数码产品。老年人对健康的关注度上升，对保健养生消费的意愿提高。除此之外，老年人更想多出去走走，看看世界的发展变化，老年人的旅游意愿逐年提升。

（3）老年人口及家庭的有效需求

购买能力是产品和服务真正意义上的市场需求，我国老年人口购买力具有明显增强的发展趋势。据统计，我国老年人收入主要有三个来源：家庭及其成员的供养、老年人口自己的劳动收入和离退休金，以及房屋等固定资产。据《2023年中国商业养老服务供需洞察白皮书》相关数据显示，城市老年人养老资产储备多元化。其中，63%的城市老年人除退休工资外，还持有储蓄存款、理财产品、房租收入、养老年金及保险产品等养老资产。城市老年人对养老资金的分配呈现"4222"结构特征，即41%用于日常开支，26%用于医疗开支，18%用于护理开支，15%用于品质开支。入住养老机构一般由老年人自主决策、子女支持，但双方均愿为此买单。

（4）市场交易机制的完善程度

老年人口实现市场性消费行为有赖于市场机制的完善，如价格机制、竞争机制、信息对称机制等。老年人群体是一个市场购买能力弱化的群体，对于非必需品的市场需求价格弹性反应敏感，一旦老龄产品与服务的价格超过其心理价位，则产品与服务的销售就会急剧减少。老年人口同时也属于市场信息获取能力弱的群体，其消费信息多数通过子女和周围人来传递，老年人往往由于活动不便而难以直接参与市场交易和购买，所以老龄产品市场往往具有信息不对称的特征，影响了产品与服务的正常销售规模。特别是，一部分老龄产品与服务存在虚假宣传、恶意欺诈的违法问题，影响了老年人口的实际购买行为。

3. 老龄产业快速发展

目前，我国正式进入中度老龄化社会，并加速迈向重度老龄化阶段，单纯依靠老龄事业难以满足老年群体日益增长的多元化需求，一系列老龄产业以及银发经济政策的出台补齐了我国积极应对老龄化政策中经济政策的关键一环，将老龄产业推入快速发展轨道。这样，老龄事业与老龄产业相结合，逐步推动形成庞大的有效市场。

（1）备老人群增加老龄产业发展新活力

2024年1月，《国务院办公厅关于发展银发经济 增进老年人福祉的意见》印发，这是国家首次出台针对银发经济的综合性政策文件。该意见将银发经济定义为"向老年人提供产品或服务，以及为老龄阶段做准备等一系列经济活动的总和"。银发经济既包括"老年阶段的老龄经济"，又包括"未老阶段的备老经济"，涵盖老年人以及即将进入老龄阶段的人群。

从国家战略角度出发，研究"预备于老"的产业发展方向契合积极应对人口老龄化的国家战略；从个体生命周期角度观察，未（备）老阶段和老年阶段并非割裂分开，应统筹规划；从社会代际传递角度看，银发经济离不开全年龄段人群的共同参与。

据调查研究，生存型消费中诸如衣着、生活用品及服务的支出随着年龄增长变化较为平稳，食品和居住消费随年龄增长呈现明显的上升趋势，且较晚出生的年轻队列呈现更高的消费水平。在发展型消费方面，所有年龄队列的医疗保健费用随年龄增长显著上升。教育与培训费用、交通和通信消费的总体趋势下降。在享乐型消费领域，随着年龄增长，备老人群的服务型消费逐渐增加，尤其是文化娱乐、旅游和美容需求显著提升。

(2) 数字技术开辟老龄产业智慧化方向

数字技术能够促进银发经济尤其是养老、护理、医养结合等产业领域降本增效,为摆脱人员短缺掣肘、政府补贴依赖,实现市场化、规模化发展创造条件。这方面发达国家积累了较多经验。智能生活空间支撑居家独立养老,如澳大利亚智能化居家养老;机器人发展满足护理、社交需求,有效降低护养人员比例,如荷兰智能机器人支持养老;智慧社区养老形成完整养老服务体系,如英国智慧化老年公寓+社区综合服务平台。远程医疗和精准医疗发展,基于医康养(医疗—康复—养老)全周期数据实现主动健康、个性化医疗,能够助推医养结合大规模普及。

未来,技术创新叠加规模化潜力将降低应用成本,智慧养老从现有辅助需求逐步演变为主导需求,将有效缓解我国居家养老和社区养老向机构养老转移压力,成为银发经济的主要发展方向之一,老年群体娱乐、社交、护理、健康、教育等方面数智化需求将大幅增长。

(3) 老龄金融创新支持老龄产业发展

在老龄产业发展过程中,从产业端来看,普遍存在前期投入大、回收周期长、回报率低以及盈利能力弱等问题。从纵向来看,全国经营性养老服务机构的盈利水平虽不断提升,但 2018—2022 年连续 5 年平均利润率为负。从横向来看,2022 年全国经营性养老服务机构固定资产利润率和营业利润率的均值分别为－2.97％和－13.71％,仅有 5 个省区经营性养老服务机构的平均利润率为正,实现了微利运营,其余 24 个省区经营性养老服务机构的平均利润率均为负值。从需求端来看,老年人收入来源有限,收入水平低,养老财富积累不足等导致支付意愿低、支付能力较弱,养老金融如何有效推动个人养老金融产品多元化发展,如何持续优化个人养老金便利化程度,将为老龄产业发展提供有力保障。

学生自评表

小组互评表

教师评学表

1. 单项选择题

2. 简答题

(1)阐述我国老龄产业发展的历史脉络。

(2)回答影响我国老龄产业发展的因素有哪些。

3. 拓展研究

(1)总结国家层面近十年老龄产业发展重点政策的特点。

（2）请扫码阅读《国务院办公厅关于发展银发经济 增进老年人福祉的意见》中的六大重点产业，收集整理每个产业的龙头企业，并分析其岗位设置、关键职责与任职要求。

《国务院办公厅关于发展银发经济 增进老年人福祉的意见》中的六大重点产业

项目四　老龄产业发展趋势

 **任务发布**

近年来，我国老龄化社会呈现出绝对规模大、发展速度快、空巢化加重、生活数字化程度提高、健康意识和人口素质不断增强等一系列新的发展态势和特征。2024年4月，《国务院办公厅关于进一步释放消费潜力 促进消费持续恢复的意见》指出，要加力促进健康养老等服务消费，发展适合老年人消费的旅游、养生、健康咨询、生活照护、慢性病管理等产品和服务。随着人工智能、物联网、大数据等技术在医疗和养老领域的应用，智能家居、远程医疗、健康监测等技术将提升老年人的生活质量。随着生活水平与消费能力的提升，老年人消费观念转变，更加注重生活品质，老年旅游市场将进一步扩大，老年大学、老年培训班等教育服务将更受欢迎。老年人的健康意识进一步增强，更加关注健康，预防保健需求增加，健康体检、营养咨询、运动指导等服务将更加普及，针对老年人的保健品和功能性食品市场将增长。那么，老龄产业发展具有哪些特点和优势？老龄产业的市场状况如何？老龄产业发展的未来趋势是什么呢？

请你完成以下任务——

任务一：借助互联网平台，检索并整理出6条影响老龄产业未来发展的因素。

任务二：从观念转变与消费升级的角度来分析老龄产业的发展趋势。

任务三：从科技创新的角度来分析老龄产业的发展趋势。

任务四：走进一些"90后"甚至"00后"经营的、有特色的养老服务机构，总结提炼这些养老机构的亮点，以及青春养老人从事老龄产业的优势。

任务准备

任务分组表

任务准备单

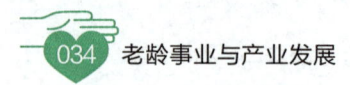

知识链接

1. 老龄产业发展的特点

(1) 产业结构完整性

老龄产业是以满足老年人口多种类型的需求为目的而建立的产业体系。老年人的需求涉及衣、食、住、行、康、体、文、娱等各个方面,每一项需求对应着一个产业,几乎涵盖了一、二、三产业的主要领域,包括:中药材等种植养殖相关的农、林、牧、渔业第一产业;医疗药品与设备器械、保健食品和器具制造、医疗卫生机构及设施建设,以及非动植物中药材采选相关的制造、建筑、开采等第二产业;医疗卫生、健康保障、健康促进,以及医疗卫生健康产品销售、维修等相关的服务业等第三产业。

(2) 跨产业融合性

老龄产业是以老年用品制造和养老服务为核心的、由大量关联行业所支撑的"大产业",是跨部门与行业的综合性产业体系,具有明显的融合性特征。老龄产业边界模糊,目前已出现"地产+养老""金融保险+养老""医疗+养老""智慧+养老""旅游+养老""养老+教育""养老+文化"等各种跨行业发展模式。跨产业深度融合是老龄产业高质量发展的必然要求,除了与上述领域深度融合外,养老产业还将不断与工业、农业、体育、科技、交通等领域跨界融合,逐步形成老龄产业新生态。

(3) 供需快速迭代性

随着市场经济的高度发展和社会化服务的扩充,以及老年人口的多样化需求,老龄产业快速迭代升级。从需求变化看,老年人群体规模不断上升释放大量老年用品和服务需求,而且随着消费意愿和消费能力的升级,需求结构正在从生存型向发展型转变。特别是20世纪60年代出生的人群,已经进入老年阶段,这部分人消费意愿和消费能力很强。从消费趋势看,老年人与年轻人消费边界不断融合,消费观念、消费结构愈发重合,更加注重个性化和悦己消费,老年人成为消费多元化发展的关键群体。从产业发展看,银发经济促使各产业为老年人创造更多的服务产品,涉及老年人生活的方方面面,为老年人服务业注入新的动力。

(4) 准公共产品性

尽管根据服务对象、服务内容以及经济性质,将老年人口服务领域划分为偏福利性的老龄事业与偏营利性的老龄产业两部分,但老龄产业的市场服务对象是广大老年人口,整体上属于整个社会的弱势群体和低收入群体,且老年人口处于生命周期的最后阶段,在过去阶段为社会做出不同程度的贡献,在老年阶段时,老年人口理应享受社会给予的各种公平待遇与人文关怀。虽然老龄产业通过市场有偿提供相关产品与服务,但老龄消费者往往享受政府补助与补贴,使其老龄产业的产品和服务具有明显的准公共产品性质。

2. 老龄产业发展的优势

(1) 强大的制度优势

2020年,党的十九届五中全会将积极应对人口老龄化上升为国家战略,同时在多元治理资源、政策网络协同与银发经济推动等方面都为老龄产业发展提供了坚实的政策支持和市场导向。

(2) 巨大的消费市场

据统计,截至2024年,我国65岁及以上老年人口达2.2亿人以上,而全世界65岁及以上人口的比例约为10%,中国老年人口占全球的比例超过25%。未来几十年中国具有全球最大的老龄产业消费市场。

（3）国际合作优势

为了推动老龄产业发展，政府推动将更多养老、银发经济的相关领域纳入《鼓励外商投资产业目录》。同时，政府积极推动银发经济跨区域国际性合作。据统计，前六届中国国际进口博览会养老康复及辅助产品成交额累计达3.48亿美元。此外，我国政府积极推进与有关国家的自贸协定谈判，实现更高水平的双向开放。

（4）新技术研发优势

随着人工智能、大数据、物联网等智慧技术的发展，老年用品的针对性、交互性和智能性得到显著增强。这些技术的运用使得老年用品能够更好地适应老年人的需求，提高了生活的便捷性和安全性。

（5）中医药技术优势

我国传统的中医药技术，辅助大数据、云计算、人工智能等技术的应用，使疾病诊疗与健康管理更加精准高效，推动养老服务与中医药、养生保健等健康服务融合发展，市场潜力很大。

3. 老龄产业发展的市场分析

《国务院办公厅关于发展银发经济 增进老年人福祉的意见》是我国发布的首个支持银发经济发展的专门文件，既提出了解决老年人七方面急难愁盼需求，也着眼未来，确定培育发展七大潜力产业，更好满足老年人的多样化需求。

（1）老年用品产业

老年用品产业是指专门为老年人提供的各种产品和服务的制造业。工业和信息化部2022—2024年连续3年发布《老年用品推广目录》，涉及730款老年用品，分别有188、263和279款产品上榜。参与企业逐年增加，涉猎范围越来越广，以日本、美国为主的外商投资企业也成倍增长。入选企业数量最多的5个省市分别为广东省、江苏省、山东省、浙江省、河北省。从产业发展空间来看，全球老年用品品类数量超过6万，中国老年用品品类数量不到1/10，且产品种类单一、缺乏知名品牌和龙头企业，未来会在品类丰富性与市场空间有较大潜力。

（2）康复辅助器具产业

康复辅助器具是指改善、补偿、替代人体功能和辅助性治疗，以及预防残疾的产品，包括器具、设备、仪器、技术和软件。康复辅助器具既有外骨骼康复机器人等高科技产品，也有拐杖等简单实用产品，适用人群主要包括残疾人、老年人、伤病人。据统计，康复医疗辅具及其他设备产业规模超过600亿元。我国是世界上康复辅助器具需求人数最多、市场潜力最大的国家。近年来，我国康复辅助器具产业规模持续扩大，未来随着技术创新、国产化率提升、产业链整合优化、政策支持，以及国际化进程的加快，该行业将保持快速增长的态势，并呈现出多元化、个性化的需求趋势。

（3）抗衰老产业

抗衰老产业是指提供各种抗衰老产品和服务的一系列行业。根据《2022—2023年全球与中国抗衰老行业发展及消费者需求研究报告》，2021年全球抗衰老市场规模为2160亿美元，同比增速达11.1%。伴随着消费水平升级、健康需求深化，生物技术、人工智能技术和新材料的快速发展和出现，抗衰老市场进入精细化与科技化的新阶段，并持续扩容。据统计，2024年中国抗衰市场规模达到2393.2亿元，尤以护肤品、医疗美容，以及饮食保健三个细分领域更为突出。

（4）旅游服务业

面向老年群体的旅游服务业是一种融合旅游和养老的新兴模式，在银发经济的带动下展现出巨大的市场潜力。近年来，中国康养旅游市场规模已接近900亿元，预计到2029年将接近1600亿元。2024年颁布的《国务院关于促进服务消费高质量发展的意见》，明确提出增开银发旅游专列，对车厢进行适老化、舒适化改造,丰富旅游线路和服务供给,促进康养文旅产业发展。

目前,我国康养旅游企业数量已超过7000家,市场需求快速增长,多地政府出台政策支持,康养文旅成为老龄化背景下的热门赛道。老年旅游服务业核心在于将健康养生与旅游体验有机结合,满足老年人群体对身心健康和精神文化的双重需求,发展模式主要包括"医疗+旅游"和"养生+旅游"两大类。

(5) 老龄金融业

老龄金融业是为了满足社会成员养老需求而开展的各种金融活动。老龄金融业由养老金金融、养老服务金融和养老产业金融三部分组成,分别面向养老资金、老年人需求和养老产业。随着老龄化加剧,养老金面临的压力也亟须纾解。据《养老金融蓝皮书:中国养老金融发展报告(2023)》统计,我国全口径养老金资产积累规模大约为14.5万亿元人民币,占GDP比例为12%,远低于经济合作与发展组织(OECD)等成熟国家水平。从2023年养老金调剂情况来看,收不抵支的省份已有14个,包括天津、河北、内蒙古、辽宁等省份。2024年12月,中国人民银行等九部门联合印发《关于金融支持中国式养老事业 服务银发经济高质量发展的指导意见》,从支持不同人群养老金融需求、拓宽银发经济融资渠道、健全金融保障体系、夯实金融服务基础、构建长效机制五方面提出16项重点举措,明确了2028年和2035年养老金融发展的阶段性目标。未来,老龄金融将通过三个方面创新升级推动金融行业的发展,即老龄金融数字化转型提升服务效率、老龄金融多元化投资满足个性化需求、老龄金融综合化产品实现一站式服务。

(6) 智慧康养产品制造业

智慧康养产品是指利用物联网、人工智能等智慧技术为老年人提供便利和增强生活质量的产品。2021年,《智慧健康养老产业发展行动计划(2021—2025年)》启动实施。该文件明确,要重点发展健康管理类、养老监护类、康复辅助器具类、中医数字化智能产品及家庭服务机器人5大类产品,并带动传感器、微处理器、操作系统等底层技术突破,实现多模态行为监测、跌倒防护、高精度定位等实用技术攻关。

《中国智慧健康养老产业发展报告(2023年)》提出,依托互联网、大数据、人工智能等现代信息技术,智慧养老模式正在为老年人、机构提供实时、高效和低成本的服务,最终目的是满足社会多样化的养老需求。

未来,智慧健康养老产品与服务可以解决60%以上的养老难题。据智慧健康养老产业联盟测算:2017年我国智慧健康养老产业规模约为2.2万亿元,2020年增至4.27万亿元,年复合增长率超过18%;2022年我国智慧养老市场规模约为8.24万亿元,同比增长34.43%,占老龄产业总规模的78%。另根据中商产业研究院《2025—2030年中国智慧养老产业发展趋势及投资风险研究报告》,2025年智慧养老产业市场规模约7.21万亿元。

(7) 适老化改造产业

适老化改造产业是指通过对老年人家庭的通道、居室、厨房、卫生间等生活场所进行改造,以及家具配置、生活辅助器具和细节保护等方面的调整或修造,以适应老年人的使用习惯,缓解老年人因生理机能变化导致的生活不适应,增强其居家生活的安全性和便利性的一种产业。

在我国,绝大多数老年人选择居家养老。根据估算,我国有1.5亿套住宅亟需适老化改造。2024年3月,国务院印发《推动大规模设备更新和消费品以旧换新行动方案》,强调通过政府支持、企业让利等多种方式,持续推进居家适老化改造,积极培育智能家居等新型消费。据不完全统计,当前全国已有北京、上海、广州等26个省(市)推出了政府补贴政策。

适老化改造包括三大路径,即装修改造硬件设施环境、配置适老家具、配置适老家电,涉及家电、家具、家装及平台企业。我国居家适老化改造产业发展处于市场初级阶段,未来在产品研发、商品供给、标准建设等方面还有很大发展空间。

4. 老龄产业发展的趋势

(1) 老龄产业市场潜力巨大

艾媒咨询数据显示,2024年,我国老龄产业市场规模为13.9万亿元,同比增长15.83%,预计2025年老龄产业市场规模为16.1万亿元,2027年有望达20万亿元以上。而银发经济市场规模更大,据复旦大学老龄研究院"银发经济课题组"预测,在人均消费水平中等增速的背景下,2035年我国银发经济规模将达到19.1万亿元,到2050年,这一数字将增加到49.9万亿元。

(2) 细分市场规模呈增长趋势

① 老年护理服务市场发展空间大

据北京大学的一项研究显示,我国失能、半失能老年人约4 000万,预计2030年将超7 700万[1]。随着老年人口数量的增加以及失能、半失能老年人比例的上升,老年护理市场需求将持续增长。养老服务床位数虽已达800多万张,但远低于国际通行数量和国内市场需求,未来老年护理市场在服务供给和设施建设方面仍有较大的发展空间。

② 老年旅游服务市场潜力大

随着老年人生活水平的提高和消费观念的转变,老年旅游市场日益火爆。近年来,我国60岁及以上用户在携程平台上的注册数量同比增长22%,订单数量同比增长37%。预计到2050年,老年人口旅游消费总额将达2.4万亿元以上。老年旅游市场将朝着个性化、品质化方向发展,更多适合老年人的旅游产品和线路将被开发并推向市场,满足老年人不同的旅游需求。

③ 老年用品市场规模快速增长

据中国老龄协会发布的报告,全球老年用品有6万多种,其中日本有4万多种,中国现仅有2 000多种,差距甚大。截至2022年,我国老年用品市场规模约为3.34万亿元。随着市场对老年用品需求的不断增加,以及国内企业对老年用品研发生产的重视,老年用品市场规模将快速增长,产品种类也将不断丰富。

(3) 老龄产业发展呈现阶段性

① 满足发展型消费阶段(2021—2035年)

这一阶段,老龄产业面临多方面产生的重大需求,包括:老年康养服务,如老龄健康管理、慢病管理、医疗卫生、安宁疗护等;老年用品和设施设备制造,如适老化产品、康复辅具等;老年人生活环境宜居改造,如房屋适老化改造、适老化环境与服务,公共场所的无障碍环境设施建设等;老龄金融产品创新,如个人老龄金融产品,以及老龄产业金融支持等。

② 满足享乐型消费阶段(2036—2050年)

在此阶段,随着"70后""80后"群体步入老年,老龄产业需求将在消费模式、需求层次、需求内容等方面发生变化。线上消费模式更加普遍,精神文化、终身学习、老有所为成为老年人追求的重要内容,智慧养老与科技助老需求凸显,老龄服务的外延会进一步扩展,老年人对体育、旅游、文化、教育、法律等领域的服务需求也会显著增加。

(4) 老龄产业技术应用创新

① 智能化产品与服务广泛应用

人工智能、物联网、大数据等技术将在养老产业中得到广泛应用,为老年人提供更加便捷、高效、安全

---

[1] Yanan Luo, Binbin Su, Xiaoying Zheng. "Trends and Challenges for Population and Health During Population Aging-China, 2015-2050"[J]. China CDC Weekly, 2021(28):593-598.

的生活服务。智能家居设备将成为老年人生活的得力助手,如:智能门锁可通过人脸识别或指纹识别为老年人开门,避免忘带钥匙的困扰;智能照明系统可根据老年人的活动轨迹自动调节亮度;智能厨房设备能为老年人提供烹饪指导,并在发生燃气泄漏等危险时及时报警。此外,智能养老机器人也将走进老年人的生活,为老年人提供陪伴、护理、康复训练等服务。这些智能化产品与服务,不仅能提高老年人的生活质量,还能减轻家庭和社会的养老负担。

② 互联网技术推动养老服务模式创新

"互联网+养老"平台将整合各类养老服务资源,实现线上线下服务的有机结合。老年人及其家属可通过平台查询养老服务机构信息、预约服务、评价服务质量等,同时平台还能根据老年人的需求和偏好,为其精准推荐合适的养老服务。例如,一些互联网养老平台推出了"共享养老"模式,鼓励有闲置房屋和时间的家庭为老年人提供短期居住和照料服务,实现资源的优化配置。此外,远程医疗、在线教育等互联网应用也将在养老领域得到更广泛的应用,让老年人足不出户就能享受到优质的医疗和教育资源。

③ 生物技术推动老龄产业发展

生物技术的不断进步将为老龄产业发展带来新机遇。在老年疾病治疗方面,基因疗法、细胞疗法等新兴生物技术有望取得突破,为一些疑难病症提供更有效的治疗方案。同时,生物技术在抗衰老领域也将发挥重要作用,通过研发抗衰老药物、营养补充剂等产品,延缓老年人身体机能的衰退,提高老年人的生活质量。此外,生物技术还将应用于老年护理产品的研发,如具有促进伤口愈合、抗菌消炎等功能的新型护理用品,为老年人的健康护理提供更好的保障。

学生自评表

小组互评表

教师评学表

1. 单项选择题

2. 简答题

(1) 简述我国老龄产业发展的特点与优势条件。

(2) 简述科技创新如何赋能老龄产业发展,并举例说明。

3. 拓展研究

(1) 整理工业和信息化部 2022—2024 年《老年用品推广目录》,绘制老龄产业发展的市场细分表。

(2) 请扫码阅读《中共中央 国务院关于深化养老服务改革发展的意见》中对"构建养老服务产业发展

三方机制"的阐述,分析政府、市场以及社会三方如何协同发挥作用,并撰写报告。

《中共中央 国务院关于深化养老服务改革发展的意见》中的三方机制

模块三

老龄事业与产业发展环境

模块导读

老龄事业与产业的发展是积极应对人口老龄化国家战略的核心抓手,其演进逻辑深深植根于经济、人口、社会和技术环境的动态交互之中。从经济环境看,我国国内生产总值(GDP)持续增长为老龄事业奠定了物质基础。国家统计局发布的《2024年国民经济和社会发展统计公报》显示,2024年全年GDP达到了1 349 084亿元。2019年—2024年,全国财政用于养老服务和老年人福利方面的支出超过5 600亿元,年均增长11%。同时,低通胀环境稳定了老年人消费预期,激活了健康养生、老年旅游等消费市场。产业结构不断优化,智慧健康养老等新兴业态在政策扶持下快速崛起。人口环境呈现深刻变革,老年人口结构的"银发浪潮"使得劳动力供给减少,倒逼产业智能化升级,庞大的老年群体催生了万亿级养老市场。社会环境交织着传统与现代的碰撞,孝道文化催生的"孝心经济"快速发展,家庭养老与社会化服务、地域文化与养老模式深度融合。《智慧健康养老产业发展行动计划(2021—2025年)》推动人工智能、物联网技术在养老领域的应用,脑机接口、远程医疗等前沿技术正在重塑老年健康管理模式。本模块重点介绍老龄事业与产业发展面临的经济环境、人口环境、社会环境与技术环境。

模块目标

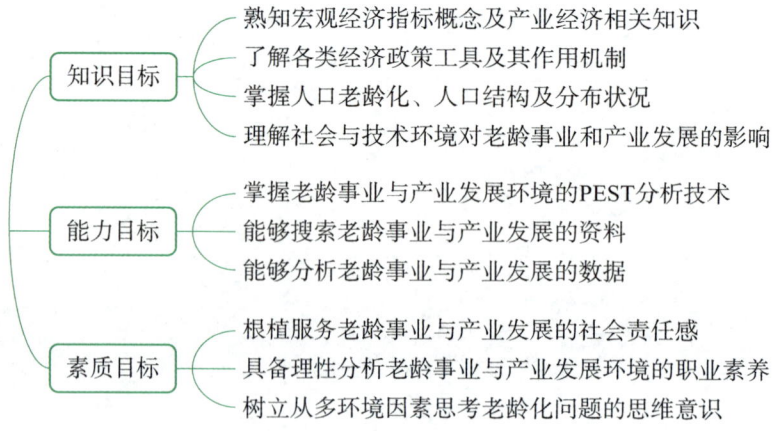

模块导图

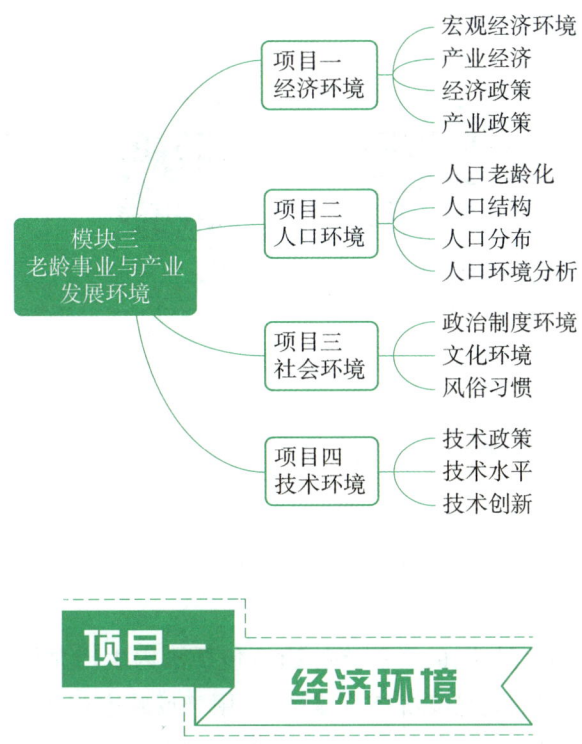

项目一 经济环境

任务发布

我国始终把经济结构调整贯穿于经济社会发展中,不断推进经济结构优化升级。第一产业综合生产能力增强,农业内部结构更加优化;第二产业加快转型升级,工业生产向中高端迈进;第三产业规模日益壮大,新兴服务业蓬勃发展。2024年上半年我国国内生产总值(GDP)达到61.7万亿元,同比增长5.0%;全国城镇调查失业率均值为5.1%,比上年同期下降0.2个百分点;居民消费价格指数(CPI)同比上涨0.1%,保持稳定;对外贸易较快增长,外汇储备总体稳定,国际收支基本平衡;我国宏观政策工具丰富,治理效能不断提升,将持续为经济平稳运行、产业转型升级提供政策保障。针对日益加剧的老龄化问题,政府将加强养老、医疗等领域的保障体系建设,确保广大人民群众的基本生活需求得到满足。

国内生产总值(GDP)、失业率、居民消费价格指数(CPI)、国际收支平衡是常用的宏观经济指标。第一、二、三产业及三者之间的关系就是国家经济结构,而产业支持、税收、融资就是经济政策。那么,这些指标为什么能够反映国家的宏观经济运行情况和经济结构变化?为了促进经济高质量发展、产业结构优化升级,特别是应对老龄化问题,能够采取哪些调控手段和政策工具呢?

请你完成以下任务——

任务一:检索国家统计局等互联网网站,整理我国宏观经济有利于老龄事业与产业发展的因素。

任务二:阐述产业组织形态的划分标准,分析不同类型产业组织形态对老龄产业结构优化升级的影响。

> 任务三：梳理推动老龄事业与产业发展的财政政策、金融政策、产业政策等，绘制思维导图。

任务准备

任务分组表

任务准备单

知识链接

1. 宏观经济环境

(1) 宏观经济的概念

宏观经济，即宏观层面的国民经济，指的是国民经济的整体活动及其运行状态。宏观经济研究的是总量经济活动，包括国民经济的总量和构成。

判断宏观经济发展水平和运行状况的经济指标通常包括国内生产总值（GDP）、通货膨胀率、失业率和国际收支平衡等指标。在我国的国民经济核算体系中，用于反映宏观经济的核心指标是国内生产总值（GDP），同时也使用居民消费价格指数（CPI）等用于反映通货膨胀率的指标，以及失业率和国际收支平衡指标。

(2) 宏观经济指标

① 国内生产总值（GDP）及其增长率

国内生产总值（Gross Domestic Product，GDP），是指在某一个既定时期，一个国家内所有常住单位的生产活动形成的最终成果的市场价值，也是衡量一个国家或者地区经济状况和发展水平的重要指标。

国内生产总值（GDP）增长率，是本期国内生产总值（GDP）与基期国内生产总值（GDP）的比较，通常以年度百分比表示，反映了某一个既定时期国民经济的发展水平变化程度。较高的国内生产总值（GDP）增长率，通常表示某一国家和地区的经济处于繁荣发展阶段，通常与之伴随的是就业机会增加、居民收入上升、消费和投资比较活跃等。而较低的国内生产总值（GDP）增长率或负增长，则可能暗示经济面临困境或处于收缩甚至衰退阶段，通常也会出现失业人群增加、居民收入停滞不前或降低、消费受到抑制和投资活动低迷等。

② 通货膨胀率

通货指以现金形式存在于市场流通领域中的货币。通货膨胀指因货币供给大于货币实际需求，也即现实购买力大于产出供给，导致货币贬值，从而引起的一段时间内物价持续而普遍上涨的现象，反之为通货紧缩。

通货膨胀率是指一般物价总水平在一定时期（通常为一年）内的变化率。通货膨胀率用于反映通货膨胀的程度，如果通货膨胀率大于零，说明存在通货膨胀，反之说明存在通货紧缩。

居民消费价格指数（Consumer Price Index，CPI），是衡量一组代表性消费商品及服务项目的价格水平随时间而变动的相对数。居民消费价格指数（CPI）通常用来反映居民家庭一般所购买的消费商品和服务项目价格水平变动情况的宏观经济指标，是衡量通货膨胀程度的主要指标之一，因为它反映了居民消费领域的价格变化。

③ 失业率

失业率是指待业人员占就业人员与待业人员之和的百分比,反映了劳动市场的供需状况和劳动力的实际利用情况。失业率与宏观经济状况关系密切,如果经济处于增长时期,会带来更好的就业机会,所以失业率与经济增长率具有反向的对应变动关系。

④ 国际收支平衡

国际收支平衡是指某一国家或地区国际收支净额,即净出口与净资本流出的差额为零。国际收支平衡表是国民经济核算体系中基本核算表的组成部分,反映一定时期某一国家或地区同外国的全部经济往来的收支流量表。

国际收支如若失衡则可能引发经济波动,如顺差(一定时期内,国际收支中收入总额大于支出总额的差额)可能导致货币供应过剩,进而引发通货膨胀和物价飞涨,逆差(一定时期内,国际收支中,支出总额大于收入总额的差额)则可能导致通货紧缩和经济衰退。因此,国际收支基本平衡是国民经济健康稳定的基础之一。

(3) 宏观经济环境分析

① 经济总量持续增长

近年来,中国GDP(国内生产总值)持续增长(见图3-1-1),为老龄事业与产业发展提供了坚实的物质基础。1952年,我国GDP仅为679亿元。改革开放以来,我国经济快速发展,1986年GDP突破1万亿元,2000年突破10万亿元大关,2010年超过日本,成为世界第二大经济体。2020年,GDP突破100万亿元大关,2024年达到134.9万亿元,首次突破130万亿元。按不变价计算,2024年GDP比1952年增长约250倍,年均增长约8%。货物贸易第一大国、服务贸易第二大国、商品消费第二大国和外汇储备第一大国——中国宏观经济呈现持续稳定高质量发展态势。

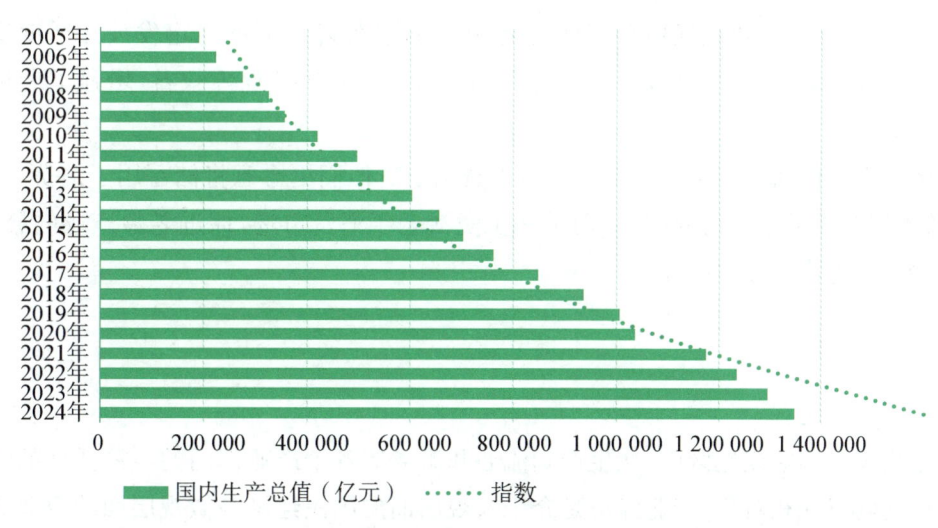

图3-1-1 2004—2024年中国国内生产总值(GDP)和指数示意图

随着国内生产总值(GDP)的不断攀升,政府和社会有更多的资金投入养老设施建设、老年医疗保障、老年文化教育等领域。例如,近年来我国财政在养老服务补贴、社区日间照料中心建设等方面的支出逐年增加。2019—2024年,全国财政用于养老服务和老年人福利方面的支出超过5600亿元,年均增长11%。其中,中央财政通过一般公共预算、政府性基金预算等渠道安排资金超过1500亿元。

② 低通胀结构性特征显著

中国当前经济处于"低通胀"状态(见图3-1-2),中国的居民消费价格指数(CPI)近10年来整体保持温和增长态势。2023年3月以来,我国物价出现持续的"低通胀"现象,居民消费价格指数(CPI)低位运行与生产者物价指数(PPI)负增长并存状态长达19个月。从不同行业来看,低通胀结构性特征较为显著。一方面,居民日常消费品价格继续增长,旅游出行、家政服务等消费更加活跃,助推消费品价格回暖。另一方面,与高科技关联行业价格保持稳定,支撑高新技术制造业价格回升,同时与传统产能关联度较高的行业价格回落,如建筑建材等耐用品价格走低。宏观经济的低通胀结构特征为老龄事业与产业发展带来有利的发展机遇。

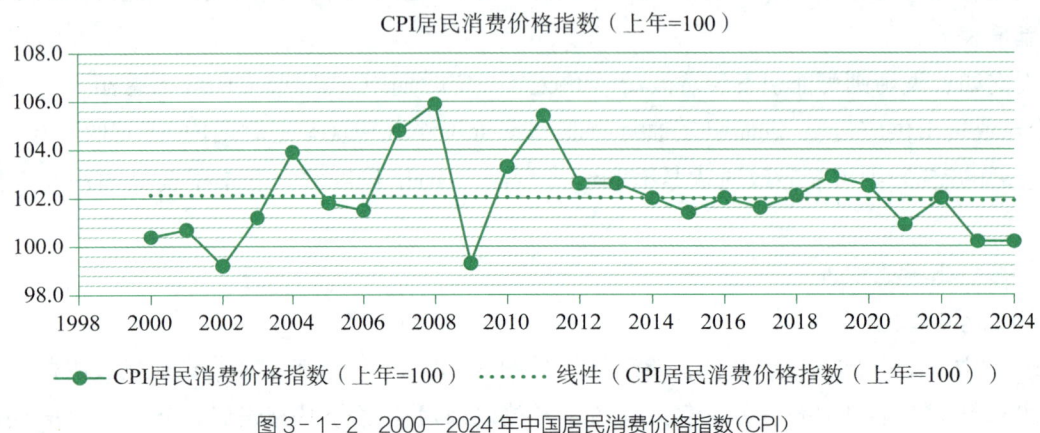

图3-1-2　2000—2024年中国居民消费价格指数(CPI)

低通胀维持了老年人稳定的生活成本与消费预期。对于老年人群体而言,他们的收入来源相对固定,如养老金和储蓄等,物价上涨会直接导致他们的购买力下降,当食品、医疗保健等主要消费品类价格波动较小时,老年人能够更准确地规划生活支出,维持较为稳定的生活质量。

低通胀有助于维持社会保障体系的财务稳定。养老金、医疗保险等社会保障资金的支付压力相对较小,政府和相关机构能够更有效地规划和管理资金,确保社会保障待遇的稳定发放和适度增长。这对于依赖社会保障的老年人来说至关重要,保障了他们的经济来源和医疗保障权益,增强了老年人的社会安全感和生活保障感。

稳定的经济环境和低通胀率会增强老年人的消费信心。他们更愿意将储蓄用于消费,尤其是在健康养生、文化旅游等提升生活品质的领域,从而进一步激活老年消费市场,促进老龄产业的繁荣发展,形成经济发展与老龄事业进步的良性循环。

2. 产业经济

(1) 产业经济的定义

产业经济是指某一国家或地区中,从生产到流通和服务等各个产业部门的经济活动的组合关系及其运行状态。与产业的概念相对应,产业经济是介于宏观层面的国民经济与微观层面的企业或家庭消费者之间,具有某种同一属性的产业部门的经济活动集合。与宏观经济更多关注国民经济的整体运行状况相比,产业经济关注的是产业内部的结构、组织形式、市场行为以及与其他产业之间的关系。

(2) 产业结构及其划分

产业结构又称产业体系,是指各个产业的构成以及它们之间的联系和比例关系。三次产业是相互依存、相互制约的有机整体,对拉动国民经济增长起到各自的不同贡献(见图3-1-3)。第一产业为国民经济提供最基本的原材料,是国民经济的基础产业,其中的农业对GDP增长起到稳定器和基础支撑作用;第二产业通过加工原材料生产出各种产品和服务,是国民经济的支柱产业,其中的制造业和建筑业对GDP增长的贡献较大;第三产业则进一步满足人民群众日益增长的服务需求,是国民经济现代化的发展方向,其中的服务业对提高居民生活质量、优化国民经济结构具有重要作用。

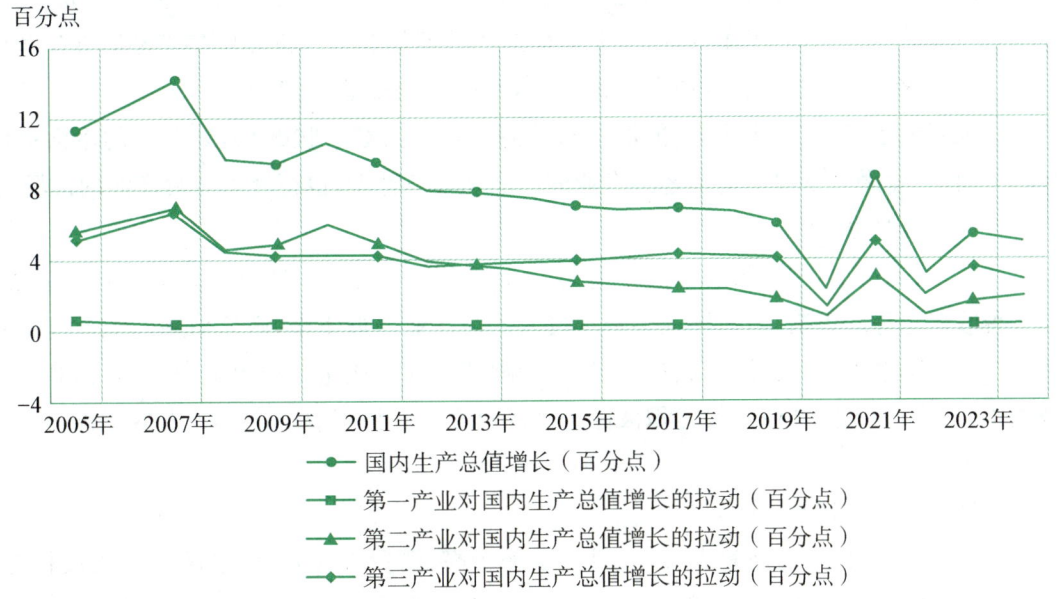

图 3-1-3　2000—2024 年我国三次产业对 GDP 增长的拉动情况

（3）产业结构优化

我国产业结构比例的调整、优化主要表现在由第一产业向第二、三产业的过渡升级,农林牧渔第一产业在国民经济中的比例逐步降低,工业和服务业等第二、三产业的比例逐渐升高,国民经济从以农业为主导的阶段逐步转向工业化和后工业化阶段。

（4）产业经济环境分析

① 产业结构优化升级

中国产业结构正逐步从传统模式向高端化、智能化、绿色化转型,第三产业快速发展。近年来,第三产业规模持续扩大,新兴服务业蓬勃兴起。这一趋势为老龄事业与产业发展提供了广阔空间。养老服务、老年健康管理、老年文化娱乐等老龄产业多属于第三产业,产业结构的优化升级使得资源向这些领域倾斜,促进了老龄产业的快速发展。例如,一些城市大力发展智慧养老服务,依托互联网、大数据等新兴技术,整合养老服务资源,提供更加便捷、高效的养老服务,满足老年人多样化的需求。

② 老龄产业规模逐步扩大

随着全球人口老龄化趋势的加剧,老龄产业规模呈现出稳步扩张的态势,尤其是养老服务与老龄康养产品制造领域,扩张态势更为显著。从传统的敬老院、福利院到如今的高端养老社区、医养结合型养老机构,数量持续攀升。

老龄康养产品制造业市场潜力逐步释放。助行器具、老年护理用品、老年服装、养老机器人等品类日益丰富,满足了老年人日常生活、保健护理、出行等多方面的需求。例如,从养老机器人来看,前瞻产业研究院发布的《2024 年中国养老机器人行业全景图谱》,2024 年中国养老机器人市场规模约 79 亿。随着各项先进技术的出现以及老年人的消费力提升,养老机器人市场潜力将得到逐步释放。

③ 老龄产业呈现多元化

老龄产业呈现多元化的特点,其产业模块除养老产品生产制造业与养老服务业核心产业外,不断向外拓展,逐步形成涵盖老龄文旅服务业;老龄金融服务业;老龄房地产,如老年人住宅、老年社区等;老年日常生活用品加工业,如老年人服装、生活用品等;老年咨询服务业,如老年人法律维权、老年人心理、老年人创业、老年人婚姻咨询等服务。老龄产业呈现多元养老产业结构化特征。

④ 产业融合趋势日益增强

我国各产业间的融合趋势日益明显,为老龄事业与产业发展创造了新机遇。老龄产业与健康产业、旅游产业、科技产业等融合,催生了康养旅游、老年智能产品等新业态。康养旅游将健康养生和旅游相结合,满足了老年人追求高品质生活和健康养生的需求,吸引了大量老年消费者。老年智能产品融合了科技与养老需求,如智能手环、智能床垫等,能够实时监测老年人的健康状况,为老年人的生活提供了便利和安全保障。这种产业融合不仅丰富了老龄产业的产品和服务种类,也拓展了老龄产业的市场空间。

⑤ 产业经济政策大力支持

国家出台了一系列产业政策,鼓励和支持老龄事业与产业的发展。通过制定养老产业发展规划、给予财政补贴、税收优惠等政策措施,引导社会资本投入老龄产业。近年来,政府对新建或改建的养老服务机构给予财政补贴,降低了企业的运营成本;对从事老龄产业的企业实施税收减免政策,提高了企业的盈利能力,激发了企业参与老龄产业发展的积极性。这些政策为老龄事业与产业的发展提供了有力的政策支持和保障。

⑥ 老龄产业布局存在地域差异

经济发达地区或城市由于经济实力雄厚、科技水平较高、消费观念先进,老龄产业发展相对成熟,各类老龄企业和机构数量众多,产业集聚效应显著。例如,北京泰康之家·燕园项目总投资约54亿元,提供约3000户养老单元。广东省2023年高新技术企业数量超过6万家。先进的科学技术,加之这些地区老年人的消费能力和消费意愿较高,对创新型老年用品高度认可,促进智能化老年医疗服务设施快速发展。又如,深圳的一家老年智能设备企业,2023年其老年智能手表的销售额达到了5000万元,同比增长30%。根据调查,2023年北京、上海、广州等城市的老年智能穿戴设备市场渗透率达到了20%左右,而全国平均水平仅为10%左右。

中西部地区老龄产业发展起步较晚,养老服务设施建设相对滞后。据统计,2023年中西部的河南、湖北、湖南三省养老院数量分别为1500家、1200家、1000家左右,而华东地区的山东数量超过3000家,江苏2500家左右。不仅如此,中西部地区老龄产业主要集中在传统老年用品的生产,老龄企业较多,但规模较小。近年来,中西部地区在政策扶持下,基础养老服务设施建设和传统老年用品生产等老龄产业呈现快速发展趋势。

3. 经济政策

(1) 财政政策

财政政策是指政府部门通过调整财政收入和财政支出来调节经济活动,其主要目的是实现经济稳定和经济增长。财政政策的主要手段包括调整税收、政府债务和政府支出等。

① 财政政策工具

税收是指国家为了向社会提供公共产品、满足社会共同需要、参与社会产品的分配,按照法律的规定,强制无偿取得财政收入的一种规范形式。税收是一种非常重要的政策工具,我国的18个税种涵盖了各种经济活动和行为。

政府债务是指政府凭借其信誉,作为债务人在国内外发行债券或向外国政府和银行借款来筹集财政资金的一种信用方式。政府债务具有非经常性和有偿性的特点。

政府购买是指政府为履行其自身的职能、取得所需商品和劳务而进行的资金支付,是政府行为活动的成本。财政支出一般可以分为社会支出、一般支出、财政补贴三类。社会支出包括政府提供的教育、医疗、社会保障和其他社会支出等;一般支出包括行政支出、经济投资支出、公共服务和公共基础设施建设支出等;财政补贴是财政支出的一种特殊形式,是政府采取管制和交叉补贴政策对经济活动产生影响的一种补偿性支出。

② 财政政策环境分析

我国政府通过调整财政收支来支持老龄事业与产业发展。在财政支出方面，加大对养老基础设施建设、老年医疗卫生服务、社会养老保障体系等的投入，提高老年人生活质量。例如，增加公共基础设施建设支出，建设更多适合老年人活动的场所和设施。在税收政策上，对从事老龄产业的企业给予税收优惠，如对养老服务机构减免相关税费，降低企业运营成本，鼓励社会资本参与老龄产业。

(2) 金融政策

金融政策是指政府或中央银行采取的货币与信用政策的统称，目的是通过调整货币供应量和信用条件来影响经济活动。一般而言，某一国家的金融政策主要包括货币政策、利率政策和汇率政策三类。

① 金融政策类型

货币政策是指中央银行调整货币总需求的方针策略。传统的货币政策工具包括法定存款准备金、再贴现率、公开市场业务等。

利率政策是指中央银行运用利率工具对法定存贷利率水平进行调整，进而影响社会的资金供求状况，从而影响消费和投资，调节宏观经济运行。

汇率政策是指某一国家或地区政府为通过金融法令的颁布或政策的推行，把本国货币与外国货币比价确定或控制在适度的水平而采取的政策手段。汇率政策中最主要的工具是汇率制度的选择。我国实行的是有管理的浮动汇率制度。汇率政策对于国际贸易、国际资本流动和其他国际融通活动具有重要影响。

② 金融政策环境分析

我国政府通过货币政策、利率政策和汇率政策影响老龄产业。货币政策方面，中国人民银行通过调整货币供应量，为老龄产业提供充足的资金支持。如降低法定存款准备金率，增加商业银行可贷资金，促进金融机构对老龄产业的信贷投放。利率政策上，合理下调利率，降低老龄产业企业的融资成本，鼓励企业扩大生产和服务规模。《关于金融支持中国式养老事业 服务银发经济高质量发展的意见》《关于"十四五"期间利用开发性金融支持养老服务体系建设的通知》支持老龄产业发展。汇率政策的稳定有助于保障老龄产业国际贸易和国际合作的顺利开展，促进老年产品进出口和养老服务跨境合作。

4. 产业政策

产业政策是指由国家或政府部门制定的，用于引导某一产业发展方向和结构优化升级，提升产业竞争力和促进经济增长的政策总和。国家推出产业政策的主要方式包括制定国民经济计划、产业结构调整计划、产业扶持计划等。

(1) 产业政策的内容

① 国民经济计划

国民经济计划是指国家对国民经济各项内容所进行的、分阶段、有目标的具体安排。按照时间长度，可以分为长期计划（一般10年或以上）、中期计划（一般为5年）、短期计划（一般为1年）。按照指导范围，可以分为综合计划和专项计划。综合计划覆盖国民经济的主要领域和各个方面，中长期综合计划也被称为总体规划。专项计划或专项规划针对国民经济特定领域，是总体规划在特定领域的延伸和细化，与总体规划及相关专项规划相衔接，是国家核准重大项目和安排政府投资的依据。

② 产业结构调整计划

产业结构调整计划是指国家以市场调节和政府引导相结合的方式，实现不同产业之间的资源合理流动，优化产业结构，提升产业链水平。一方面，国家和政府部门通过严格落实相关法律法规和准入限制等综合手段，推动落后产能的淘汰和升级。另一方面，加大战略性新兴产业和未来产业等的政策引导，鼓励传统产业向高新技术产业转型,从而优化产业链布局,促进经济高质量发展和竞争力提升。

③ 产业扶持计划

产业扶持计划是指国家通过提供财政资助、税收优惠、融资支持等方式,鼓励和支持特定产业的成长和发展。具体来讲,国家和政府部门在制定发展计划或规划时,有针对性地根据区域经济发展状况,采取重点倾斜或扶持某些产业优先发展的政策,并配套性地提供资金或其他资源支持,使其加速成长和发展,从而带动其他产业共同发展,乃至促进整个区域经济的发展。

(2) 产业政策环境分析

为了促进老龄事业与产业发展,我国政府连续出台产业扶持政策,制定了《"健康中国2030"规划纲要》《"十四五"国家老龄事业发展和养老服务体系规划》《国务院办公厅关于深化养老服务改革发展的意见》《关于促进医养结合服务高质量发展的指导意见》《关于进一步促进养老服务消费 提升老年人生活品质的若干措施》《国务院办公厅关于发展银发经济 增进老年人福祉的意见》《关于推进基本养老服务体系建设的意见》《智慧健康养老产业发展行动计划(2021—2025年)》等引导老龄产业发展。在国民经济计划中,明确老龄产业发展目标和重点任务;在产业结构调整计划中,推动资源向老龄产业流动,优化产业布局。例如,对养老服务产业、老年健康产业等给予重点扶持,通过财政资助、税收优惠、融资支持等方式,培育壮大相关产业,促进老龄产业成为经济发展新的增长点。

学生自评表

小组互评表

教师评学表

1. 单项选择题

2. 简答题

(1) 解释什么是产业结构,简述国家如何通过产业结构的优化升级,促进老龄事业与老龄产业的健康快速发展。

(2) 解释什么是经济政策,简述政府如何通过经济政策工具来应对人口老龄化问题。

3. 拓展研究

(1) 从产业政策环境视角分析我国老龄产业发展的机遇。

(2) 2024年1月,《国务院办公厅关于发展银发经济 增进老年人福祉的意见》发布。请扫码阅读文件提出的4个方面26项举措,分析文件所包含的经济政策内容有哪些。

国务院办公厅关于发展银发经济 增进老年人福祉的意见

项目二 人口环境

任务发布

掌握准确的人口数量、人口素质、人口结构和人口分布等情况,是科学治国和宏观决策的基础。通过人口普查,可以全面了解一个国家人口的性别、年龄、民族、国籍、受教育程度、行业、职业、迁移流动、婚姻、生育、死亡、居住等方面的基本信息,掌握人口在数量、结构、分布等方面的变化情况。人口普查数据不仅可以对个人和住户的情况进行描述和分析,还可以对不同级别的地理单位进行描述和分析,大至整个国家,小至某个街区,是国家制定完善政治经济政策体系和人口发展战略的重要基础依据。新中国成立以来,我国已经成功进行了七次全国人口普查。全国人口普查的历程,是我国人口普查逐步完善的过程。通过不断自我探索和学习借鉴国际上的成功经验,我国人口普查工作逐步提高到了一个新的水平。人口普查获取的各类信息会使每个参与普查的人受益,比如,分年龄的人口数据告诉我们在一个地区有多少老年人需要照顾,政府可以根据这些数据规划老年人服务设施。

请你完成以下任务——

任务一:利用互联网检索有关资料,整理新中国成立后我国的人口发展变化规律以及我国人口老龄化问题的成因。

任务二:阐述我国人口结构的主要特点,以及国家采取了哪些政策来应对人口老龄化问题。

任务三:利用互联网检索有关资料,梳理我国人口分布的规律、特点及其形成原因。

任务准备

任务分组表

任务准备单

知识链接

1. 人口老龄化

（1）含义

人口老龄化是指一个国家或地区总人口中因年轻人口数量减少、老年人口增加而导致的老年人口比重提升的动态变化过程。

① 判断标准

国际上,通常根据老年人口比例来判断某一国家和地区是否进入人口发展的老龄化阶段。具体的判断标准是,60岁及以上人口占到总人口的10%,或者65岁及以上人口占到总人口的7%,即意味着这个国家和地区进入轻度人口老龄化社会;当60岁及以上人口比重超过20%或65岁及以上人口比重超过14%,意味着进入中度老龄化社会;当60岁及以上人口比重超过30%或65岁及以上人口比重超过21%,则标志着该地区进入重度老龄化社会。

② 影响

人口老龄化使得劳动年龄人口相对减少。随着老年人口占比持续攀升,劳动年龄人口占比相对减少,传统劳动密集型产业在劳动力供需结构上遭遇严峻挑战,招工难困境愈发凸显,如沿海地区服装厂、电子厂等典型劳动密集型企业在生产旺季易频繁出现缺工现象。

人口老龄化增加了公共财政负担。人口老龄化不可避免地加重了社会保险(尤其是养老保险)、医疗保险等公共财政负担。在养老保险体系层面,老年人口抚养比持续升高,部分地区养老金收支缺口问题严峻,不得不依赖财政补贴维持收支平衡;对于医疗保险领域而言,老年人慢性病患病率高企,医疗费用支出庞大,对医疗保险基金的支付能力构成巨大挑战。

人口老龄化推动老龄产业快速发展。老龄产业市场需求呈井喷式爆发,从养老床位、护理服务等刚性需求,延展至老年旅游、教育、金融理财等改善型需求领域,全方位覆盖老年群体生活各个维度。

③ 我国人口老龄化状况

我国进入了人口老龄化社会。2005—2023年,中国老年人口规模稳步增长,2023年末,60岁及以上老年人口达2.97亿,占总人口比重达到21.1%,标志中国正式步入"中度老龄化"社会。截至2024年末,60岁及以上人口达3.10亿人,占全国人口的22.0%,其中65岁及以上人口2.20亿人,占全国人口的15.6%,60岁以上人口首次突破3亿人,老龄化程度进一步加深。(见图3-2-1)

图3-2-1 2005—2024年全国60岁及以上常住人口数

老年人口增长率呈上升趋势。2005—2015年,增长率逐渐加大。其中,2015年达到高峰,约为3.5%。随后至2020年增长率有所放缓,但仍保持正增长。2020年后,增长率再次上升。依据人口发展模型预测,增长率仍呈持续上升态势,至2050年前后将达到31%,我国正快速进入重度老龄化社会。这将引发人口结构、社会经济结构等领域的深刻变革,我国面临着严重的老龄化挑战。

(2) 人口发展阶段

要想理解人口老龄化的成因,就需要了解人口转折模型。人口转折模型是根据各国的发展经验和统计观察,建立的一种描述人口结构变化的理论模型,它将人口发展历程分为传统型、过渡型、现代型三个阶段。

① 人口发展的传统型阶段

人口发展的传统型阶段是在经济发展的早期，或者工业化实现之前的农业社会时代，往往会出现人口的高出生率伴随高死亡率，导致人口增长缓慢的阶段，因而传统型阶段也被称为高出生高死亡阶段。这一阶段人口特点的形成原因主要是受限于卫生防疫条件、医疗技术手段、医疗机构建设、医疗设备能力、医护人员素养、医学知识普及，乃至城镇和交通建设等诸多方面都不够发达和完善，人口死亡率特别是婴儿和儿童早期死亡率比较高，疾病治疗水平低，人均寿命也很低。这一阶段的社会观念是以大家庭观或大家族观及多生多育的文化观念为主。

② 人口发展的过渡型阶段

人口发展的过渡型阶段是随着医疗条件和生活条件的改善，人口死亡率下降相对较快，但人口出生率下降得相对迟缓，人口开始快速增长的阶段，也被称为高出生低死亡阶段。这一阶段人口特点的形成原因主要是随着经济的发展，医疗技术手段不断进步，医药卫生知识加快普及，城镇和交通建设等各种生活条件出现较大改善，同时社会上多生多育的文化观念尚未及时转变，人口死亡率特别是婴儿和儿童早期死亡率快速下降，疾病治疗水平逐渐提高，人均寿命逐渐提高。这一阶段无论是在发达国家，还是在发展中国家中，都广泛地出现过。

③ 人口发展的现代型阶段

人口发展的现代型阶段是随着时间推移，人口出生率进一步下降，但低于人口死亡率，导致人口规模开始减少的阶段，也被称为"低出生低死亡阶段"，或者"人口发展的老龄化阶段"。这一阶段人口特点的形成原因主要是随着人口素质和文化水平的提高，一方面人们意识到更多的孩子对家庭和社会生产不一定有额外意义，另一方面女性地位和受教育程度提高使她们投入更多精力于职业成长和个人发展，同时医疗设备和卫生条件改善使婴儿和儿童早期死亡率很低，从而导致全社会节制生育，总和生育率，即平均每对夫妇生育的子女数，降到2以下。

国际上通常以总和生育率2.1作为人口世代更替水平，即考虑到死亡风险后，平均每对夫妇大约需要生育2.1个孩子就能使上下两代人之间人数基本相等，从而维持全社会人口的正常运转。目前在很多发达国家，这一数字已经降到2以下。国际上通常把低于1.5的生育率称为"很低生育率"，低于1.3的称为"极低生育率"，并认为生育率一旦下滑至1.5以下，就有可能掉入无法正常维持人口稳定的"低生育率陷阱"，即人口零增长进而负增长的阶段。

④ 我国的人口发展阶段

近现代，我国经济社会仍以农业文明为主，再加上战争等导致的人口非自然死亡，较长一段时期处于传统型阶段。新中国成立后，经历了一段人口大爆炸时期，人口快速增长，所以采取了严格的计划生育政策。由于计划生育政策的实行和人口预期寿命的较大幅度延长，我国人口发展阶段与人口转折模型所划分的三阶段变化过程不完全匹配，人口出生率和自然增长率因受到了政策控制而逐渐下降（见图3-2-2），人口高出生低死亡的过渡型阶段相对而言比较短，老龄化阶段的出现比较早，而且发展尤为迅速。

2. 人口结构

人口结构是指将人口以不同的标准划分而得到的一种结果。人口结构是一个动态概念，它伴随经济、社会、文化发展和相互作用而不断演化。某一国家或地区的人口结构往往具备其独有的特点和一定的变动规律性，反映其人口的素质和经济社会的发展水平。因此，了解人口结构变动趋势，对于进行人口预测并据此制订相应的经济发展计划、人口政策和经济政策等具有重要意义。

（1）分类

人口结构就其性质特征而言，一般分为人口自然结构、人口空间结构和人口社会结构三类。

① 人口自然结构

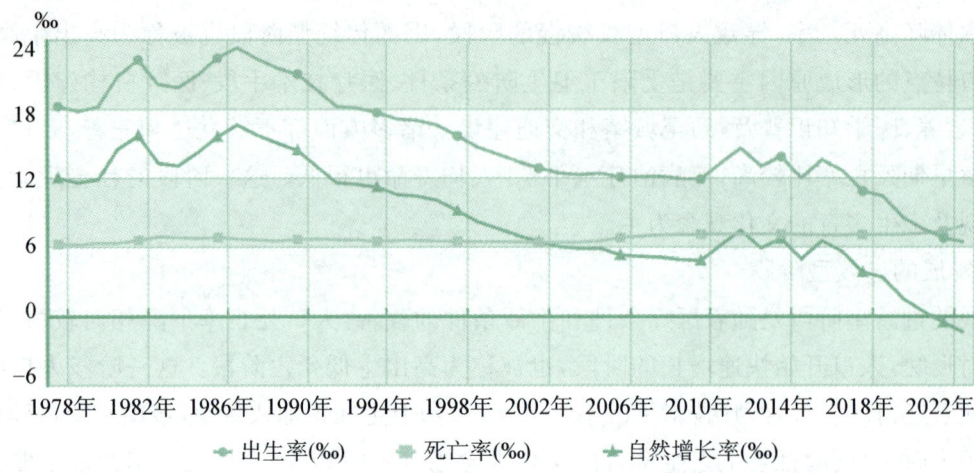

图 3-2-2　1978—2023 年我国人口出生率、死亡率和自然增长率变化情况

人口自然结构是指根据人口的生物学特征进行的人口类型划分，主要包括性别结构和年龄结构。

② 人口空间结构

人口空间结构是指根据人口的居住地区进行的人口类型划分，主要包括自然地理结构和行政区域结构。人口空间结构与地理环境、自然资源、经济发展有关，合理的人口空间结构有利于开发和利用自然资源，促进经济社会的发展。

③ 人口社会结构

人口社会结构是指根据人口的社会特征进行的人口类型划分，主要包括阶层结构、民族结构、文化结构、语言结构、宗教结构、婚姻结构、家庭结构、职业结构、部门结构等。随着社会生产力的发展，人口社会结构不断发生变化。

人口空间结构和人口社会结构与人口发展的联系，主要体现在不同区域生活的人群或具有不同社会特征的人群，其出生率、死亡率、自然增长率不同，平均寿命也有相应的差异。

（2）我国老年人口结构

① 自然结构

2023 年，我国老年人口自然结构如表 3-2-1 所示。

表 3-2-1　2023 年我国老年人口自然结构一览表[①]

年龄	人口数（人）			占总人口比重（%）			性别比（女=100）
		男	女		男	女	
60～64 岁	84 465	41 879	42 585	5.70	2.83	2.87	98.34
65～69 岁	81 497	40 202	41 295	5.50	2.71	2.79	97.35
70～74 岁	64 545	31 014	33 532	4.35	2.09	2.26	92.49
75～79 岁	39 405	18 568	20 837	2.66	1.25	1.41	89.11
80～84 岁	23 524	10 616	12 907	1.59	0.72	0.87	82.25
85～89 岁	13 443	5 662	7 781	0.91	0.38	0.52	72.77

① 数据来源：《中国统计年鉴（2024）》。

(续表)

年龄	人口数			占总人口比重			性别比
	(人)	男	女	(%)	男	女	(女=100)
90～94岁	4 885	1 904	2 981	0.33	0.13	0.20	63.86
95岁及以上	953	334	619	0.06	0.02	0.04	53.92

注：本表是2023年全国人口变动情况抽样调查样本数据，抽样比为1.051‰。

从性别结构来说，我国老年人口中，女性占比相对较高，且由于女性平均寿命更长，丧偶独居老年女性群体更为常见。根据国家统计局数据，2021—2023年间，我国老年人口性别比均低于100（以女性为100，男性对女性的比例），见图3-2-3。

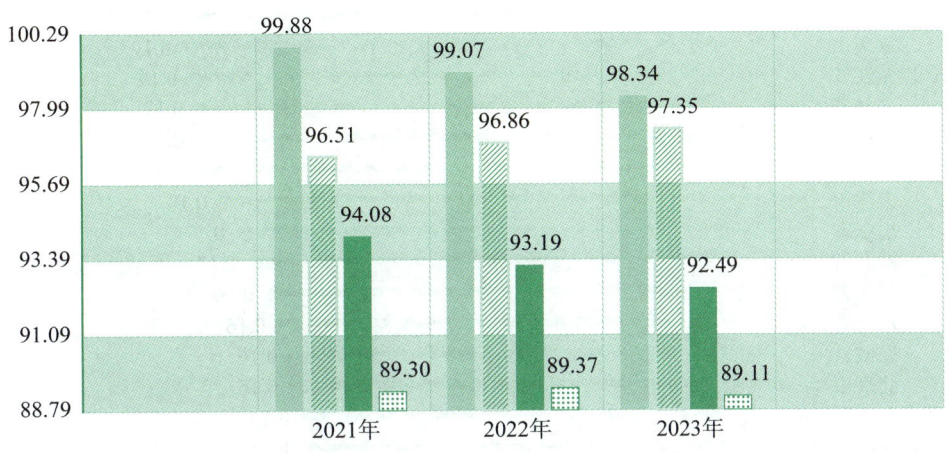

图3-2-3　2021—2023年我国老年人口性别比

中国女性老年人口数量多于男性老年人口，老年人口性别比近30年来呈先升后降的变化趋势。我国老年人口性别结构特点决定了老龄产业在服务设计上需注重女性的特殊需求，如老年女性美容护肤、心理健康关怀等专属服务，同时加强对独居老年女性安全保障设施与服务供给，提升产业人文关怀温度。

从年龄结构来说，老年人口可以划分为低龄老年人、中龄老年人和高龄老年人。目前，我国老年群体以低龄老年人为主，但低龄老年人占比呈现下降趋势。2000年，60～69岁的低龄老年人占老年人总数的58.84%，2020年这一比例下降为55.83%。80岁及以上的高龄老年人占比却在快速增长。2000年，80岁及以上高龄老年人占老年人总数的比例为9.23%，2020年这一比例上升到13.56%。可以预期，随着人们寿命越来越长，高龄老年人在老年群体中的占比还将不断提升。不同年龄段的老年群体具有不同的特点和老年服务需求，这就需要针对不同年龄段老年人口的需求，发展相应的老龄事业与产业。

低龄老年人（60～69岁）精力相对旺盛，社交、学习、出游意愿颇高，他们踊跃参与老年大学课程，投身老年旅游社团活动，为老年教育产业、老年旅游市场注入蓬勃活力，成为驱动相关产业蓬勃发展的生力军。

中龄老年人（70～79岁）身体机能逐步下滑，对康复护理、助行助餐等居家养老服务需求呈现出紧迫性，促使居家养老服务产业加速专业化、精细化发展。

高龄老年人（80岁及以上）身体更为孱弱，多数依赖专业医疗护理与长期照护，这不仅推动了机构养老、家庭病床等模式的创新升级，还促使养老服务机构不断优化医疗资源配置、提升照护服务质量，全方位满足高龄老年人的特殊需求。

② 空间结构

我国老年人口总体上呈现东部地区多、中西部地区少的特点。从省域行政区看,各省(自治区、直辖市)的人口老龄化呈现出较大的差异。2023年,我国19个省级行政区65岁及以上人口占比达到或超过14%,8个省级行政区65岁及以上人口占比达到或超过18%(见图3-2-4)。其中:65岁及以上人口占比,辽宁省达到21%,是各个省级行政区中占比最高的;上海市排名第二,达到20%;重庆市、黑龙江省、吉林省、四川省、江苏省、天津市也达到或超过18%;海南省和云南省相对较低,约为12%;青海省、广东省、新疆维吾尔自治区和西藏自治区约为10%及以内。这说明我国省域老年人口空间分布的不同。

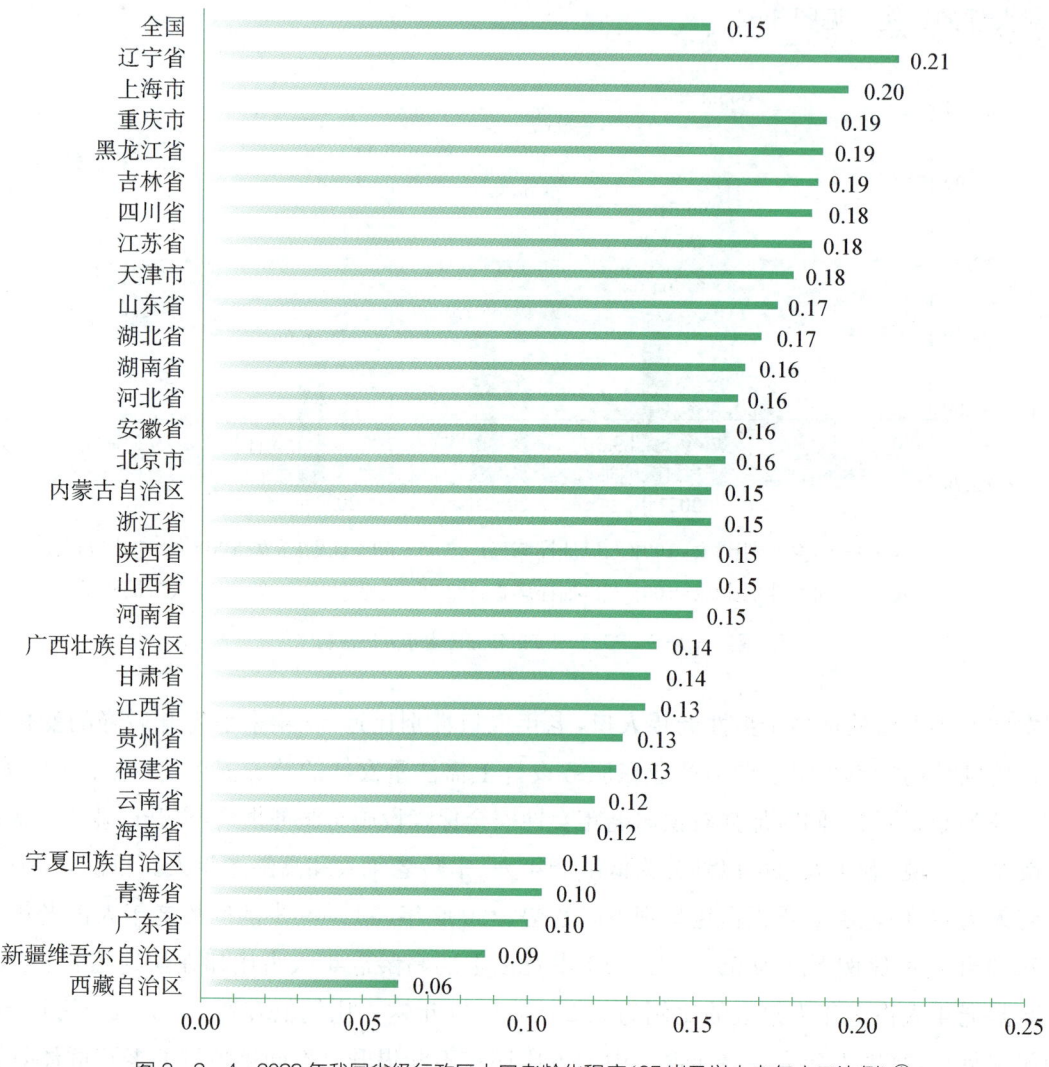

图3-2-4 2023年我国省级行政区人口老龄化程度(65岁及以上老年人口比例)①

老年人口空间分布的差异化影响了老年人口抚养比。作为人口流入区域,广东省、浙江省和北京市的人口红利的优势相对凸显,2024年,其老年人口抚养比分别为13.83%、21.41%和21.98%,均低于全国22.57%的水平,均不超过40%。

③ 社会结构

根据第七次全国人口普查数据,我国老年人口社会结构呈现多元特征。老年人口的民族结构保持稳

---

① 数据来源于国泰安CSMAR数据库,图自制。

定,汉族老年人口占比超过90%,少数民族老年人口稳步增长。老年人口文化结构持续优化,具有大学文化程度和专业技术职称的老年人口增加。老年人口家庭呈现小型化趋势,独居老年人户持续增加且加速增多。2000年、2010年、2020年,我国独居老年人户分别为784万户、1444万户和2994万户。同时,乡村独居老年人户持续增加,占比在下降,但乡镇独居老年人户增长速度最快。

3. 人口分布

(1) 概念

人口分布是指人口在一定时间内的空间存在形式、分布状况,主要涉及人口数量以及某些特定人口,如迁移、性别、年龄、受教育程度等,在不同尺度区域的分布等。

人口分布是自然环境、经济、社会和政治等多种因素综合作用的结果。长期以来,自然环境,如纬度、海拔、距海远近等,对人口分布起重要作用。随着20世纪50年代以后全世界范围的工业化和城市化发展,经济、社会和政治等因素对人口分布的影响作用越来越大。

(2) 世界人口分布特征

① 不平衡性

不平衡性是世界人口分布的最大特征,主要体现在全球90%以上的人口集中在不到10%的陆地上,另有35%~40%的陆地上基本无人居住。世界人口主要集中在北半球,大约居住着90%的人口,而南半球只有10%的人口。亚洲东南部、欧洲西部和北美洲东部三个区域的人口比较稠密,其中亚洲陆地面积占全球的29.4%,而人口数量达到全世界人口的60%。

② 规律性

规律性主要体现在,中低纬度、地势低平的平原、盆地、沿海地区对人口有明显的吸引作用。在北半球,人口主要集中在北纬20°~60°之间的温带和亚热带地区。在全世界,海拔200米以下地区人口占全球大约56%,海拔200~1000米地区人口占全球大约36%,其他高海拔地区人口占全球大约8%。距海岸200千米以内地区占全球陆地面积不足30%,但拥有世界总人口的一半以上。

③ 时滞性

时滞性主要体现在,人口分布往往明显落后于生产力发展和经济中心的转移。人口分布是长期积累的结果,其分布变化一方面是由于不同区域的自然增长率差异,另一方面来自人口转移。自然增长率和净移民率需要一定的时间积累效应,对人口分布的影响作用比较迟缓。在人口基数很少的新开发地区,移民因素会产生比较显著的效果。

(3) 我国人口分布特点

① 总体分布不平衡

我国人口总体分布不平衡,整体呈现东部人口稠密,西部人口稀疏的特点。我国以黑河—腾冲线为界,此线以东陆地面积占全国总面积的43%,人口达到全国总人口的94%,此线以西陆地面积占全国总面积的57%,人口只占全国总人口的6%。我国人口分布是自然环境因素和经济社会因素综合形成且累积的结果。

② 省域老龄人口分布差异较大

省级行政区域人口老龄化差异较大。2023年我国人口老龄化程度前三位的省级行政区是辽宁省、上海市、重庆市。东北地区是全国人口老龄化最突出的地区,人口老龄化程度最高的前五个省级行政区里东北地区就占了3个。

东部发达地区人口老龄化程度相对较高,老龄产业发展迅速,在养老服务创新、老年用品研发生产等方面处于领先地位;中西部地区老龄化进程相对较慢,但随着经济发展和人口流动,面临着老龄事业与产业加速发展的紧迫任务,且在资金投入、人才储备、技术应用等方面与东部地区存在较大差距,需要借助政策支持与区域协同发展来逐步缩小差距,实现老龄事业与产业的均衡发展。

③ 城乡老年人口分布差异明显

我国老年人口城乡分布上存在明显的差异。2020年中国的城镇化水平达到63.90%,城镇60岁及以上老年人口数为1.43亿,首次超过了农村老年人口数。城市地区由于经济发展水平高、医疗资源丰富、基础设施完善,吸引了大量老年人口流入,形成了相对集中的老年人口聚集区。如北京、上海等一线城市,老年人口密度较大,这为老龄产业的集聚发展提供了市场基础,促进了高端养老社区、专业老年医疗服务机构等的蓬勃发展,但同时也带来了城市养老资源紧张、房价物价推高等问题,增加了老龄事业与产业发展的成本与难度。

农村地区由于经济相对落后、青壮年劳动力外流严重,老龄事业与产业发展严重滞后。农村养老主要依赖家庭养老模式,养老服务设施简陋,专业养老服务人员匮乏,老年医疗保障水平较低。例如,在一些偏远农村地区,养老院数量稀少,且仅能提供最基本的生活照料服务,难以满足农村老年人日益增长的多样化需求。因此,农村是实施积极应对人口老龄化国家战略的关键,也是推动社会保障制度完善的重点,只有实施积极应对人口老龄化国家战略与乡村振兴等国家战略并协同发力,才能加快补齐农村养老保障和养老服务的短板。

4. 人口环境分析

(1) 市场需求扩张

我国快速进入人口老龄化社会,庞大的老年人口规模催生了对养老服务、老年医疗保健、老年文化娱乐等老龄事业与产业的巨大需求。在养老服务方面,机构养老、社区养老、居家养老等多种模式的需求都在增长;老年医疗保健领域,对老年专用药品、康复护理设备、健康管理服务的需求日益旺盛;老年文化娱乐产业中,老年旅游、老年大学、老年健身活动等市场前景广阔。以老年旅游为例,随着老年人健康状况和经济条件的改善,越来越多的老年人选择旅游出行,这促使旅游企业开发出更多适合老年人的旅游产品和线路,推动老年旅游市场的繁荣。

(2) 劳动力供给结构变化

人口老龄化意味着劳动年龄人口减少,劳动力市场供给结构发生变化。一方面,这可能会使得养老服务、老龄产业等领域面临劳动力短缺问题,尤其是专业护理、养老服务等岗位。由于养老服务行业工作强度大、薪资待遇相对较低等原因,人员流失现象较为严重,进一步加剧了劳动力紧张的局面。另一方面,劳动力结构变化也促使企业加快技术创新和产业升级,推动老龄产业向智能化方向发展。智能养老设备的研发和应用得到快速发展,如智能手环可实时监测老年人的心率、血压等健康指标,智能床垫能感知老年人的睡眠质量并及时发出异常警报。这些智能设备在一定程度上缓解了劳动力不足的压力,同时也提升了养老服务的质量和效率。

(3) 老年抚养比上升

老年抚养比是指老年人口与劳动年龄人口的比例,随着人口老龄化的加剧,我国老年抚养比不断上升。这意味着劳动年龄人口需要承担更重的养老负担,对社会养老保障体系造成了较大压力。在现行养老保险制度下,老年抚养比的上升可能导致养老金收支不平衡的问题更加突出。这就需要我国不断完善养老保障体系,推进养老保险制度改革,如建立企业年金、个人商业养老保险等多层次的养老保障体系,以减轻基本养老保险的压力,保障老年人的晚年生活。

(4) 农村养老问题比较突出

我国人口分布存在明显的城乡差异,农村地区老龄化程度高于城市。一方面,农村经济相对落后,养老保障体系不够完善,农村老年人的收入水平较低,主要依靠家庭养老和土地养老,但随着土地流转和家庭规模缩小,这两种养老方式面临挑战。另一方面,农村地区养老服务设施匮乏,专业养老服务人才短缺,难以满足农村老年人的养老需求。为了解决农村养老问题,我国加大了对农村养老事业的投入,推动农村养老服务设施建设,如建设农村幸福院、互助养老院等。同时,开展农村养老服务人才培训,提高农村养老服务人员的专业素质。此外,还通过发展农村集体经济,增加农村老年人的收入来源,改善他们的生活条件。

（5）区域老龄事业与产业发展不平衡

我国东部地区经济发达,人口老龄化程度相对较高,老龄事业与产业发展也较为成熟。东部地区在养老服务设施建设、老年用品研发和生产、老年文化产业发展等方面具有明显优势,能够提供多样化、高质量的养老服务和产品。西部地区经济相对落后,人口老龄化程度虽然相对较低,但养老服务和产业发展基础薄弱,面临着资金短缺、人才匮乏等问题。为促进区域间老龄事业与产业的协调发展,我国加强了区域间的合作与交流,东部地区通过技术输出、人才帮扶等方式,支持西部地区老龄事业与产业的发展。同时,西部地区也积极利用自身的资源优势,发展特色老龄产业,如利用自然风光发展康养旅游产业,逐步缩小与东部地区的差距。

学生自评表

小组互评表

教师评学表

1. 单项选择题

2. 简答题

（1）请阐述人口转折模型关于人口发展阶段的划分,并分析计划生育政策对我国人口快速进入老龄化阶段的影响。

（2）请阐述我国老龄事业与产业发展面临的人口环境。

3. 拓展研究

（1)"寒来暑往"候鸟式养老兴起,成为养老产业发展的重要支点之一。异地康养、候鸟式养老成为不少"活力老人"的选择,旅居养老产业的市场需求不断扩大,旅居康养服务需求有着巨大空间,成为一片广阔"蓝海"。请结合我国的人口结构及分布特点,分析康养旅居产业发展的人口环境。

（2）请扫码阅读《老年人口近3亿,银发经济如何开启新蓝海?》,讨论为什么发展银发经济不仅是实现老年群体美好生活向往的现实需要,还是经济社会高质量发展的新动能。撰写一篇小论文。

老年人口近3亿,银发经济如何开启新蓝海?

项目三　社会环境

任务发布

老龄事业与产业的发展深受社会环境的影响。政治制度、文化环境、价值观念和风俗习惯等因素相互交织,共同塑造了老龄事业与产业的运行模式和发展方向。《"十四五"国家老龄事业发展和养老服务体系规划》明确了养老服务体系建设目标,推动医养结合、智慧养老等模式创新。基本养老保险、长期护理保险等社会保障制度不断完善,政府主导的普惠型养老服务供给,为老龄事业与产业奠定了政策基础。尊老敬老传统观念深刻影响着老龄事业的发展,如家庭养老仍是主流模式,社区养老服务也强调孝道文化的延续。现代文化变迁促使老年人消费观念转变,更加注重健康管理、精神文化需求和个性化服务,推动了老年旅游、老年教育、智能养老设备等新兴产业的崛起。传统中医养生、太极拳等养生文化塑造了老年人的健康观念,催生了中医药养老、康养旅游等特色产业。同时,代际支持观念使得家庭仍是养老的重要依托,并推动社会化养老服务的发展。不同地区的风俗习惯催生多样化的养老模式。例如,南方部分地区偏好"候鸟式养老",北方部分城市受传统四合院文化影响,更注重社区互助养老。民族地区的特色康养习俗,如藏医养生、温泉疗养等,为老龄事业与产业发展提供了差异化发展路径。那么,社会环境如何影响老龄事业与产业发展?影响老龄事业与产业发展的主要因素包括哪些呢?

请你完成以下任务——

任务一:查阅相关资料,分析我国政治制度为老龄事业与产业发展提供了哪些制度保障和政策支持。

任务二:阐述我国传统文化中尊老敬老的观念对老龄事业与产业发展的积极影响,以及现代文化变迁对老年人消费观念和养老需求的改变。

任务三:调研不同地区的风俗习惯对老龄产业发展的影响,如某些地区独特的养老习俗如何催生特色养老服务和产品。

任务准备

任务分组表

任务准备单

知识链接

1. 政治制度环境

（1）概念

政治制度是指在特定社会中，统治阶级通过组织政权以实现其政治统治的原则和方式的总和。老龄产业与事业发展所面临的社会环境下的政治制度环境，是一个复杂而多维的体系，它涉及政府政策、社会保障制度和老龄事业与产业发展的法律法规等多个方面。

（2）特征

我国政治制度具有人民性、民主性、集中性等特征。人民性体现在以人民为中心，保障人民的根本利益，老年人作为人民的重要组成部分，其权益在制度设计中得到充分考虑；民主性表现为人民通过各种途径参与政治生活，在老龄事业发展决策过程中，能反映老年人的意愿；集中性则使得国家能够集中力量制定和实施有利于老龄事业与产业发展的政策法规，整合资源推动相关工作。

（3）政府政策

① 中央及部委层面

为积极应对人口老龄化，党中央作出一系列重要部署，并制定了中长期规划。《中共中央关于进一步全面深化改革 推进中国式现代化的决定》提出，"积极应对人口老龄化，完善发展养老事业和养老产业政策机制"。《中共中央 国务院关于深化养老服务改革发展的意见》作为老龄事业与产业发展的纲领性文件，全面阐述了深化养老服务改革发展的指导思想、基本原则、主要目标和重点任务。工业和信息化部、民政部、国家卫生健康委共同制定的《智慧健康养老产业发展行动计划（2021—2025年）》，旨在推动智慧健康养老产业的发展，提高养老服务的智能化水平。此外，《"十四五"公共服务规划》《关于加强养老服务人才队伍建设的意见》《"十四五"积极应对人口老龄化工程和托育建设实施方案》《关于促进养老托育服务健康发展的意见》《国务院办公厅关于发展银发经济 增进老年人福祉的意见》为我国老龄事业与产业发展提供了政策支持（如表3-3-1所示）。

表3-3-1 中央及部委层面老龄事业与产业发展的相关文件（部分）

文 件 名 称	颁布时间
《中共中央 国务院关于深化养老服务改革发展的意见》	2024年12月
《"十四五"积极应对人口老龄化工程和托育建设实施方案》	2024年3月
《国务院办公厅关于发展银发经济 增进老年人福祉的意见》	2024年1月
《关于加强养老服务人才队伍建设的意见》	2023年12月
《"十四五"公共服务规划》	2021年12月
《智慧健康养老产业发展行动计划（2021—2025年）》	2021年10月
《关于促进养老托育服务健康发展的意见》	2020年12月

② 地方层面

地方民政局、发展改革委等部门依据中央及部委层面的政策导向，制定了一系列规划、具体的实施方案和细化措施（如表3-3-2所示）。这些方案旨在落实国家政策的各项要求，加强养老服务机构的管理和监督，提高养老服务的质量和效率。

表 3-3-2 地方层面老龄事业与产业发展的相关文件列举

文 件 名 称	颁布地	颁布时间
《关于加强"老老人"服务保障的若干措施》	北京市	2024 年 9 月
《关于开展特殊困难老年人探访关爱服务的实施方案》	北京市	2024 年 1 月
《上海市健康老龄化行动方案(2022—2025 年)》	上海市	2022 年 9 月
《关于推进养老产业加快发展的实施意见》	吉林省	2022 年 8 月
《内蒙古自治区"十四五"老龄事业发展规划》	内蒙古自治区	2021 年 12 月
《成都市"十四五"养老服务业发展规划》	成都市	2021 年 11 月
《上海市老龄事业发展"十四五"规划》	上海市	2021 年 6 月
《关于加快推进养老服务高质量发展的实施意见》	武汉市	2021 年 5 月

同时,为了推动我国老龄事业与产业发展,政府正逐步完善老龄工作体系,加大制度创新、政策供给、财政投入和工作统筹力度,致力于构建"居家养老为基础、社区服务为依托、机构养老为补充"的养老服务体系,推动建设全国统一的养老服务大市场,促进相关企业规模化、连锁化、品牌化运营。

(4) 社会保障制度

① 概念

社会保障制度是国家通过立法制定的社会保险、救助、补贴等一系列制度的总称,是现代国家最重要的社会经济制度之一。

② 作用

保障全社会成员基本生存与生活需求,特别是保障公民在年老、疾病、伤残、失业、生育、死亡、遭遇灾害、面临生活困难时的特殊需要。

③ 内容

我国社会保障制度包括社会保险制度、社会福利制度、社会救济制度、社会优抚制度四个方面。

社会保险制度,指由国家依法建立的,使劳动者在年老、患病、伤残、生育和失业时,能够从社会获得物质帮助的制度,如养老保险、医疗保险、生育保险、失业保险等。

社会福利制度,广义上与社会保障同义,狭义上指由国家或社会在法律和政策范围内向全体公民普遍地提供资金帮助和优化服务的社会性制度,如奖学金制度,九年义务教育制度,开办社会福利院和精神病院等。

社会救济制度,指国家通过国民收入的再分配对因自然灾害或其他经济、社会原因而无法维持最低生活水平的社会成员给予救助,以保障其最低生活水平的制度,包括城乡最低生活保障、农村五保供养、农村特困户生活救助以及城乡医疗救助等专项救助,以及紧急救助和临时性救助。

社会优抚制度,指国家依法对有特殊贡献的军人及其眷属实行的具有褒扬和优待赈恤性质的社会保障制度。

2. 文化环境

文化环境是指一个国家、地区或民族在长期的历史发展过程中形成的,影响人们思想、行为和生活方式的文化传统、价值观念、社会规范等因素的总和。在老龄事业与产业发展中,文化环境起着潜移默化的作用,影响着老年人的自我认知、社会对老年人的态度以及养老模式的选择等。

(1) 文化传统

① 孝道文化

孝是中华民族传统美德的基本元素。我国孝道文化包括敬养父母、生育后代、忠孝两全、缅怀先祖等，是一个由个体到整体，由修身、齐家到治国、平天下延展的多元文化体系。悠久的传统孝文化为老龄事业与产业发展提供了强大的助力。尊老敬老的孝道文化是我国传统文化的重要方面，不仅对于维护社会稳定具有重要作用，而且对于经济发展亦有重要推动作用。

孝道文化强调"赡养"与"敬亲"，如今直接转化为子女为父母购买养老服务的刚性需求，"孝心经济"规模不断扩大。据统计，目前线上线下销售的老龄用品和服务，一半以上是由子女埋单的。尤其是在重阳节、国庆节等节假日，很多子女为家中老年人购买礼品、预订旅游产品等。仅 2023 年"孝心经济"规模超 1.2 万亿元，占老龄产业消费的 55%，涵盖智能健康监测设备（如血压仪）、适老化家居改造、老年旅游等老龄产业细分领域。

孝道的当代价值

② 中医药文化

通俗地讲，中医是中国传统的医学。中医学以阴阳五行为理论基础，将人体看成气、形、神的统一体，任何时候任何东西都要保持一个"中"字——阴阳平衡，才能百病不生。中医通过"望闻问切"四诊合参的方法，从病因、病性、病理判断得出病名，归纳出症型，以辨证论治原则进行治疗。治疗方法包括"汗、吐、下、消、温、清、补、和"。治疗手段有中药、针灸、推拿、按摩、拔罐、气功、食疗等，使人体达到阴阳调和而康复。

当前，我国老年人群面临着严峻的健康挑战，据国家卫生健康委 2023 年的统计，60 岁以上老年人慢性病患病率超 75%。在这一背景下，中医药文化凭借其独特的"治未病""整体调理"理念，为老年健康管理提供了行之有效的解决方案。

(2) 价值观念

价值观念是社会环境的核心要素，与老龄事业与产业发展密切相关的包括消极老龄观、积极老龄观等，反映社会对老年群体、养老责任、代际关系及生命意义的基本认知与伦理取向。

① 消极老龄观

消极老龄观是一种对老年人和人口老龄化现象存在片面、负面认知的观念体系，将老年人视为社会的负担，认为老龄化是人类生命历程中的消极现象。具体表现为：

对老年人持有偏见。持有消极老龄观的人往往对老年人持有歧视性态度，认为他们无法适应现代社会的快节奏生活，无法再为社会做出贡献。这种偏见导致老年人在社会中的地位和尊严受到损害。

对老龄化存在恐惧。消极老龄观表现为对老龄化的恐惧和担忧。人们担心随着老龄化社会的到来，社会将面临更多的挑战和压力。这种恐惧和担忧导致社会对老龄化的应对不够积极和主动。

对老年教育存在误解。在消极老龄观的认识下，人们往往认为老年教育只是单纯为老年人提供生活便利的服务，忽视了老年人继续学习和受教育的需求。这限制了老年人参与社会、实现自我价值的机会。

显然，消极的老龄观具有认识的片面性、认知的刻板性、态度的悲观性和对待的歧视性。

认识的片面性。持有消极老龄观的人只关注老年人身体机能下降、认知衰退等负面方面，忽略了老年人在经验、智慧、情感等层面的优势。例如，仅因老年人行动迟缓，就忽视他们在处理复杂人际关系时的丰富经验。

认知的刻板性。持有消极老龄观的人对老年人形成固定、僵化的认知模式，认为所有老年人都具有相同的负面特征。比如，认为老年人都顽固守旧、拒绝接受新事物，不考虑个体差异。

态度的悲观性。持有消极老龄观的人对老年人的未来发展持悲观态度，觉得老年人生活质量会持续下降,无法为社会创造价值。片面认为老年人退休后只能在家无所事事,是家庭和社会的负担。

对待的歧视性。基于负面认知,持有消极老龄观的人在社会资源分配、就业机会、社会参与等方面将老年人区别对待。比如,一些工作岗位以年龄为由拒绝老年人,即便他们具备相应的能力。

② 积极老龄观

积极老龄观将老年阶段视为个体生命历程中的自然阶段,使大多数老年人的健康预期寿命逐渐接近最高自然寿限,延迟伤残或功能丧失的出现,缩短功能丧失的持续时间。积极老龄观强调老年人在身体、心理、社会参与等多方面具有持续发展与贡献的潜力。

2002年,联合国第二次老龄问题世界大会以"参与""保障""健康"作为积极老龄化的三大支柱,进一步强化积极老龄观的全球共识。

健康方面,持有积极老龄观的人强调老年人应保持身心健康,通过合理的饮食、适量的运动、良好的心态等方式来维持身体健康,同时注重心理健康。

参与方面,持有积极老龄观的人认为老年人应积极参与社会活动,包括志愿服务、社区建设、文化活动等,用自己的经验和智慧为社会贡献力量。

保障方面,持有积极老龄观的人认为社会应为老年人提供必要的支持和保障,包括健康服务、社会保障、社区服务等。

相比之下,积极的老龄观具有认识的全面性、认可的发展性、社会的参与性、意愿的尊重性。

认识的全面性。持有积极老龄观的人不仅重视老年人的生理健康,还重视其心理健康、社会关系及精神文化需求。例如,关注老年人的兴趣爱好,支持他们参与老年大学课程,丰富精神世界。

认可的发展性。持有积极老龄观的人认可老年人在知识更新、技能提升、社会参与等方面的可能性。例如,老年人通过学习掌握了智能手机使用,适应数字化和智能化生活,开启新的社交与信息获取渠道。

社会的参与性。持有积极老龄观的人倡导老年人积极参与社会经济发展事务。例如,老年人参与社区中的志愿者队伍,凭借丰富经验为社区治理、文化传承、社会活动等贡献力量,实现自我价值。

意愿的尊重性。持有积极老龄观的人尊重老年人的自主选择与决定。无论在生活方式、养老规划,还是家庭与社会的角色定位上,都充分尊重老年人意愿。鼓励老年人保持健康生活方式,积极参与社会、经济、文化等活动,认为老年人能在不同领域继续创造价值,且有权享受充实、有尊严的晚年生活。

③ 代际伦理观

随着时代的变迁,代际观念发生了显著变化,从"养儿防老"逐渐向"责任共担"转变。

"养儿防老"观念在中国源远流长,深深扎根于农耕文明的土壤之中。在传统社会,家庭是生产与生活的基本单位,人们依赖土地为生,缺乏完善的社会保障体系。在这样的背景下,生育子女成为父母晚年生活保障的核心依托。

进入现代社会,工业化、城市化进程加速,社会经济结构发生了翻天覆地的变化,传统"养儿防老"模式的根基被逐渐撼动。家庭结构小型化趋势日益显著、人口流动愈发频繁、个人主义、自我实现等现代价值观逐渐兴起,单纯依赖子女养老既不符合现实条件,也难以满足老年人日益多样化的需求。

现代社会倡导构建"责任共担"的代际伦理观,力求整合各方资源,为老年人提供全面、优质的养老保障。在法律层面,《中华人民共和国老年人权益保障法》第七条明确指出,"保障老年人合法权益是全社会的共同责任",这一法律条文从宏观层面为新的代际伦理奠定了制度基石,将养老从单纯的家庭事务上升为全社会共同关注的议题。

3. 风俗习惯

风俗习惯是指一个地区或民族在长期的社会生活中逐渐形成并传承下来的，具有一定稳定性和群体性的行为方式、生活传统和社会风尚。在老龄事业与产业领域，风俗习惯影响养老方式的选择、老年用品的需求及相关产业的发展方向。

(1) 节日习俗

节日习俗是风俗习惯中的重要组成部分，它不仅是文化传承的重要载体，也是老年人精神文化生活的重要组成部分。在中国，春节、重阳节等传统节日是老年人尤为重视的节日。

春节期间礼品市场火爆，各类适合老年人的滋补品、保暖衣物、智能健康管理设备成为热门礼品选择，带动相关产业销量攀升；同时，旅游市场推出多种春节特色老年旅游产品，满足老年人出游需求，为旅游产业注入活力。

重阳节登高、敬老、祈福的习俗强化了代际情感纽带。2024年重阳节期间，老年体检套餐销售额同比增长85%，某品牌老年鞋单日销量突破1.2亿元，折射出"孝心消费"与传统节日的深度绑定。

(2) 地域性养老习俗

地域性养老习俗是指在不同地域中形成的具有地方特色的养老方式和文化传统。在中国，由于地域辽阔，各地养老习俗差异显著。

地域性养老习俗对老龄产业的发展具有重要影响。一方面，它促进了养老服务的多元化发展。比如：广东"饮早茶"社交传统催生茶楼老年社群服务，早茶时段老年顾客占比超50%；东北"炕头养老"习俗推动农村适老化改造中保留火炕设计，配套智能温控系统。另一方面，地域性养老习俗也推动了老龄产业的创新发展。比如：山东临沂试点"宅基地换养老"模式，老年人将闲置宅基地流转给养老机构获取终身服务，已覆盖20余个行政村；上海弄堂推行"区域养老服务联合体"，利用石库门建筑公共空间组织老年手工坊、沪剧社，强化文化归属感。

(3) 民族特色养老习俗

中国是一个多民族国家，各民族在养老习俗上各具特色。以蒙古族、藏族和壮族为例：

蒙古族老年人备受尊重，被视为家族的智慧宝库与精神支柱。每当有盛大的那达慕大会，年轻人会搀扶着老年人来到热闹的会场，一同观看惊险刺激的赛马、摔跤、射箭比赛，让老年人感受草原文化的激情与活力。

藏族老年人大多笃信藏传佛教，日常转经筒、磕长头，在宗教仪式中寻求心灵的慰藉与安宁，晚辈们会陪同老年人前往寺庙朝拜，为老年人准备供奉的酥油灯、哈达等物品，表达对老年人信仰的尊重与支持。

壮族村寨中，老年人是社交活动的组织者与参与者，每逢重要节日，如三月三歌圩节，老年人身着鲜艳的民族服饰，带领年轻人唱山歌、跳竹竿舞，传承民族文化。

这些民族特色养老习俗不仅丰富了老年人的精神文化生活，促进了民族文化的传承和发展，而且推动了老龄事业与产业发展。

(4) 养老习俗对老龄事业与产业的影响

① 新元素带动老龄产业发展

随着社会经济的发展和文化交流的频繁，一些传统的老龄相关风俗习惯在传承中融入新的元素。例如，"智享"传统节日尊老活动，"候鸟式养老"等新习惯，带动了相关旅居养老产业的发展。

② 养老风俗赋予老龄产业新机遇

重阳节的登高、赏菊和敬老风俗，春节、中秋、端午的家庭团聚和孝亲敬老等传统风俗习惯，不仅传承了中华民族的优秀传统文化,也带动了老龄产业的发展。例如,重阳节期间,老年旅游市场迎来小高峰,旅行社推出各种适合老年人的旅游线路,与重阳节相关的文化产品、礼品市场也十分活跃,如菊花酒、重阳糕等特色商品销量增加。一些地区的丧葬仪式较为隆重,对丧葬用品、殡葬服务的品质和文化内涵要求较高,这就推动了丧葬用品制造、殡葬服务等行业的发展和创新。

③ 传统养老风俗推动养老模式创新

部分农村地区存在"养老田"的习俗,即老年人将自己的土地交给子女耕种,子女以土地产出或其他方式承担赡养老年人的责任。这种习俗可以与现代农村产业发展相结合,探索发展生态养老、田园养老等新型养老模式,既满足了老年人对田园生活的向往,又促进了农村经济的发展。

学生自评表

小组互评表

教师评学表

1. 单项选择题

2. 简答题

(1) 在基础建设和公共服务项目建设中,PPP 模式是一种常见的合作模式。请查资料了解什么是 PPP 模式,该模式如何应用于老龄事业与产业发展中。

(2) 简述影响老龄事业与产业发展的社会环境因素主要包括哪些,并举例进行说明。

3. 拓展研究

(1) 走访一个街道或社区,调查街道或社区采取了哪些具体措施,尤其是创新型措施来满足老年人对养老服务资源的需求。

(2) 请扫码阅读《让"养老"变"享老"——我国发展养老服务事业守护幸福"夕阳红"》,查阅某一城市构建"一刻钟"居家社区养老服务圈的案例,研讨如何推动养老服务资源进一步向老年人"周边、身边、床边"聚集,撰写一个案例。

让"养老"变"享老"——我国发展养老服务事业守护幸福"夕阳红"

项目四  技术环境

任务发布

科技创新是推动老龄事业与产业高质量发展的核心驱动力。技术环境涵盖政策引导、技术支撑和创新突破三个关键维度,深刻影响着老年健康服务、智慧养老、康复辅具等领域的变革。在政策层面,国家近年来出台了一系列支持老龄科技发展的文件,如《智慧健康养老产业发展行动计划(2021—2025年)》《"十四五"国家老龄事业发展和养老服务体系规划》等,旨在推动人工智能、物联网、大数据等技术在养老领域的应用。这些政策不仅明确了技术研发方向,还通过资金扶持、试点示范等方式加速技术成果转化,促进产业升级。在技术应用层面,智能养老设备、远程医疗、老年康复技术等已逐步落地,提升了养老服务的效率和质量。然而,技术适老化不足、数据安全风险、成本过高等问题仍制约着其大规模推广。在创新驱动层面,部分企业通过技术创新重构养老服务模式,如"互联网+养老"平台、社区智慧养老解决方案等,推动了产业生态的优化。那么,技术环境影响老龄事业与产业发展体现在哪些方面?新技术如何赋能老龄事业与产业发展?

请你完成以下任务——

任务一:全面收集并梳理我国近年来出台的与老龄事业和产业相关的技术政策文件,分析这些政策对技术研发、成果转化、产业应用等方面的促进作用,评估政策实施效果,并提出优化建议。

任务二:通过实地调研、资料分析等方式,详细阐述当前应用于老龄事业与产业的主要技术,如智能养老设备、远程医疗技术、老年康复技术等的技术原理、应用场景、实际效果,以及在应用过程中存在的问题和挑战。

任务三:结合具体案例,深入探讨技术创新如何推动老龄产业的升级和变革,分析技术创新过程中面临的技术难题、市场障碍和社会伦理问题,并提出相应的解决方案和应对策略。

任务准备

任务分组表

任务准备单

知识链接

1. 技术政策

(1)概念

技术政策是国家或政府为促进技术发展、引导技术应用而制定的一系列方针、措施和法规的总和。

在老龄事业与产业领域,技术政策的制定旨在鼓励和支持相关技术的研发、推广与应用,推动技术与老龄产业的深度融合,提高老龄服务和产品的技术含量,满足老年人日益增长的多样化需求。

(2) 特征

① 导向性

技术政策是国家根据国民经济发展战略确定的科技支持内容。技术政策明确了技术发展的重点领域和方向,引导资源向老龄技术研发和应用倾斜。

② 前瞻性

国家发展战略的长远性决定了技术政策的前瞻性,即要求技术政策能预判未来技术发展趋势,并进行提前布局。

③ 系统性

技术政策的制定旨在促进生产力提升,这就需要技术政策具有系统性,包含技术战略、技术研发、成果转化和市场推广等多个环节。

④ 动态性

生产力的快速发展与科学技术的进步,决定了技术政策必须紧跟技术发展前沿,并根据技术发展和社会需求变化不断调整和完善。

"十四五"国家老龄事业发展和养老服务体系规划

(3) 内容

① 国家战略与顶层设计

《"十四五"国家老龄事业发展和养老服务体系规划》明确提出,促进老年用品科技化、智能化升级,围绕神经系统损伤、损伤后脑认知功能障碍、瘫痪助行等康复治疗需求,突破脑机交互等技术,开发用于不同损伤康复的辅助机器人系列产品,实施智能服务机器人发展行动计划。研发穿戴式动态心电监测设备和其他生理参数检测设备,发展便携式健康监测设备、自助式健康检测设备等健康监测产品,开发新型信号采集芯片和智能数字医疗终端。

智慧健康养老产业发展行动计划（2021—2025年）

《智慧健康养老产业发展行动计划（2021—2025年）》,指出要强化科技支撑,优化产业生态,协同推进技术融合、产业融合、数据融合、标准融合,推动产业数字化发展,打造智慧健康养老新产品、新业态、新模式,为满足人民群众日益增长的健康及养老需求提供有力支撑。

② 技术研发支持

政府设立了专项科研基金,鼓励高校、科研机构和企业开展老龄领域关键技术的研发。例如,针对智能养老技术、老年健康监测技术等重点领域,设立重大科技专项,集中力量攻克技术难题。同时,政府还通过税收优惠、研发补贴等政策措施,降低企业研发成本,提高企业参与技术研发的积极性。

③ 成果转化支持

政府搭建了医疗康养技术转移平台,促进科研机构与企业之间的技术对接和合作。通过举办技术成果拍卖会、产学研对接会等活动,加速老龄领域技术成果的转化和应用。此外,政府还制定了相关的技术标准和规范,为老龄产业技术成果的市场化推广提供保障。

④ 技术标准与法规建设

《互联网网站适老化通用设计规范》技术要点讲解

工业和信息化部发布了《互联网网站适老化通用设计规范》和《移动互联网应用（APP）适老化通用设计规范》,强制要求APP提供"老年模式",如字体放大、操作简化。据统计,截至2024年已完成2 000余款主流应用改造。根据《互联网网站适老化通用设计规范》,提供适老化服务的网页或独立的适老化网站,网页中严禁出现广告内容及插件,也不能随机出现广告或临时性的广告弹窗。《移动互联网应用（APP）适老化通用设计规范》明确,在移动应用中,应可对字型大小进行调整,段落内文字的行距至少为1.3倍,且段落间距至少比行距大1.3倍,同时兼顾移动应用适用场景和显示效果。

⑤ 产权保护力度加强

为了营造良好的老龄医疗和康养技术创新环境,政府加强了知识产权保护政策的实施力度,激励科研人员和企业加大技术创新投入,保护他们的创新成果,提高技术创新的积极性和创造性。

2. 技术水平

(1) 概念

技术水平是指在特定领域内,技术的发展程度和应用能力的综合体现。在老龄事业与产业中,技术水平反映了相关技术在老年健康监测、养老服务、老年用品制造等方面的成熟度和有效性,包括技术的先进性、稳定性、适用性等多个方面。

(2) 特征

① 专业性

老龄技术的专业性体现在其涉及医学、电子、信息等多个专业领域知识,具有很强的专业性和技术性。

② 融合性

老龄技术的融合性表现为多种技术相互交叉融合和应用,如智能养老设备融合了物联网、传感器和大数据等多项技术。

③ 渐进性

老龄技术是随着生产力水平的提高而不断进步发展和完善的,即老龄技术的渐进性。

④ 导向性

政府制定老龄技术政策的出发点是满足老年人口日益增长的物质文化需求,具有鲜明的需求导向性,即强调技术发展紧密围绕老年人的实际需求。

(3) 老龄技术水平不断提升

随着科技的飞速发展,各种先进技术不断应用到老龄领域。智能养老设备从简单的监测功能向多功能、智能化方向发展;远程医疗技术从最初的视频会诊向远程手术指导等高端应用拓展;老年康复技术从基础的康复训练向精准化、个性化康复治疗迈进。

智能养老设备领域取得了显著进展。智能手环、智能床垫等设备利用传感器、物联网和大数据等技术,实现了对老年人健康状况的实时监测和数据分析。例如,智能手环可以实时监测老年人的心率、血压、步数等生理指标,并将数据同步到手机APP或养老服务平台上。一旦监测到异常数据,系统会自动发出预警信息,通知家属和医护人员及时采取措施。智能床垫可以监测老年人的睡眠质量、翻身次数等信息,为老年人的健康管理提供科学依据。

3. 技术创新

(1) 技术创新在老龄事业与产业中的应用

技术创新为老龄事业与产业发展提供了强大动力。物联网、人工智能等技术赋能养老服务,例如:智能家居实现远程照护、可穿戴设备监测健康状况、远程医疗提供便捷问诊等,提升老年人生活质量;智能假肢、康复机器人等辅助器具,帮助老年人恢复身体机能,提高生活自理能力,减轻护理负担。

(2) 技术创新带来的机遇与挑战

技术创新推动养老服务向个性化、精准化方向发展,满足老年人多样化需求。新技术催生新产品、新服务,为养老产业注入活力,推动产业升级。

但同时,也存在部分老年人难以适应新技术,需要加强培训和指导的问题。此外,老年人个人信息和健康数据也需加强保护,防止隐私泄露和数据滥用。

学生自评表

小组互评表

教师评学表

1. 单项选择题

单项选择题

2. 简答题

(1) 简述影响我国老龄事业与产业发展的技术环境与主要技术。

(2) 简述技术政策在老龄事业与产业发展中的作用,并列举至少两项具体的技术政策举措。

3. 拓展研究

(1) 通过实地调研、分析资料等方式,详细阐述当前应用于老龄事业与产业发展的新技术,并进行小组交流。

(2) 请扫码阅读《以智能平台打造养老共同体》,讨论大数据、互联网、人工智能等新技术从哪些方面可以促进老龄事业与产业发展,并深入社区进行调查,撰写一篇调查报告。

以智能平台打造养老共同体

模块四

老龄事业与产业发展政策

模块导读

在全球老龄化加速的背景下，老龄事业与产业发展已成为国家治理与社会可持续发展的重要议题。我国已构建以《中华人民共和国老年人权益保障法》为核心的老龄政策体系，涵盖社会保障、医疗健康、权益保护、科技创新等关键领域。养老保险与医疗保障实现全覆盖，贫困老年人救助制度持续完善，"银龄行动""智慧养老"等政策创新，推动"老有所养、老有所医、老有所学、老有所为、老有所乐"目标落地。《智慧健康养老产业发展行动计划（2021—2025年）》以科技赋能养老服务升级。《关于推进基本养老服务体系建设的意见》明确16项国家基本养老服务清单。老龄产业发展政策聚焦"市场机制＋政府引导"双轮驱动，通过财政补贴、税收优惠、金融创新等手段，培育养老服务、老年用品、智慧养老等产业集群。《产业结构调整指导目录（2024年本）》将养老作为构建优质高效的服务业新体系的重要内容，老龄服务列入鼓励类产业，可穿戴设备和智能家居等纳入智能制造业。本模块系统解析老龄事业与产业发展的政策框架与国际经验借鉴。

模块目标

- **知识目标**
  - 掌握老龄事业与产业发展政策体系框架
  - 理解老龄事业与产业发展各领域政策内容
  - 了解国外老龄事业与产业发展的政策内容

- **能力目标**
  - 能够查询老龄事业与产业发展政策的信息
  - 能够对老龄事业与产业发展政策实施进行调研

- **素质目标**
  - 根植切实解决养老问题的统筹协调思想
  - 具备为老服务的高度责任感和使命感

模块导图

老龄事业与产业发展政策
- 项目一 老龄事业发展政策
  - 经济政策
  - 社会保障制度
  - 老年权益保障政策体系
  - 科技创新政策
- 项目二 老龄产业发展政策
  - 财政政策
  - 货币政策
  - 收入政策
  - 产业政策
  - 科技政策
- 项目三 国外老龄事业与产业发展经验借鉴
  - 日本老龄事业与产业发展政策
  - 美国老龄事业与产业发展政策
  - 澳大利亚老龄事业与产业发展政策
  - 加拿大老龄事业与产业发展政策

项目一 老龄事业发展政策

任务发布

近 20 年来，全国人大及其常委会、国务院及其组成部门颁布的老龄法律、法规、规章及有关政策达 200 余件，初步形成以《中华人民共和国宪法》为基础，《中华人民共和国老年人权益保障法》为主体，包括有关法律、行政法规、地方性法规、国务院部门规章、地方政府规章和有关政策在内的老龄法律法规政策体系框架。在这一框架体系内，各领域的政策内容对我国老龄事业的发展提供了哪些支持？各项政策的实施是否有利于"老有所养、老有所医、老有所学、老有所为、老有所乐"的老龄事业发展目标的实现呢？

请你完成以下任务——

任务一：讨论各领域政策对老龄事业发展的保障和推动作用。

任务二：查阅资料，了解近三年来我国老龄事业发展政策的主要内容。

任务三：查阅资料，学习并借鉴其他国家老龄事业与产业发展政策。

国之大道

任务准备

任务分组表

任务准备单

知识链接

1. 经济政策

经济政策是国家或政府为了达到充分就业、价格水平稳定、经济快速增长、国际收支平衡等宏观经济目标，为增进经济福利而制定的解决经济问题的指导原则和措施。经济政策的制定和实施要保持连续性，左右摇摆的经济政策必然会给宏观经济运行带来损失；经济政策的制定和实施还要有一定的"弹性"，一旦情况发生变化，必须对经济政策作相应的调整。

老龄经济政策旨在推动老龄产业发展，保障老年人经济生活，促进经济与社会的协调发展，具体包括财政政策、金融政策、收入保障政策、产业发展政策等。

2. 社会保障制度

随着经济社会的不断发展以及党和国家对民生工作的高度重视，我国的养老保障制度不断完善，保障范围不断扩大，保障水平不断提高。

（1）基本养老保险制度

目前,我国已建成世界规模最大的养老保险制度体系。城镇职工基本养老保险改革始于20世纪90年代。1991年国务院发布《关于企业职工养老保险制度改革的决定》,1995年国务院发布《关于深化企业职工养老保险制度改革的通知》,确定了社会统筹和个人账户相结合的基本养老保险制度改革方案。1997年,国务院发布《关于建立统一的企业职工基本养老保险制度的决定》,对社会统筹账户和个人账户的缴费比例做了统一要求。2015年,国务院颁布《关于机关事业单位工作人员养老保险制度改革的决定》,机关事业单位人员与企业职工基本养老金开始并轨。

城乡居民基本养老保险制度上,国务院先后于2009年和2011年印发《关于开展新型农村社会养老保险试点的指导意见》和《关于开展城镇居民社会养老保险试点的指导意见》,开展新型农村社会养老保险和城镇居民社会养老保险试点,将农村居民和未就业的城镇居民纳入社会基本养老保险制度保障范围。2014年国务院印发《关于建立统一的城乡居民基本养老保险制度的意见》,将新型农村社会养老保险和城镇居民社会养老保险合并为城乡居民基本养老保险制度。

（2）基本医疗保险制度

1998年国务院出台《关于建立城镇职工基本医疗保险制度的决定》,规定城镇所有用人单位及其职工都要参加基本医疗保险,建立了城镇职工社会医疗保险制度。2003年国务院办公厅转发卫生部等部门《关于建立新型农村合作医疗制度意见的通知》,正式提出建立覆盖农村居民的新型农村合作医疗制度。2007年国务院出台《关于开展城镇居民基本医疗保险试点的指导意见》,提出开展针对城镇非从业居民的城镇居民基本医疗保险试点。2016年1月,国务院出台《关于整合城乡居民基本医疗保险制度的意见》,将城镇居民基本医疗和新型农村合作医疗合并为城乡居民医疗保险。2018年7月国家医保局等部门发布《关于做好2018年城乡居民基本医疗保险工作的通知》,提出2019年在全国范围内全面启动实施统一的城乡居民医保制度。

（3）贫困老年人救助制度

2003年10月,党的十六届三中全会通过的《中共中央关于完善社会主义市场经济体制若干问题的决定》提出"有条件的地方探索建立农村最低生活保障制度"。部分地区根据中央部署进行了积极探索,到2007年3月,我国基层实现了农村"五保"从农民集体互助共济向财政供养为主的转变。2007年7月,国务院发布《关于在全国建立农村最低生活保障制度的通知》,要求"将符合条件的农村贫困人口全部纳入保障范围"。此后,国务院又在2012年出台了《关于进一步加强和改进最低生活保障工作的意见》。2014年,国务院印发了《社会救助暂行办法》,明确了最低生活保障、特困人员供养、受灾人员救助、医疗救助、教育救助、住房救助、就业救助和临时救助八个方面的制度。2005年3月,国务院办公厅转发民政部等部门《关于建立城市医疗救助制度试点工作的意见》,要求5年内全国建立医疗救助制度。2014年,财政部、民政部、全国老龄工作委员会办公室联合发布《关于建立健全经济困难的高龄失能等老年人补贴制度的通知》。

3. 老年权益保障政策体系

1996年我国颁布了《中华人民共和国老年人权益保障法》,并先后进行了四次修订,最新修订版本于2018年12月正式施行。在促进老年人参与社会发展、保障老年人参与权益方面也不断取得新成果。2003年,全国老龄工作委员会办公室、司法部、公安部出台了《关于加强维护老年人合法权益工作的意见》,要求各地政府及时为老年人提供法律服务和司法保护,切实保障老年人的合法权益。2015年,司法部、全国老龄工作委员会办公室出台《关于深入开展老年人法律服务和法律援助工作的通知》,对深入开展老年人法律服务和法律援助工作作出全面部署,着力解决医疗、保险、救助、赡养、婚姻、财产继承和监护等老年人最关心、最直接、最现实的法律问题。2013年,全国老龄工作委员会办公室等部门出台《关于进一步加强老年人优待工作的意见》,明确县级以上地方人民政府全面建立健全老年人优待政策的目标和任务。2017年,国务院办公厅印发《关于制定和实施老年人照顾服务项目的意见》,确定了20条提升老年人获得感和幸福感的照顾服务重点任务。2003年,全国老龄委印发了《组织开展老年知识分子援助西部大开发行动试点方案》,该行动简称"银龄行动",为老年知识分子提供了服务社会和展现个人价值的平台,是当下我国积极应对人口老龄化的重要实践项目。2018年7月,为进一步加强农村教师队伍建设,充分利用退休教师的优势资源,教育部、财政部联合印发《银龄讲学计划实施方案》,面向社会公开招募优秀退休校长、教研员、特级教师、高级教师等到农村义务教育学校讲学,发挥优秀退休教师的引领示范作用,促进城乡义务教育均衡发展。

2023年5月,中共中央办公厅、国务院办公厅印发《关于推进基本养老服务体系建设的意见》,明确了基本养老服务的内涵和主要任务,提出了制定落实基本养老服务清单、建立精准服务主动响应机制、完善基本养老服务保障机制、提高基本养老服务供给能力、提升基本养老服务便利化可及化水平等5方面重点任务,发布了国家基本养老服务清单,明确了面向12类老年人群体的16项服务项目内容。

4. 科技创新政策

通过科技创新,突破老年用品和服务发展的技术瓶颈,建立以企业为主体、产学研用紧密结合、市场化、多元化科技开发和促进成果转化的有效模式。2015年,国务院印发的《关于积极推进"互联网+"行动的指导意见》提出,依托现有互联网资源和社会力量,以社区为基础,搭建养老信息服务网络平台,提供护理看护、健康管理、康复照料等居家养老服务,鼓励养老服务机构应用基于移动互联网的便携式体检、紧急呼叫监控等设备,提高养老服务水平,促进智慧健康养老产业发展。

2017年,工业和信息化部、民政部、原国家卫生计生委等三部门联合印发的《智慧健康养老产业发展行动计划(2017—2020年)》明确提出,"到2020年基本形成覆盖全生命周期的智慧健康养老产业体系、打造一批智慧健康养老服务品牌、基本普及健康管理和居家养老等智慧健康养老服务、大力提升智慧健康养老服务质量效率、不断完善智慧健康养老产业发展环境等发展目标"。

2019年,中共中央、国务院印发的《国家积极应对人口老龄化中长期规划》提出的五大工作任务,分别围绕社会财富储备、劳动力有效供给、为老服务和产品供给体系、科技创新能力和社会环境展开,其中科技方面的任务被列为第四大任务。该规划指出:"把技术创新作为积极应对人口老龄化的第一动力和战略支撑,依靠科技创新化解人口老龄化给经济社会发展带来的挑战。"同年,国务院办公厅印发《关于推进养老服务发展的意见》,明确提出"实施'互联网+养老'行动",要求"持续推动智慧健康养老产业发展,拓展信息技术在养老领域的应用,制定智慧健康养老产品及服务推广目录,开展智慧健康养老应用试点示范"。

2021年工业和信息化部、民政部、国家卫生健康委印发了《智慧健康养老产业发展行动计划(2021—2025年)》,提出强化信息技术支撑,推动智慧健康养老新技术研发,推动多学科交叉融合发展与技术集成创新,丰富智慧健康养老产品种类,提升健康养老产品的智慧化水平,做强智慧健康养老软件系统平台,重点发展远程医疗、个性化健康管理、互联网+护理服务、互联网+健康咨询、互联网+健康科普等智慧健康服务,搭建科技创新平台等政策支持。

学生自评表

小组互评表

教师评学表

思考练习

1. 单项选择题

2. 简答题

(1) 老龄事业发展政策体系涉及哪些领域？各领域主要内容包括什么？

(2) 查阅资料，了解国外老龄事业与产业发展的政策，至少列举3条国外相关政策对我们的启示。

3. 拓展研究

(1) 请扫码阅读民政部等24部门联合印发的《关于进一步促进养老服务消费 提升老年人生活品质的若干措施》，概括其核心内容。

关于进一步促进养老服务消费 提升老年人生活品质的若干措施

(2) 阅读上述文件后，请依据我国老龄事业与产业发展科技创新领域政策，设计"互联网＋"创业项目，编写创业计划书。

项目二　老龄产业发展政策

任务发布

"十四五"期间，民政部、财政部联合开展居家和社区基本养老服务提升行动，集聚在老年人身边、床边、周边的养老服务资源日益丰富，老年助餐、助浴、家庭养老床位、适老化改造、"喘息服务"、"物业＋养老"等服务更加方便可及。特别是针对老年人的吃饭难题，民政部等11部门于2023年出台《积极发展老年助餐服务行动方案》，各地在坚持政府统筹的基础上，注重发挥市场机制作用，因地制宜探索出了养老机构＋助餐、社会餐饮＋委托服务、中央厨房＋专业配送、线上平台订餐＋线下送餐等模式，不断提升老年助餐服务水平，切实让老年人感受到"舌尖上的幸福"。

总之，老龄产业政策通过扶持养老服务机构建设、推动居家和社区养老服务发展，积极发展智慧化老龄产品制造业，为老年人提供多样化养老选择和智慧化适老产品，减轻家庭养老负担，缓解社会养老压力。

敬养之所

请你完成以下任务——

任务一：讨论政府应在哪些方面制定政策推进和保障老龄产业发展。

任务二：讨论老龄产业政策的完善对老龄产业发展有什么意义。

任务三：查阅资料，了解近三年我国老龄产业发展政策的主要内容。

任务四：走访社区，了解社区老年助餐服务现状和满意度。

任务准备

任务分组表

任务准备单

知识链接

老龄产业发展支持政策引导社会资源投入老龄产业，从基础的生活照料、医疗保健、文化娱乐、金融服务等方面满足老年人多元化需求，提高养老服务质量和老年用品品质。相关政策扶持更能促进传统产业向老龄产业延伸，推动产业结构优化升级，创造新经济增长点。

1. 财政政策

老龄产业发展财政政策是政府推动老龄产业发展的重要手段，主要涵盖以下几个方面。

（1）财政补贴

① 养老服务机构建设补贴

为增加养老服务供给，政府对新建、改扩建养老机构给予资金补助。例如，一些地区按新建养老机构每张床位3000～10000元的标准给予一次性建设补贴，提升养老机构硬件设施水平，扩大服务规模。

② 养老服务机构运营补贴

考虑到养老服务机构运营成本高、盈利困难，政府根据入住老年人数量、服务质量等指标，给予运营补贴。如按实际入住老年人数量，每月给予每张床位200～500元的运营补贴，支持机构日常运营，稳定服务队伍。

③ 居家和社区养老服务补贴

为鼓励居家和社区养老模式发展，政府对提供居家上门服务、社区日间照料等服务的组织给予补贴。比如，对为居家老年人提供助餐、助浴、助洁等服务的社会组织，根据服务次数和服务对象满意度给予一定补贴，提升居家和社区养老服务的可及性和质量。

④ 老年用品研发与生产补贴

为推动老年用品产业发展，政府对从事老年用品研发生产的企业给予补贴。例如，对研发适用于老年人的康复辅具、智能健康监测设备等企业，按研发投入的一定比例给予补贴，降低企业研发成本，提高产品科技含量和市场竞争力。

（2）税收优惠

① 养老服务机构税收减免

政府对非营利性养老服务机构自用房产、土地免征房产税、城镇土地使用税；对其接受捐赠收入、政府补贴收入等符合条件的收入，免征企业所得税。对营利性养老服务机构，在一定期限内给予企业所得税优惠，减轻养老服务机构税收负担，增强其盈利能力和发展动力。

② 老年用品企业税收优惠

政府对生产销售老年用品的企业，在增值税方面给予优惠。如符合条件的老年用品生产企业，可按规定享受增值税即征即退政策；对进口用于生产老年用品的原材料、零部件等，减免进口关税和进口环节增值税，降低企业生产成本，促进老年用品产业发展。

③ 与老龄产业相关的其他税收优惠

政府对为老年人提供文化、教育、旅游等服务的企业，在相关税种上给予一定程度减免。如对老年文化活动场所门票收入免征增值税，对老年教育培训机构取得的符合条件的收入免征增值税，鼓励企业积极参与老龄产业相关服务供给。

(3) 政府购买服务

① 养老服务类

政府通过公开招标、竞争性谈判等方式，购买养老服务机构的服务，为特定老年人群体提供服务。比如：为经济困难的失能半失能老年人购买居家养老服务，包括生活照料、康复护理等；为社区老年人购买助餐服务，委托专业餐饮企业或养老服务机构提供送餐上门等服务。

② 老年健康服务类

购买医疗机构或专业健康服务机构为老年人提供的健康管理服务，如：为65岁以上老年人购买免费体检、慢性病管理等服务；向康复机构购买为失能半失能老年人提供的康复训练服务，提高老年人健康水平。

③ 老年社会工作服务类

向社会工作服务机构购买为老年人提供的心理慰藉、社会融入、权益维护等服务，丰富老年人精神文化生活，保障老年人合法权益。例如，组织开展社区老年人文体活动、老年法律援助服务等项目。

(4) 财政专项基金

① 设立老龄产业发展专项资金

政府专门设立专项资金，用于支持老龄产业重点项目建设、技术研发、人才培养等方面。如每年安排一定规模资金，对具有创新性、示范性的老龄产业项目给予资金支持，引导社会资本投入老龄产业。

② 引导社会资本参与

通过财政专项基金的引导作用，采用参股、融资担保、以奖代补等方式，吸引社会资本设立老龄产业投资基金。例如，政府财政资金作为引导资金，吸引金融机构、企业等社会资本共同出资设立规模较大的老龄产业投资基金，为老龄产业企业提供融资支持，推动产业规模化发展。

2. 货币政策

货币政策在推动老龄产业发展过程中发挥着重要作用，以下从信贷政策、金融产品创新、资本市场支持等方面阐述老龄产业相关的货币政策。

(1) 信贷政策

央行通过调整货币政策工具，如降低法定存款准备金率，释放更多流动性，引导金融机构增加对老龄产业的信贷投放。例如，对主要为老龄产业提供服务的中小金融机构，适当降低存款准备金率，增强其资金实力，使其有更多资金用于向养老服务企业、老年用品制造企业等发放贷款。

运用再贷款、再贴现等货币政策工具，为金融机构提供低成本资金，定向支持老龄产业信贷。例如，央行设立专项再贷款，明确要求金融机构将资金投向老龄产业领域，以优惠利率为养老服务机构建设、老年用品研发等项目提供信贷支持。

在信贷结构方面,引导金融机构优化信贷投向,提高对老龄产业的贷款比重。央行通过窗口指导等方式,鼓励商业银行制定针对老龄产业的信贷政策,单列信贷规模,确保一定比例的新增贷款投向老龄产业。例如,要求商业银行将一定比例的新增普惠金融贷款用于支持养老服务小微企业和个体工商户。

针对老龄产业项目特点,合理确定贷款期限和还款方式。考虑到养老服务机构建设周期长、投资回收慢的特点,金融机构可提供中长期贷款,期限可长达10～20年,并设计灵活的还款方式,如宽限期内只付息不还本,之后再按等额本息或等额本金方式还款,减轻企业还款压力。

(2) 金融产品创新

金融机构推出基于老龄产业不同经营模式的特色贷款产品,开发专属贷款产品。例如:针对养老社区开发"养老社区建设项目贷款",根据项目规划和资金需求,提供项目启动到运营阶段的全程融资支持;对于老年用品租赁企业,设计"设备租赁贷款",以租赁设备为抵押物,为企业提供资金,支持其扩大租赁业务规模。

结合老年人消费特点,创新消费信贷产品。例如,银行推出"老年康养消费贷款",老年人或其子女可申请该贷款用于支付老年康养服务费用,贷款额度根据申请人收入、信用状况等确定,还款期限灵活,满足老年人及其家庭对高品质养老服务的消费需求。

(3) 保险产品与服务

保险公司开发长期护理保险产品,为失能半失能老年人提供护理费用保障。长期护理保险可采取政府引导、社会参与的模式,通过个人缴费、财政补贴等方式筹集资金,当被保险人符合约定的失能条件时,保险公司按照约定支付护理费用,减轻家庭经济负担。

推出与养老服务相关的商业养老保险产品,如"养老社区入住保险",消费者购买该保险产品,在达到一定年龄后,可获得对应养老社区的入住资格,并享受相应的养老服务,为养老服务机构提前锁定客户资源,同时为消费者提供养老保障。

(4) 资本市场支持

证券监管部门对老龄产业企业上市给予政策支持和指导,鼓励老龄产业企业上市融资,简化上市审批流程,提高上市效率。对于符合条件的养老服务企业、老年用品制造企业等,支持其在主板、创业板、科创板等资本市场上市融资。例如,对具有创新商业模式或核心技术的老年健康科技企业,鼓励其在科创板上市,募集资金用于产品研发、市场拓展等,推动企业快速发展。

地方政府出台相关政策,对成功上市的老龄产业企业给予奖励。例如,对在境内外证券交易所首次公开发行股票并上市的老龄产业企业,给予一次性奖励资金,降低企业上市成本,提高企业上市积极性。

(5) 债券市场融资

支持老龄产业企业发行债券融资,鼓励企业发行企业债、公司债、中期票据等债务融资工具。对于信用资质良好的养老服务企业集团,可发行企业债用于旗下养老服务设施建设和运营;对于中小老龄产业企业,支持其通过集合债券、中小企业私募债等方式融资,拓宽融资渠道。

探索发行专项债券支持老龄产业项目。例如,发行养老产业专项债券,募集资金专项用于养老服务设施建设、老年用品产业园区建设等项目,为老龄产业重大项目提供稳定的资金支持。

3. 收入政策

(1) 养老金政策

① 基本养老保险

基本养老保险是国家根据法律法规的规定,强制建立和实施的一种社会保险制度。在这一制度下,用人单位和劳动者必须依法缴纳养老保险费,在劳动者达到国家规定的退休年龄或因其他原因而退出劳动岗位后,社会保险经办机构依法向其支付养老金等待遇,从而保障其基本生活。

政府持续推动基本养老保险覆盖更多老年群体,尤其是灵活就业人员、农村居民等。例如,通过简化参保手续、加大宣传力度,鼓励农民参加城乡居民基本养老保险,使更多老年人能享受养老金待遇。

近年来,我国依据物价变动、经济发展等因素,多次上调企业和机关事业单位退休人员基本养老金,保障老年人生活质量不降低。

② 补充养老保险

补充养老保险的形式主要是企业年金和个人商业养老保险。

企业年金是指企业及其职工在依法参加基本养老保险的基础上,自主建立的补充养老保险制度。企业年金是对国家基本养老保险的重要补充,是中国正在完善的城镇职工养老保险体系的"第二支柱"。

个人商业养老保险是指政府政策支持、个人自愿参加、市场化运营、实现养老保险补充功能的保险产品。个人商业养老保险期限通常较长,一般为10年、20年甚至30年以上,需要投保人长期持续地缴纳保费,以积累足够的养老金。收益相对稳定,不受市场短期波动的影响,为投保人在退休后提供稳定的收入来源,帮助维持生活水平。投保人可以根据自己的经济状况和需求选择不同的缴费方式、保险金额、领取方式和领取时间等。除了提供基本的养老保障外,还可能涵盖意外伤害、疾病、重大疾病等风险保障,部分产品还具有身故保障功能,保障功能比较灵活和全面。目前,我国个人商业养老保险开展个人税收递延型商业养老保险试点,投保人在税前列支保费,退休后领取保险金时再缴纳税款,增强个人养老保障能力。

(2) 老年就业与创业支持政策

① 老年人就业政策

提供老年人就业服务。公共就业服务机构为老年人提供职业介绍、职业指导等服务。例如,举办老年人才专场招聘会,根据老年人技能和身体状况,为老年人提供保洁、门卫、咨询顾问等合适岗位。

老年人职业培训。针对老年就业需求,开展实用技能培训。例如,组织老年人参加电脑和智能手机操作、手工制作、园艺栽培等培训课程,提升其就业竞争力。

② 老年人创业政策

老年人创业培训政策是指为有创业意愿的老年人提供创业培训,涵盖创业项目选择、市场分析、财务管理等内容,帮助老年人掌握创业知识和技能。

资金支持政策主要是指设立老年创业专项扶持资金,为符合条件的老年创业者提供小额贷款、创业补贴等。例如,给予一定额度的免息或低息贷款,减轻老年人创业资金压力。

(3) 资产性收入政策

资产性收入政策主要包括住房反向抵押养老保险和老年财产权益保护。

① 住房反向抵押养老保险

住房反向抵押养老保险,即"以房养老",老年人将房产抵押给保险公司,保险公司在老年人身故前定期给付养老金。政府通过试点推广该模式,让拥有房产但现金收入不足的老年人增加收入来源。

② 老年财产权益保护

老年财产权益保护旨在加强对老年人财产权益的法律保护,防止子女或他人侵占、骗取老年人财产。例如,完善相关法律法规,加大对侵害老年人财产权益行为的惩处力度,确保老年人能自主支配财产,获取租金、股息等资产性收入。

(4) 社会救助与福利政策

① 最低生活保障

最低生活保障是指将符合条件的贫困老年人纳入最低生活保障范围,根据当地生活水平给予差额补贴,保障其基本生活。如对无劳动能力、无生活来源、无赡养人和抚养人的"三无"老年人,全额发放低保金。

② 高龄津贴

高龄津贴是指为80岁及以上老年人发放高龄津贴,标准根据地区经济水平而定。例如,一些经济发达地区,80~89岁老年人每月可领取200元高龄津贴,90~99岁老年人每月领取500元,100岁及以上老年人每月领取1000元及以上,提高高龄老年人生活质量。

4. 产业政策

(1) 政策引导与政府扶持

国家通过政策引导,鼓励和支持养老服务业的发展。按照政策引导、政府扶持、社会兴办、市场推动的原则,逐步建立和完善以居家养老为基础、社区养老为依托、机构养老为补充的服务体系。

政府加大对基层养老服务设施、乡镇敬老院、市县福利机构等建设的投入力度,优先保障经济困难的高龄、失能、失智等老年人的基本养老服务需求。

简化登记审批程序,降低社会力量创办养老机构的门槛,落实税费减免、金融扶持等优惠政策,鼓励社会力量参与养老服务。

(2) 税收优惠政策

① 耕地占用税

根据《中华人民共和国耕地占用税法》第七条第一款规定,社会福利机构占用耕地,免征耕地占用税。免税的社会福利机构,具体范围限于依法登记的养老服务机构。

② 契税

根据《中华人民共和国契税法》相关规定,非营利性的社会福利机构承受土地、房屋权属用于养老,免征契税。

③ 增值税

养老机构提供的养老服务免征增值税。养老机构包括依照《中华人民共和国老年人权益保障法》依法办理登记,并向民政部门备案的为老年人提供集中居住和照料服务的各类养老机构。

④ 企业所得税

符合非营利性组织条件并取得免税资格认定的养老机构,其取得的养老服务收入属于免税范围的收入,免征企业所得税。对于非营利性质的养老服务机构,其取得的养老服务收入,也属于企业所得税免税收入。

⑤ 房产税和土地使用税

政府部门和企事业单位、社会团体以及个人等社会力量投资兴办的福利性、非营利性的老年服务机构,暂免征收自用房产的房产税和自用土地的城镇土地使用税。

⑥ 车船税

老年服务机构自用车船免征车船税。

(3) 其他支持措施

加强养老服务业标准化建设,逐步制定完善机构建设、管理服务、安全生产、绩效评估等标准体系,提高养老服务业层次。

加强养老服务人才队伍建设,开展常态化的养老护理人员在职专业培训,全面实现持证上岗制度,鼓励各类人员从事养老服务业。

加强养老服务信息平台建设,促进养老信息和资源互联互通,为居家老年人提供个性化定制服务。

5. 科技政策

随着科技的发展,越来越多的智能技术被应用到养老服务中。例如,智能家居、智能穿戴设备等可以提高老年人的生活质量,远程医疗、健康管理等技术可以保障老年人的身体健康。此外,科技还可以帮助养老机构提高管理效率和服务质量,为老年人提供更加便捷、高效的服务。2024年,国务院办公厅发布《国务院办公厅关于发展银发经济 增进老年人福祉的意见》,提出围绕康复辅助器具、智慧健康养老等重点领域,谋划一批前瞻性、战略性科技攻关项目。强调推广应用智能护理机器人、家庭服务机器人,大力发展康复辅助器具产业,推进产业集群发展,规划布局高水平银发经济产业园区。

《产业结构调整指导目录(2024年本)》提出,将推动生活性服务业向高品质和多样化升级,加快发展健康、养老等服务业,加强公益性、基础性服务业供给,推进服务业标准化、品牌化建设,间接促进老龄科技产业的发展。

(1) 研发支持

国家和地方通过科技计划、专项基金等形式,支持老龄科技领域的关键技术研发和产品创新。例如,上海市科委重点支持可穿戴设备里柔性传感器的体温感知、血氧感知、心电感知、行为感知等关键技术、核心部件和软件的研发、应用转化和产品开发。

(2) 示范推广

加快适老化智能场景落地,促进智能养老科技产品示范应用,推进护理机器人、康复机器人等养老科技产品在养老服务机构的使用。建设养老科技产品展示体验基地,开展银发科技产品认证,打造养老科技品牌,加强市场培育,促进养老服务消费。

(3) 人才培养

完善养老服务、医疗护理、健康管理、康复治疗等专业学科体系,推动多学科交叉人才培养,打造高水平养老科技专业技术人才队伍。精准对接养老护理服务人员数字技能提升需求,积极开展信息技术应用能力及技能培训,并按规定享受政府培训费用补贴,打造高素质养老护理服务人才队伍。

(4) 产业生态优化

创建一批养老科技企业技术创新中心,组建企业、高校、科研机构、养老机构创新联盟,推进科技创新和成果产业化。认定一批养老科技领域的高新技术企业,打造链接社区、机构和家庭,提供线上线下服务的平台型领军企业。依托特定区域创建养老科技产业园,打造养老科技产业创新集群。

学生自评表

小组互评表

教师评学表

1. 单项选择题

2. 简答题

（1）简述我国养老金政策的内容。

（2）简述老龄产业科技政策的具体实施措施。

3. 拓展研究

（1）认真查阅和学习我国老龄产业相关制度和政策，设计调查问卷，调研相关政策和制度在养老机构、老年用品企业等老龄产业相关主体中的落实情况。

（2）请扫码阅读《上海发布"养老科技"重磅政策 开发6类重点产品 用于"智慧养老院"等场景》，讨论科技赋能老龄产业发展的内容，撰写一篇研究性报告。

上海发布"养老科技"重磅政策 开发6类重点产品 用于"智慧养老院"等场景

项目三 国外老龄事业与产业发展经验借鉴

任务发布

文化养老

　　澳大利亚是全球最长寿的10个国家之一。根据澳大利亚健康和福利研究会的数据，澳大利亚人寿命平均每4年增加1岁。澳大利亚统计局数据显示，2021—2023年澳大利亚男性的平均寿命是81.1岁，女性为85.1岁。

　　不过，澳大利亚也是老龄化日渐严重的国家之一。

　　根据《代际报告》，未来40年澳大利亚人口将持续老龄化，预计澳大利亚人的中位年龄将增加4.6年，达到43.1岁。为了应对即将到来的老龄化社会，澳大利亚议会通过了对老年护理系统的大规模改革。

　　这些"划时代变革"在2025年7月实施。新的《老年护理法案》重点关注：提升护理质量与安全、保护老年人权益以及确保老年护理提供者的财务可持续性。其中一项重要的变化是，引入了一种新的支付体系，要求有钱人为非临床服务支付更多费用。

　　请你完成以下任务——

　　任务一：查阅资料，了解澳大利亚《老年护理法案》的主要内容。

　　任务二：讨论依据《老年护理法案》的要求，有钱人非临床服务支付更多费用的意义何在。

　　任务三：讨论这一法案的实施对澳大利亚的养老机构运营收入会有什么影响。

任务准备

任务分组表

任务准备单

知识链接

在全球老龄化背景下,深入研究国外老龄事业与产业发展政策具有至关重要的意义。一方面,国外许多发达国家较早进入老龄化社会,在应对老龄化问题上积累了丰富经验,通过借鉴这些经验,我国能够少走弯路,更快地找到适合国情的老龄事业发展路径。另一方面,研究国外政策有助于推动我国老龄产业的创新与升级,满足老年人日益多样化、个性化的需求,提升老年人的生活质量,实现老龄事业与产业的协同发展,为积极应对人口老龄化提供有力支撑。

1. 日本老龄事业与产业发展政策

日本的人口老龄化问题出现得比较早,早在20世纪50年代,日本政府就着手解决老年人和社会养老问题。日本政府从规划和法律、制度建设出发,大力支持养老产业的发展,以不断发展变化的形势为基础,建立并不断完善了包括养老、医疗、介护等在内的多种社会保障制度,出台了一些相关政策,涉及老年人就业、老年住宅、支持企业参与养老事业等,形成了比较完整的相关政策体系。在一系列政策支持和引导下,企业、社会主体积极参与养老产业建设,与政府携手形成养老产业发展的合力。

(1) 规划和法律

① 老龄化规划战略

在应对日益严重的人口老龄化问题上,日本不仅中央政府先后制定了一系列相关的规划战略,引导养老产业发展,各个地方政府也发布类似的相关规划。中央政府层面的规划主要包括:《长寿社会对策大纲》(1986年)、被称作"黄金计划"的《老年人保健福祉推进十年战略》(1989年),以及众所周知的"新黄金计划",即《新老年人保健福祉推进十年战略》(1994年)和《高龄社会对策大纲》(1995年)等,引导老龄产业发展。

② 法律保障

在保障老年人权益的相关法律方面,日本政府自20世纪50年代末就尝试通过立法来解决养老问题,1959年出台的《国民年金法》从经济来源上解决了老年生活的问题;自20世纪60年代开始至今,日本先后出台十几部与养老问题相关的法律,如《老人福祉法》(1963年)、《老人保健法》(1982年)、《护理保险法》(2000年)等,不断完善老年人福利保障体系,引导社会资本积极参与养老,提高行业效率,为日本养老产业的持续运转提供了保证。尤其是2000年开始实施的《介护保险法》是日本养老商业化爆发的关键条件,老年人仅需支付10%的介护费用就可以享受介护险的全面保障,这一险种使老年人原本存在的支付问题得到了有效解决,同时也为养老机构的健康持续运营提供了资金充足度的支持,很大程度上解决了老年护理问题。

(2) 保障体系

① 养老保障体系

根据联合国2024年7月发布的《世界人口展望》,截至2023年,日本65岁及以上老年人口占比已经达到了29.1%,属于典型的超级老龄化社会。为应对这一问题,日本政府建立了三个层次的养老保障体系。第一个层次为国民年金,即涵盖了全体国民,凡是在日本拥有居住权的20岁至60岁居民,必须参加国民年金保险。第二个层次是与收入关联的厚生年金和共济年金,企业雇员和公务员等在参加了国民年金保险基础上,依据其不同的身份分别参加厚生年金保险或共济年金保险。第三个层次是根据个人需求可任意加入的养老保险,其中以私人机关经营管理者职业养老金保险或公司养老金保险为主,加入的条件是以加入了第一、第二个层次养老保障为基础。1959年出台的《国民年金法》从经济来源上解决老年生活问题。1963年出台《老人福祉法》,解决了公司企业退休员工的社会保障问题。

② 医疗保障制度

在老年人医疗问题的解决方面,1982年日本中央政府出台《老人保健法》,规定40岁及以上国民可免费享受疾病预防诊断和检查等服务,70岁以上老年人可享受免费医疗服务;2000年出台《护理保险法》等,不断完善老年人福利保障体系;2000年出台的介护保险制度,强制所有国民从40岁开始缴纳介护保险费,为65岁以上需要护理的老年人以及40岁以上未满65岁因特定疾病而需要护理的居民,提供照顾和护理服务;2008年出台"高龄老年人医疗制度";2014年开始实施"诊疗报酬"制度。

(3) 发展政策

① 金融支持政策

基于《介护保险法》,被认定为需要介护的保险参保人,可将介护保险用于租赁或购置生活护理类、监护助行类老年用品,以及实施住房适老化改造工作,最高额度为20万日元,最高比例为总费用的90%,带动卫生用品、人工智能技术、医疗器械等相关产业的个性化发展。

② 税收优惠政策

为市场化企业经营提供税收优惠,降低企业的运营成本,鼓励企业参与老龄产业的发展。

③ 产业融合发展政策

推动智能技术、养老住房、介护服务等产业融合发展,鼓励企业开发和应用适合老年人的产品和服务,如护理机器人、远程诊疗、智能监控设备等。

④ 市场培育政策

通过各种措施培育和扩大老龄产业市场,如:加强对老龄产业的宣传推广,提高社会对老龄产业的认知度和关注度;鼓励社会资本投资老龄产业,促进老龄产业的市场化和专业化发展等。

2. 美国老龄事业与产业发展政策

(1) 法律保障

①《美国老年法》

1965年出台《美国老年法》。该法是美国针对老年问题出台的第一部专门性法律,为美国社会成立全国性老龄行政机构提供了法律依据,标志着美国已将老年工作纳入国家的法制建设当中。

②《雇员退休收入保障法》

1974年颁布《雇员退休收入保障法》,是规范私人养老金计划的重要法律。该法设定了最低标准,要求雇主提供详细的养老金计划信息,规定了参与、归属、福利累积和资金筹集的最低标准,为管理和控制计划资产的人设定了受托责任。还建立了养老金福利担保公司,以保障员工在养老金计划终止时能获得一定的福利。

③《医疗保险法》

《医疗保险法》主要为65岁以上老年人和长期残疾人士提供医疗费用保障,是美国老年人医疗保障的重要组成部分。通过该法建立的医疗保险制度,为老年人支付住院、门诊、医生服务等方面的费用。

④《医疗补助法》

《医疗补助法》针对低收入家庭提供全面的医疗服务支持,包括长期护理服务等。许多贫困老年人依靠医疗补助来支付养老院护理、居家护理等费用。

(2) 保障体系

美国构建了以三支柱为核心的养老保险体系,各支柱相互补充、协同发展,为老年人提供了多元化的养老保障。

① 联邦社保基金

第一支柱为联邦社保基金,作为基本养老保障,由美国政府运用税收和信用予以支撑。其资金主要源于雇主与雇员共同缴纳的社会保障税,税率为6%,缴费工资基数上限约15万美元。该支柱具有鲜明的再分配特性,着重保障低收入群体退休后的基本生活开销,确保社会公平。以2023年为例,约有96%的美国劳动者参与其中,为广大退休人员筑牢了经济兜底防线。

② 雇主资助养老金计划

第二支柱是雇主资助养老金计划,其中401K计划声名远扬。公司或单位主导建立该计划,为员工精心打造包含多种投资选择的养老投资方案,并给予丰厚的养老投资补贴,通常按员工投入401K账户金额的50%进行补贴,且能迅速并入员工个人账户。员工参与401K计划还可尽享税收递延优惠,流动性颇为可观,工作变动时账户可随之转移。这种激励机制极大激发了员工参与热情,截至2023年年底,401K计划资金规模高达7.4万亿美元,在雇主资助养老金计划中占比70%,成为美国养老金体系的关键构成。

③ 个人养老金

第三支柱是个人养老金,以个人退休账户为代表。个人退休账户具备显著优势,如:税收递延优惠;员工离职后能免税将401K账户资金转至个人退休账户;投资范围自主灵活,投资者可依自身风险偏好与财务规划,在股票、债券、基金等多元资产间灵活配置。自1974年推出后,个人退休账户规模持续扩张,从1997年的1.728万亿美元攀升至2023年的13.556万亿美元。

三大支柱有机融合,为美国老年人编织了坚实的养老保障网。从规模占比看,截至2023年底,第二、三支柱养老金合计规模达38.4万亿美元,占养老金体系总量的90%左右,充分彰显"藏富于民"特质。在投资策略上,第二、三支柱倾向权益类资产,以获取更高收益,如401K计划资金超半数投向权益和平衡基金,推动了美国资本市场繁荣,也为养老金增值注入动力,为美国应对老龄化挑战、保障老年人生活品质提供了有力支撑。

(3) 发展政策

① 财政支持政策

财政补贴。政府为符合条件的养老项目提供财政补贴,降低运营成本,提高服务质量,鼓励社会资本投入养老机构建设,增加养老服务的供给。

税收优惠。对于参与养老服务的非营利机构和私营机构,政府给予一定的税收优惠,如减免所得税、房产税等,以鼓励其提供更多、更好的养老服务。

贷款担保。政府通过提供贷款担保等方式,帮助养老机构获得融资支持,促进养老产业的发展。

② 科技应用与创新政策

鼓励科技研发。政府鼓励科研机构和企业合作,研发和推广老年专用产品,如无障碍设施、智能穿戴设备等,提高老年人的生活质量和安全性。

推动智慧养老发展。通过引入科技手段,创新养老服务模式,如远程医疗、智能照护等,使老年人能够享受到更加便捷、高效的养老服务。

数据安全与隐私保护。美国养老机构注重数据安全和隐私保护,采取加密、备份、防火墙等措施,确保老年人的个人信息和健康数据的安全。

3. 澳大利亚老龄事业与产业发展政策

2012年,澳大利亚65岁及以上老年人口达到14%,进入了中度老龄化社会。作为高福利和老年人口增长速度最快的国家之一,澳大利亚提出"健康老龄化"发展战略,其理念是全民参与、预防为主、终身健康维护。在积极应对人口老龄化过程中,澳大利亚建立了相对健全的养老体系。

(1) 规划与法律

① 养老护理计划

澳大利亚联邦政府出台《养老护理计划》,目的在于改革全国养老护理行业,为老年人提供充满尊重、关爱和尊严的养老服务。该计划的五大支柱分别是居家护理、养老院护理服务与可持续性、养老院护理质量与安全、劳动力、行业治理,旨在为选择居家养老提供支持,改善养老院护理服务和简化获取途径,提高养老院护理的质量和安全,支持人数不断增长且技能更加熟练的护理人员队伍,出台新法和加强治理。

② 《1997年老年护理法》

从1975年开始,澳大利亚一直致力于老年护理体系改革,在"老年护理改革策略"指导下对养老服务及经费支付等进行结构性改革,并出台《1997年老年护理法》。这是澳大利亚养老服务方面的核心法规,对政府资助的养老服务进行全面规范。它明确了资金来源、监管方式、服务提供商的审批流程、补贴与收费标准、服务质量要求,以及接受服务者的权利等关键内容。例如,在服务提供商审批上,只有通过严格资格审查的机构才能获得提供养老服务的许可,以此保证养老服务的专业性和规范性,切实保障老年人的合法权益。同时,《1997年养老(过渡条款)法案》为养老政策在实施过程中的过渡阶段提供法律依据,确保政策平稳衔接和顺利推进。

③ 养老住宿相关法案

《2006年养老(住宿付款保障)法案》与《2006年养老(住宿付款保障)收费法案》主要关注老年人在养老机构住宿付款方面的权益保障,防止出现不合理收费或资金安全问题,旨在保障老年人的住宿安排稳定和资金安全。

④ 《2012年养老(活得更久,活得更好)法案》

为了推动澳大利亚10年养老改革规划的实施,致力于建立更高效、更全面的全国性老年照护系统,提升整体养老服务水平,以适应人口老龄化发展的需求,政府通过了《2012年养老(活得更久,活得更好)法案》。

⑤ 《2018年养老质量与安全委员会法案》

为了加强对养老服务质量和安全的监督管理,政府制定《2018年养老质量与安全委员会法案》,设立养老质量与安全委员会,通过专业机构的监督,确保养老服务机构严格遵守相关质量和安全标准,为老年人提供安全可靠的养老环境。

⑥ 《老年护理法案》

该法案被称为"划时代变革",在2025年7月实施。其重点关注提升护理质量与安全、保护老年人权益,以及确保老年护理提供者的财务可持续性。其中一项重要的变化是引入了一种新的支付体系,要求有钱人为非临床服务支付更多费用。"家庭支持"(Support at Home)将取代现有的"家庭护理套餐"(Home Care Packages)计划。

在"家庭支持"计划下,居家护理预算按8个年度政府补贴等级提供,最高等级的补贴将增至78 000澳元。在新的体系下,受助者将获得与其资金水平相符的季度预算,并与所选择的供应商合作,在临床护理、独立性支持和日常生活协助三大服务类别中分配资金,而临床护理服务则由政府全额资助。"家庭支持"计划还包括为特定需求提供额外资助,如:生命剩余不到3个月的老年人,将优先获得12周内25 000澳元的资助;辅助技术和房屋改造,最多可获得15 000澳元的资助,无需再从居家护理预算中预留资金。"家庭支持"新措施更好地支持老年人在家养老,并提高整个护理体系的效率和公平性。

此外,澳大利亚在多样性和反歧视方面的法律也适用于老龄事业领域,确保不同背景的老年人,无论其社会、文化、语言、宗教等差异,都能平等地获得高质量的养老服务,促进养老服务的公平性和包容性。

(2) 保障体系

① 养老保障制度

澳大利亚基于社会保障与个人储蓄相结合的原则,通过政府补贴和私人退休计划,为老年人提供养老保障。养老保障制度主要包括政府养老金、个人储蓄计划和税务优惠政策等构成的多层次养老金体系。

政府养老金,即"公共养老保障金",是澳大利亚养老制度的核心。政府养老金主要包括年龄养老金和资金补贴。此外,政府设立了强制性退休金计划,被称为"超级退休基金",即雇主被强制性要求按照雇员工资一定比例为员工缴纳的退休金。

个人储蓄计划即政府鼓励每个人在退休前进行个人储蓄,即"个人养老储备金",个人可以自愿缴纳额外的款项到退休金账户中。政府为个人储蓄计划提供了一系列的税务优惠,以鼓励人们进行养老金的积累。

② 医疗保障制度

澳大利亚国家医疗保险系统规定实施公民免费医疗。医生、护士、理疗师等都会定期提供上门服务,到养老照护机构为老年人诊治。不仅如此,在老年人身体状况出现不适的情况下,大部分养老照护机构都能提供基础护理,为医生救护做好准备,或是将老年人转去最近的医院救治。同时,澳大利亚将老年人的心理健康作为国家基础医疗体系的重要组成部分。有心理健康问题的老年人,包括认知症老年人,养老机构会为其提供特殊的照护设施,并可在专人帮助下,做一些康复训练。

(3) 发展政策

① 财政补贴

2012年以前,澳大利亚养老行业的运营资金来源绝大多数来自政府补贴。2012年4月,政府推出了"活得更久,活得更好"改革计划,将整个养老院补助系统逐渐转换成以用户自付为主的补助系统。这样的变化利好于整个行业的发展,尤其是配套服务齐全、收费合理、床位充足的运营商可以脱颖而出。不仅如此,澳大利亚政府为养老服务机构无偿提供场所,对养老服务设施的建设给予财政补贴,并对养老服务人员进行培训和认证,以及对老年人购买养老服务产品给予税收优惠等。

② 金融政策

除补贴和无偿提供场所外,额外的政策支持促进了养老行业的发展。"活得更久,活得更好"改革计划中,居住者可向运营商提供零息贷款,使他们拥有更多的资金来扩充床位。

② 收费政策

"活得更久,活得更好"改革计划中,新的付费标准允许养老院向住客收取每日住宿费用或收取可退还住宿押金,也可以两者兼收,为养老机构拓宽了收入来源。同时,养老机构收取可退还住宿押金的标准也变得更加自由化,即养老机构在收费透明的情况下可以根据服务的标准、质量和住所位置等自行决定收费标准。

4. 加拿大老龄事业与产业发展政策

加拿大是世界上较早进入老龄化社会的国家,2010年加拿大65岁及以上老年人口占比超过了14%,

进入了中度老龄化社会。人口老龄化的问题不断推动加拿大养老制度的制定和完善。

(1) 规划与法律

① 《老年福利计划》

1966年,加拿大联邦政府推出了《老年福利计划》,为老年人提供基本的收入保障。此外,各省级政府开始建立自己的养老服务体系,包括养老院和社区护理服务。

② 《老龄化国家框架》

1980年,加拿大联邦政府成立国家老龄化咨询委员,1998年由其制定了《老龄化国家框架》,建立了老年人政策和纲要数据库。《老龄化国家框架》的愿景是"加拿大是一个不分年龄的社会,在生活的各个方面促进老年人的福祉和贡献",该框架确定"尊严、独立、参与、公平和安全"五项核心价值。这些因素被分为三大类,即《老龄化国家框架》的三个"老年人健康支柱"——健康、保健和安全,其中包括:收入保障;持续学习、工作和社会参与,涵盖工作和退休、年龄歧视和偏见、社会参与和民族文化多样性;在落后、偏远地区的社区中支持和关怀社会孤立、孤独、独居、无正式照料的老年人,如生活安排、交通等。

③ 住房等相关战略

2007—2009年,加拿大政府连续3年发布应对人口老龄化的报告,提出的战略是"拥抱老龄化的挑战"。2017年,加拿大宣布首个《国家住房战略》,计划2027—2028年为老年人建造至少7000套新的可负担住房。2019年,发布了应对阿尔茨海默病的战略文件,涉及提高对阿尔茨海默病患者和护理人员的重视和支持,让相关老年人群体享受更好生活质量,并积极推动提高预防意识和加强研究有效的治疗方法,鼓励社区更加包容阿尔茨海默病患者。

④ 法律保障

加拿大的养老院受《养老院法》(2010年颁布)和《住宅租赁法》的约束。其中,《养老院法》对养老院的约束包括:养老院所有者的适用许可要求;居民的权利;护理标准和人员培训要求;居民的虐待和过失保护;检查员的权力;对养老院房主的犯罪、处罚和执法等。同时,因为养老院提供租赁住宿,养老院亦受《住宅租赁法》约束。《住宅租赁法》中概述了养老院需要向新居民提供的信息,还包括房主和房客的驱逐权。

(2) 保障体系

① 养老保障制度

加拿大拥有较为完善的养老金体系,由三大支柱构成:第一支柱是老年保障金和收入保障补贴金,第二支柱是强制性的加拿大养老金计划或魁北克养老金计划,第三支柱则是自愿性的注册养老金计划和注册退休储蓄计划。这种结构确保退休收入的多元化和稳定性。

第一支柱是老年收入保障计划,旨在为符合法律和居住要求的老年人提供基本退休收入,并为低收入者提供额外支持。作为一项非缴费型、基于居住地的计划,其向几乎所有65岁及以上的老年人支付养老金,以及向60~64岁低收入加拿大人提供津贴。

第二支柱是加拿大养老金计划或魁北克养老金计划,即强制性养老保险计划,参保对象为年满18周岁的劳动者,缴费者退休或死亡或残疾时可领取。

第三个支柱是私人自愿参与的和雇主赞助的养老金计划,包括注册养老金计划、集合注册养老金计划、注册退休储蓄计划和免税储蓄账户。

② 医疗保障制度

加拿大的医疗体系以全民医保制度为核心,旨在为所有公民和永久居民提供公平、可负担和高质量的医疗服务。全民医保制度的最大优点在于其全民覆盖性。无论是公民还是永久居民,都能享受到基本的医疗服务。同时,加拿大实行严格的分级诊疗制度,有效避免了医疗资源的浪费和滥用。

（3）发展政策

加拿大政府通过多种政策和补贴措施，鼓励投资者进入养老服务行业。例如，"加拿大养老策略"和各省级政府的税收优惠和补贴措施，为行业的发展提供了强有力的支持。同时，严格的监管标准确保了所有养老项目符合相关法规，避免潜在的法律风险。另外，政府采取了一系列措施来推动养老保险行业的发展，包括鼓励更多人参加养老保险计划，鼓励创新基于区块链技术的养老保险产品和社区养老保险项目，并提供税收优惠和其他激励措施。

学生自评表

小组互评表

教师评学表

1. 单项选择题

2. 简答题

（1）简述日本三个层次的养老保障体系。

（2）简述构成美国养老保险体系核心的三大支柱如何相互补充并协调发展。

3. 拓展研究

（1）结合发达国家老龄事业与产业发展的政策，讨论我国积极应对人口老龄化战略应该借鉴哪些经验。

（2）请扫码阅读《人口老龄化进行时：应对措施的国际比较与启示》，并结合未来我国的人口老龄化趋势，撰写关于推动我国多层次保障体系建设的研究性报告。

人口老龄化进行时：应对措施的国际比较与启示

模块五

老龄康养服务业

模块导读

养老问题事关亿万百姓的福祉,如何让老百姓的晚年"多喜乐、长安宁"是民生工作的重点,同样也是难点。《中共中央 国务院关于深化养老服务改革发展的意见》是首个从党中央、国务院层面发布的关于养老服务工作的纲领性政策文件,提出:要贯通协调居家、社区、机构三类养老服务形态。其中,居家养老是基础,社区养老是依托,机构养老是支撑。老龄居家康养服务业以家庭为核心、社区为依托,通过专业化服务满足老年人生活照料、医疗康复、心理关怀等多元需求。"一户一策"精准服务、智能设备监测预警及政策补贴,可以破解居家养老的供需矛盾,让"养老不离家"成为现实。老龄社区康养服务业以社区为载体,整合医疗、养老、生活服务等资源,为老年人提供就近、便捷的综合性康养服务体系,让老年人安享晚年。老龄机构康养服务业以专业机构为载体,提供"一站式"全周期照料服务。本项目将详细介绍老龄居家康养服务业、老龄社区康养服务业和养老机构康养服务业的发展与战略趋势。

模块目标

- 知识目标
  - 掌握老龄居家康养服务业的概念和特点
  - 掌握老龄社区康养服务业发展的状况
  - 掌握养老机构康养服务业的发展现状和未来趋势
- 能力目标
  - 能够分析老龄康养服务业的发展数据
  - 能够实际应用老龄康养服务业的相关规范
  - 能够为老年人群提供智慧康养服务信息
- 素质目标
  - 具备新时代"孝亲敬老"的职业情感
  - 根植居家、社区和机构"多元化"老龄康养服务理念
  - 树立智慧化精准为老服务的创新意识

模块导图

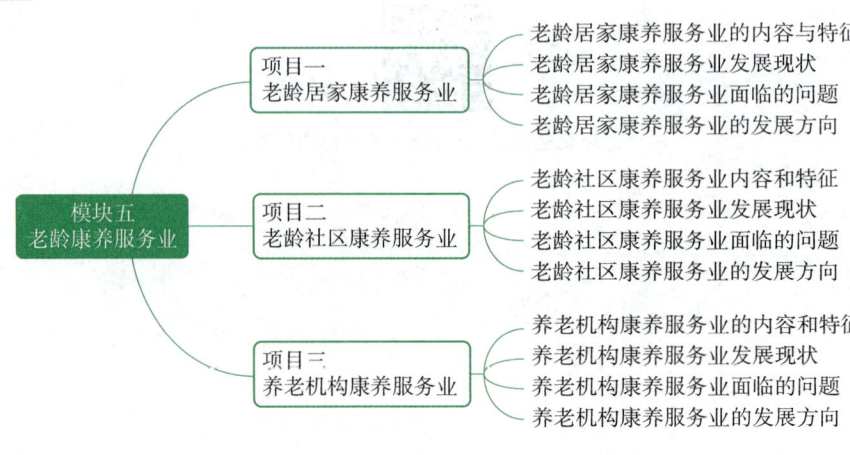

- 模块五 老龄康养服务业
  - 项目一 老龄居家康养服务业
    - 老龄居家康养服务业的内容与特征
    - 老龄居家康养服务业发展现状
    - 老龄居家康养服务业面临的问题
    - 老龄居家康养服务业的发展方向
  - 项目二 老龄社区康养服务业
    - 老龄社区康养服务业内容和特征
    - 老龄社区康养服务业发展现状
    - 老龄社区康养服务业面临的问题
    - 老龄社区康养服务业的发展方向
  - 项目三 养老机构康养服务业
    - 养老机构康养服务业的内容和特征
    - 养老机构康养服务业发展现状
    - 养老机构康养服务业面临的问题
    - 养老机构康养服务业的发展方向

项目一 老龄居家康养服务业

任务发布

内蒙古准格尔旗的张奶奶,88岁高龄,腿脚不便。2023年,准格尔旗开展家庭养老床位服务,服务人员上门为老人提供洗头、洗脚、剪指甲、洗衣服、擦玻璃等服务。政府按照每户老人一年4000元的服务费,让市场上的服务公司上门服务,并采用"一户一策、一户一档"的方式,推出适老化改造项目。

新型的居家养老作为一种重要的老龄康养形式,逐渐受到社会各界的关注。这种模式下,老年人居住在家中,依托社区提供的各种养老服务来满足其康养需求。街道和社区依据长期积累的养老服务资源,为居家养老人员提供"管家式"的服务,满足老年人日益增长的养老需求。

老龄事业作为重大的民生工程,居家康养服务涉及千家万户,关乎民生福祉。我国将继续以老年人个性化需求为导向,不断推进多元化养老服务体系建设,完善老龄居家康养服务供给,为老年人提供更加精细化多样化的康养服务,让"老有所养"切实落到实处,不断提高老年人的满足感。那么,老龄居家康养服务业发展得怎么样?老龄居家康养服务的内容包含哪些方面?科技如何赋能老龄居家康养服务呢?

请你完成以下任务——

任务一:查找相关文献,设计至少三个居家康养服务项目实施方案。

任务二:利用互联网查阅老龄居家康养服务业数据,利用数据分析老龄居家康养服务业现状、需求、问题及建议。

任务三:了解老龄居家康养服务业情况,提供居家康养服务业需求报告。

任务准备

任务分组表

任务准备单

知识链接

1. 老龄居家康养服务业的内容与特征

老龄居家康养服务业是以家庭为核心、社区为依托、以专业化服务为依靠,为居家老年人提供生活照料、医疗护理、心理支持及适老化设施改造等综合性康养支持的社会化服务业。

(1) 主要内容

① 生活照料服务

生活照料服务主要包括居家老年人护理、居家老年人起居照顾和居家老年人餐饮服务。

居家老年人护理的内容主要包括帮助服务对象进行洗脸、刷牙、洗澡、理发、修剪指甲等日常个人卫生护理,确保他们的身体清洁卫生和舒适,维持良好的个人形象和健康生活状态。

居家老年人起居照顾的内容包括协助居家老年人起床、穿衣、翻身、上下床、坐立等,对于行动不便的人群,提供必要的肢体支撑和安全保障,防止老年人摔倒等意外发生;同时,整理床铺、更换床上用品,保持生活居住环境的卫生整洁。

居家老年人餐饮服务内容包括根据老年人的身体状况、口味喜好和营养需求,制定个性化的合理膳食计划,为其准备一日三餐及加餐。提供喂餐服务,帮助那些无法自主进食的老年人安全、舒适地用餐。

② 医疗康复服务

医疗康复服务主要包括居家老年人基础医疗护理服务、居家老年人康复训练服务和医疗康复设备使用家庭指导服务。

居家老年人基础医疗护理服务包括:由专业护士为居家老年人提供测量体温、血压、血糖等基本生命体征监测服务;进行伤口换药、导尿、灌肠等简单的医疗护理操作;协助居家老年人正确服药,确保用药安全和按时服药。

居家老年人康复训练服务主要针对有肢体运动障碍、神经功能损伤等问题的居家老年人。康复治疗师根据评估结果制订个性化的康复训练计划,如进行关节活动度训练、肌力训练、平衡训练、步行训练等,帮助他们恢复身体功能,提高生活自理能力和健康水平。

医疗康复设备使用家庭指导服务是为居家老年人及其家属提供如轮椅、拐杖、助行器、血糖仪、血压计等医疗设备的使用方法和注意事项指导,确保设备使用安全、正确,发挥其最大功效。

③ 健康管理服务

居家老年人健康管理服务主要包括居家老年人健康评估服务、居家老年人健康检测服务和居家老年人健康指导服务。

居家老年人健康评估服务是收集居家老年人的基本健康信息,包括病史、家族史、生活方式和习惯等,通过身体检查、问卷调查、访谈等方式,对其健康状况进行全面评估,分析潜在的健康风险因素,为制定个性化的健康管理方案提供依据。

居家老年人健康检测服务是定期为居家老年人进行身体检查,除基本生命体征监测外,还包括血常规、尿常规、血脂、心电图等常规检查项目,旨在及时发现健康问题的变化,为调整居家老年人健康管理方案提供数据支持。

居家老年人健康指导服务是根据居家老年人的健康状况和评估结果,提供个性化的健康指导,包括饮食营养指导、运动健身指导和心理健康指导等。

④ 心理关怀服务

居家老年人心理关怀服务主要包括居家老年人心理咨询服务、居家老年人精神慰藉服务和居家老年人认知训练服务。

居家老年人心理关怀服务主要是为居家老年人提供专业的心理咨询服务,帮助他们应对因疾病、残疾、孤独、财产等原因产生的焦虑、抑郁、恐惧等负面情绪。通过心理疏导和心理支持,帮助他们树立积极乐观心态,提高心理适应能力和心理健康水平,以便更好地安度晚年。

居家老年人精神慰藉服务主要包括:陪居家老年人聊天、谈心和娱乐,倾听他们的心声和需求,给予情感上的支持和安慰;组织开展一些适合他们的文化娱乐活动,如读书、看报、下棋、唱歌等,丰富他们的精神文化生活,缓解孤独感和寂寞感,让居家老年人的生活更加丰富多彩。

居家老年人认知训练服务是针对有认知功能障碍的老年人或患者,采用怀旧疗法等开展认知训练活动,如记忆力训练、注意力训练、思维能力训练、语言能力训练等,帮助他们延缓认知功能衰退,提高生活质量。

⑤ 适老化环境改造与辅助器具服务

居家老年人适老化环境改造服务是根据居家老年人的身体状况和生活需求,对居家环境进行适老化或无障碍改造,如安装扶手、防滑垫、无障碍通道,调整家具布局和灯光设置等,消除安全隐患,方便服务对象的日常生活起居,提高居家生活的安全性和便利性(如无障碍浴室,见图5-1-1)。

图5-1-1　无障碍浴室

居家老年人辅助器具服务是根据居家老年人的身体功能和实际需要,选配适合的轮椅、拐杖、助听器、老花镜等辅助器具,提供使用培训和指导,帮助老年人更好地利用辅助器具提高生活自理能力和行动能力。

此外,老龄居家康养服务业还包括为居家老年人配备呼叫按钮、智能手环和家庭智能管理设备等紧急呼叫设备。当居家老年人遇到突发疾病、意外摔倒等紧急情况时,能够及时呼叫救援中心,社区工作人员和老年人子女在接到呼叫后迅速响应,提供紧急救援或联系相关医疗机构进行救治。

(2) 特征

① 以家庭为核心

老龄居家康养服务业强调家庭在老年人生活中的重要性,鼓励家庭成员参与老年人的康养过程,提供物质支持、亲情关怀和精神慰籍,增强老年人的归属感和幸福感。

② 以社区为依托

社区作为老年人日常生活的重要场所,为老龄居家康养服务业提供了丰富的资源和便利条件。通过整合社区资源,如建立社区康养中心、提供社区医疗服务等,可以有效满足老年人的日间照料服务、医疗康复和文娱教育等需求。

③ 以企业供给为主体

专业化的养老服务企业是提供老龄居家康养服务的市场供给主体。这些企业通过专业的老年康养服务团队,利用先进的医疗康养设备设施和先进技术手段,为老年人提供全方位、个性化的康养服务,满足其多样化、多层次的康养需求。

2. 老龄居家康养服务业发展现状

(1) 强有力的政策支持

① 中央部委顶层设计支持

《关于进一步推进医养结合发展的指导意见》提出发展居家医疗服务,即支持医疗卫生机构为居家失能、慢性病、高龄等行动不便的老年人提供家庭病床、上门巡诊等服务,推进"互联网＋医疗健康""互联网＋护理服务"。公立医疗卫生机构为老年人上门服务采取"医药服务价格＋上门服务费"收费,同时,推动中医药进家庭、进社区,为老年人免费接种流感、肺炎等疫苗,提高老年人家庭医生签约服务覆盖率。

《关于进一步促进养老服务消费 提升老年人生活品质的若干措施》提出,扩大养老服务供给,即全面推进智慧型家庭养老床位建设,持续推动助餐、助浴、助医等服务,支持开展老年认知障碍社区照护服务,支持设立社区老年用品、康复辅助器具展示和配置服务(租赁)站点。同时,不断创新"智慧＋"养老新场景,探索建设"智慧养老院",开发"养老服务电子地图",推动养老服务与物业、家政、医疗等行业融合发展。《2024年民政事业发展统计公报》显示,2021—2024年中央财政居家养老专项补助资金累计超500亿元。

② 地方政府政策支持

地方政府高度重视老龄居家康养服务业。北京市在2025年在"老老人"数量较多的区域新建50个养老服务中心,优化养老助餐点布局,老楼加装电梯完工600部,新建2000张家庭养老床位、200个农村邻里互助养老服务点。福建省印发《关于加快推进"福见康养"幸福养老服务体系建设的若干措施》,提出:2025年底前,省级支持建设不少于15个县级居家社区养老服务网络;建成不少于100个嵌入式养老服务机构;全省建成不少于1 000个长者食堂、10 000张家庭养老床位;为符合条件的特殊困难老年人免费安装应急呼叫设施等。

(2) 市场需求逐步扩大

随着人口老龄化程度的加深,我国老龄居家康养服务的市场需求将逐步增大。居家老年人对饮食服务和起居护理等基础生活照料需求,疾病管理、康复护理和医疗协助等医疗健康服务需求,社交娱乐、心理疏导等精神心理慰藉需求,辅助器具和智能家居设备等适老化产品需求,专业照护服务和喘息服务等长期照护需求,以及个性化定制需求将持续增长。近年来,我国居家康养服务市场规模已经超过5 000亿元,预计到2030年将达到1.5万亿元。居家养老服务的年均增长率约为15%～20%。截至2024年底,我国60岁及以上人口突破3.1亿,占总人口的22.3%,其中超5 000万失能半失能老年人依赖居家康养服务。根据估算,2025年失能半失能老年人居家康养服务需求将增长15%。

(3) 从业人员资质认证与培训制度完善

《居家养老上门服务基本规范》国家标准发布

针对居家养老上门服务,2023年9月我国发布并实施首个国家标准《居家养老上门服务基本规范》(GB/T 43153-2023),对服务组织和服务人员提出了总体要求,明确了生活照料、基础照护、健康管理、探访关爱、精神慰藉、委托代办、家庭生活环境适老化改造等服务内容,规范了咨询接待、老年人能力评估、签订服务协议、服务准备和服务实施等服务流程,以及服务评价与改进等内容。据统计,我国老龄居家康养服务业的从业人员超过了210万人。

(4) 老龄居家康养服务多元化

根据抽样调查结果显示:老龄居家康养服务业中,基础生活服务(助餐、保洁等)占比55%;医疗护理,包括术后康复和慢病管理服务,占比30%;精神慰藉服务,包括心理咨询和文化娱乐服务,占比15%。购买居家康养服务的家庭自费占比提升至45%,商业保险支付占比12%。据估算,2025年商业保险支付占比达到20%。

(5) 智能化技术应用日益广泛

据统计,目前我国老龄居家康养服务中,智能设备覆盖率超过35%,这一数据在快速增长。据估算,2025年智能设备的覆盖率为50%。智慧健康养老服务平台,集成了健康监测、紧急呼叫和远程医疗等功能,实时响应老年人需求。跌倒监测装置、燃气智能测漏仪等智能家居设备广泛应用,提升了居家安全性与便利性。

（6）老龄居家康养服务市场规模巨大

据统计，2021—2024年中央及地方在老龄居家康养服务方面累计投入超1 200亿元，2025年拟新增家庭适老化改造补贴，覆盖100万户。居家养老改革试点覆盖95%地级市区域，社区服务设施平均利用率提升至近80%。我国老龄居家康养服务业的总产值超过7 200亿元，复合增长率达到14%。

3. 老龄居家康养服务业面临的问题

（1）居家康养服务供给与需求不平衡

① 老龄居家康养服务需求规模巨大

目前，全国范围内选择居家养老的老年人占90%以上。北京市民政局的调研显示，北京市99%的老年人选择居家养老，入住养老机构的北京户籍老年人不足1%，其中85%以上为重度失能失智老年人。全市重度失能失智老年人大约有25.6万名，入住养老机构的大约3.3万人，87%以上的重度失能失智老年人还是选择居家养老。全市专业居家照护人员仅有6 000人，难以满足居家重度失能失智老年人的照护服务需求。解决居家重度失能失智老年人的照护服务问题已经成为主要矛盾的主要方面。

同时，部分居家康养服务的价格较高，超出普通家庭承受能力，使得一些有需求的家庭难以购买到高质量服务，特别是居家重度失能失智老年人的照护服务需求难以满足。而且，长期护理保险制度尚未全面覆盖，家庭承担养老服务费用的压力较大，除了保险支付外，尚无多元化的支付渠道和方法。据统计，目前家庭自费占比45%，商业保险支付仅12%，农村老年人自费能力更低。这就导致居家康养服务需求不能满足。

② 老龄居家康养服务供给严重不足

据统计，我国失能半失能老年人超5 000万人，需要专业护理人员600多万，但现在持证的专业养老护理员仅50多万人，从事一线养老服务的人员基本上为"40"或"50"人员，而且主要来自相对偏远的农村，专业人才缺口巨大。

居家康养服务内容单一。大部分社区仅能提供专业性不强的初级服务，大量社区日间照料中心等服务设施，实际上成为健康状况良好的、活力老年人的文化娱乐活动场所，而能够满足失能失智老年人照护刚需的相关服务供给严重不足。加之，行业平均利润率不足6%，小微机构生存率仅58%，依赖政府补贴勉强能够生存，这也导致了居家康养服务的供给动力不足。

（2）居家康养服务质量与规范需要提升

尽管2023年9月我国已经开始实施《居家养老上门服务基本规范》（GB/T 43153—2023）国家标准，但市场上居家康养服务质量参差不齐，服务质量总体较低。加之，居家康养服务的分散化特点，导致居家康养服务品质差异大，少数龙头供应商有标准和管理系统，能够落实国家标准，但很多小型供应商缺乏资金实力来进行标准建设，并培训居家康养服务人员。同时，一些居家康养服务企业缺乏完善的监督机制，存在服务不到位、偷工减料等问题，影响了服务质量。据统计，目前老龄居家康养服务业提供基础生活服务占比55%，康复护理等高附加值服务供给不足，农村地区服务单一化问题更加突出。政府在质量监督、管理平台建设方面也有待加强。

（3）居家康养服务专业人才严重短缺

根据中国老龄科学研究中心发布的《养老服务人才状况调查报告》，截至2023年，全国各类养老机构和设施总数已达40万个、床位820.6万张，养老服务队伍也在不断扩容，但从业人员主要由社会招聘而来，年龄多在41岁至55岁，文化水平普遍偏低。截至2023年，全国高校、高职、中职共开设养老相关专业布点4 000余个，按每个布点100个学生算，一年共约40万学生毕业。而根据规定，养老服务提供者与轻度失能及能力完好老年人的配比不能低于1∶10，专业人才不能满足市场需求。[①]

(4) 居家康养服务业政策落实不到位

尽管为了积极应对人口老龄化，国家顶层设计与政策大力支持老龄事业与产业发展，但老龄康养服务业处于快速发展阶段，而且区域间人口分布存在差异，导致居家康养服务业支持政策落实存在区域差异和效率较低问题。例如，2024年中央财政居家养老专项补助资金累计500亿元，但中西部县域人均补助仅为东部地区的43%，区域间资源配置需要进行统筹协调。不仅如此，全国仅62%的社区完成"15分钟服务圈"标准化建设。

(5) 居家康养服务业区域发展不均衡

① 城乡居家康养服务业发展不均衡

由于农村地区养老服务基础设施薄弱，养老观念、购买能力、公共投入等因素制约着行业发展，与城市相比，农村老龄居家康养服务供给严重不足，很多农村老年人难以享受到专业的居家养老照护、医疗康复和心理慰藉等服务。据统计，我国城市社区养老服务设施利用率达78%，而农村互助站点空置率超40%，标准化体系覆盖率不足50%。

② 城市间居家康养服务业发展不均衡

我国北上广深一线大城市和经济发达地区的居家康养服务业发展相对较好，服务种类和质量较高，但中小城市的居家康养服务业仍存在较大空白区域，在服务供给、资源配置等方面存在明显差距。

(6) 居家康养服务适老化与智能化需要提升

目前，我国家庭适老化改造存在短板。根据中国疾病预防控制中心数据，近四成跌倒发生在家中，老年人是跌倒的高发人群，说明在家庭环境安全保障等适老化改造方面还有很大提升空间。

老龄康养居家服务的智能化应用受到限制。虽然智能设备在养老领域有一定应用，但整体上智慧养老服务产业发展仍面临挑战，如智能设备成本高、操作复杂，老年人对新技术的接受程度有限，以及语音智能助手难以识别老年人的含糊表达与口音等问题，影响了智能化服务的推广和应用。据统计，目前智能设备覆盖率仅35%，农村地区不足15%，30%机构因数据安全顾虑延缓技术升级。

4. 老龄居家康养服务业的发展方向

(1) 居家康养服务政策支持加力

① 完善康养政策法规体系

加快制定养老服务法等相关法律法规，明确居家康养服务的法律地位、服务标准、监管机制等，为老龄居家康养服务行业企业发展提供强有力的法律保障。

② 加大财政金融政策支持力度

随着中国老龄化程度的加深，居家康养服务的供需结构失衡问题亟待解决，这就需要政府加大对居家康养服务业的财政投入，用于补贴居家适老化改造、家庭养老床位建设、养老服务人才培养等项目。同时，金融机构亦须创新金融产品和服务，为养老服务企业提供融资支持。

(2) 技术创新赋能居家康养服务升级

① 智能化监测广泛普及

针对老龄居家康养服务的刚性需求，普及居家老年人的智能化监测，尤其是智能手环等可穿戴设备、智能传感器等将广泛应用，实时监测老年人的心率和血压等生命体征、健康状况和日常活动。例如：通过智能

[①] 谢丹颖，林婧. 全国首批养老专业大学毕业生成为"香饽饽"——"朝朝"与"暮暮"，故事刚开始[OL]. (2024-12-11)[2025-05-28]. https://hznews.hangzhou.com.cn/kejiao/content/2024-12/11/content_8824528.htm.

手环实时监测血糖、血压,通过智能床垫监测睡眠质量和呼吸情况,一旦出现异常,能及时预警。通过智能床垫、排泄检测仪等设备自动采集健康数据生成照护计划,减少照护人员重复劳动,优化照护资源配置效率。

② 远程康养医疗服务

以现代通信技术为支撑,积极推动远程医疗常态化运行,社区嵌入式健康管理站整合医疗机构数据,实现远程问诊和电子病历共享。居家老年人可以通过视频与医生面对面进行交流,医生能根据老年人的症状和电子病历,进行诊断和开具处方,并可远程指导康复训练等,形成"轻量级养老"模式(见图5-1-2)。以此为城乡居家老年人提供远程医疗诊治、生活照护指导、慢性病管理等服务。

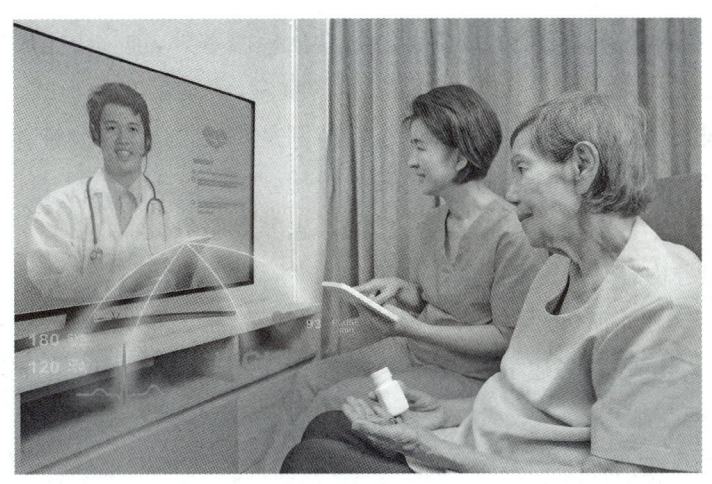

图5-1-2 医生为居家老年人提供远程医疗服务

③ 人工智能深度应用

利用人工智能技术,根据老年人的健康数据和行为习惯,动态调配社区医疗、护理资源;进行分析和预测,提前发现居家老年人的潜在健康风险,提供个性化的慢性病预防、康复护理、健康管理方案,实现数据驱动的居家康养服务优化。例如,利用基于人工智能技术的健康管理工具分析老年人的病史、生活习惯等数据,预测可能发生的疾病,并给出预防建议。同时,政府政策支持科技企业研发康复机器人、养老服务机器人、智能康养辅具等适老化产品,满足居家智慧康养服务需求。

(3) 创新老龄居家康养服务模式

① 深化智慧居家养老服务模式

利用物联网、大数据、人工智能等技术,开发更多智能适老产品和服务,如智能健康监测设备、远程医疗系统、智能安防系统等,实现对老年人健康状况和生活安全的实时监测与预警。开发建设智能家居系统,通过物联网技术联动居家安防、照明、温控等设备,支持语音控制家电、跌倒自动报警等功能,增强老年人的生活自主性与安全性,降低意外风险并提升生活便利。建设智慧康养云综合服务平台,实现24小时在线助餐、紧急呼叫等服务,精准匹配居家康养服务供需信息,缩短服务响应时间。

② 推行"物业+居家康养服务"模式

推行"物业+居家康养服务"模式,制定全国统一的"物业+居家康养服务"标准,明确服务内容、设施配置及专业人员资质要求。鼓励物业企业拓展居家康养为老服务功能,延伸物业管理链条,提供助餐、助浴、助洁、助行、助医、助急等服务,提升康养服务可达性。同时,政府需要不断完善财政补贴机制和税收优惠政策,支持特殊困难老年人家庭改造和社区康养设施设备的适老化改造。积极推广长期护理保险试点,减轻家庭经济压力,扩大普惠养老服务覆盖面。

③ 探索"时间银行"居家互助康养服务模式

建立"时间银行"居家互助康养服务机制,鼓励低龄健康老年人为高龄、失能、失智等有居家康养服务需求的老年人提供志愿服务,将服务时间存储起来,未来自己有需要时可兑换相应服务。

(4) 拓展老龄居家康养服务内容

① 强调医疗康养融合服务

积极推动医疗服务向居家社区延伸,支持医疗卫生机构为行动不便的居家老年人提供家庭病床、上门巡诊、慢性病管理、康复护理等居家专业医疗服务。支持社会力量开办社区护理站,开展社区和居家中医药健康服务。尤其是针对失能失智、空巢老年人开发定制化的医疗诊治、心理慰籍和临终关怀等服务包。

② 推动生活照料服务多元化

老龄居家康养生活照料服务在传统的助餐、助浴、助洁等服务外,进一步拓展生活配套服务内容。丰富老年助餐服务供给机制,因地制宜采取中央厨房、社区食堂、流动餐车等形式。发展老年人助浴服务,支持社区助浴点、流动助浴车、入户助浴等多种业态。特别是积极推广"15分钟养老服务圈",促进居家养老与社区服务深度融合,新建或改造社区嵌入式服务设施,如建立日间照料中心和为老服务助餐点等。积极推广长期护理保险试点,减轻家庭经济压力,扩大普惠养老服务覆盖面。

③ 丰富精神文化服务内容

增加老年教育培训、文化旅游、健身休闲等精神文化服务供给。聚集社区、康养机构和社会力量组织开展各类适合老年人的文化活动、兴趣小组、老年大学课程等,丰富老年人的精神文化生活。

(5) 推动康养产业链协同发展

① 康养产业链高度融合

推动养老服务与医疗卫生、健康管理、养老地产、老龄金融、老年文化旅游、老年教育等产业深度融合。推动"保险+康养""医疗+养老"等跨界合作,形成政府、医疗机构、社区资源的协同,构建多主体发力的居家康养服务网络。

支持保险机构开发与居家养老服务相关的保险产品,为老年人提供风险保障和支付支持。

② 形成居家康养产业集群

推动以居家康养服务为核心,整合上下游相关产业资源,打造涵盖老年用品研发制造、销售租赁、养老服务供给、健康管理、金融服务、文化旅游和老年教育等环节的完整产业链。

(6) 加强建设康养产业人才队伍

① 加强康养专业人才培养

针对老龄居家康养服务需求巨大,而供给严重不足的形势,尤其是居家康养的专业人员缺口巨大,需要优化职业教育智慧健康养老服务与管理专业、老年保健与管理、健康管理等专业设置,动态调整增设相关专业,推动院校与康养企业产教融合,共同培育智慧康养专业人才。

② 提升康养人才待遇与社会地位

完善人才激励政策,鼓励聘用取得职业技能等级证书的养老护理员,提高其薪酬待遇和职业发展空间。支持地方探索将行业紧缺、高技能的康养服务从业者纳入人才目录,在积分落户、市民待遇等政策范围,加以优待。

学生自评表

小组互评表

教师评学表

思考练习

1. 单项选择题

2. 简答题

(1) 简述中央及部委为推动老龄居家康养服务业发展采取的政策措施。

(2) 列举3个省级行政区加强老龄居家康养服务业发展的政策文件,并阐述主要支持内容。

(3) 分析在老年人居家照护中,需注意哪些安全与健康管理问题。

3. 拓展研究

(1) 分析我国老龄居家康养服务业未来发展的核心驱动因素与发展方向。

(2) 请扫码阅读《助浴"神器"送到社区卧床老人家中》,并走进社区,了解提供居家康养服务的内容与存在的问题,并给出合理化建议。

助浴"神器"送到社区卧床老人家中

项目二 老龄社区康养服务业

任务发布

上海亲和源老年社区

上海亲和源老年社区创新打造"家文化"康养模式。在生活照料上,依据老年人不同健康状况,提供独立生活、协助护理与专业护理服务。社区内设有先进的健康管理中心,专业医护人员运用精密设备,定期为老年人进行全面体检,从基础身体指标到慢性病跟踪,量身定制个性化健康计划。

社区组织丰富多样的兴趣课程。书法班中,老人们挥毫泼墨,切磋技艺;绘画班里,大家用色彩描绘晚年的美好。还有手工制作、音乐鉴赏等课程,全方位满足老人精神需求。亲和源老年社区积极营造邻里互动氛围,定期举办社区聚会,促进老年人交流,让他们在这里找到归属感,真正实现老有所养、老有所乐。

那么,我国老龄社区康养服务业发展得怎么样?老龄社区康养服务业包括哪些业态?老龄社区康养服务的内容有哪些呢？

请你完成以下任务——

任务一：社区康养服务模式研究与优化。参考现有社区养老模式（如"15分钟服务圈"），调查不同地区的社区康养服务现状，并提出优化方案。

任务二：查找"医养结合""物业＋养老""智慧养老"等新型社区康养模式的实施案例，并分析其优缺点。

任务三：结合政策趋势，设计一个面向未来的老龄社区康养服务发展方案，包括基础设施建设、智能化应用、服务体系优化、可持续运营模式，并涵盖短期实施目标（1～3年）和长期发展规划（5～10年）。

任务准备

任务分组表

任务准备单

知识链接

1. 老龄社区康养服务业内容和特征

老龄社区康养服务业是聚焦老年人这一特定群体，以社区为载体，整合医疗、养老、生活服务等资源，为老年人提供就近、便捷的综合性康养服务体系，涵盖医疗卫生、健康管理、文化娱乐、生活支持等功能，旨在为老年人提供一站式、综合性的康养服务，提升老年人的生活质量，让老年人安享晚年。

（1）特征

① 服务人员的专业性

老龄社区康养服务人员的专业性较强。专业医护人员具备扎实医学知识，能应对老年人常见疾病诊治与突发医疗状况；康养照护人员经专业培训，掌握了科学护理技巧与沟通方法；生活照料人员经过家政服务培训后，掌握了专门的家政服务技能。

② 服务内容的综合性

老龄社区康养服务业打破传统单一服务模式，将医疗保健、生活照料、文化娱乐、老年教育和社会参与等多个领域有机融合。老年人既能在社区内享受便捷医疗康复服务，又能获得贴心生活照顾，还能参与丰富的文化活动，全方位满足其生理、心理及社交需求，为社区老年人打造完整、优质生活体系。

③ 服务基础的社区化

老龄社区康养服务业发展的基础是社区。社区对老年人而言，是熟悉且充满归属感的空间。通过日间照料中心、助餐点开展康养服务，老年人无须离开熟悉环境，就能便捷获取医疗保健、生活照料、文化娱乐、老年教育等各类服务。社区周边配套设施亦能充分利用，进一步提升服务便利性与可及性，增强老年人生活舒适度与幸福感。

(2) 主要内容

① 社区康养生活照料服务

社区康养生活照料服务可以概括为"七助"。具体包括：助餐服务，即专业餐饮人员依老年人需求配餐，提供堂食及送餐上门服务；助浴服务，即配备适老化洗浴设施，护理员协助老年人安全洗浴；助洁服务，即清洁老年人房间与公共区域，提供衣物清洗服务；助急服务，即为老年人配备紧急呼叫设备，建立应急响应与转诊通道；助医服务，即日常监测老年人健康，协助就医并开展健康活动；助行服务，即建设无障碍设施，出租辅助器具并陪伴老年人出行；助乐服务，即组织多样兴趣课程与文化活动，促进老年人社交。

② 社区医疗保健服务

社区医疗保健服务主要包括：老年人定期体检服务，即社区定期为老年人进行日常体检，建立健康档案，早期发现潜在健康问题；疾病诊疗服务，即社区配备专业医生与基本诊疗设备，处理常见疾病，复杂病症可及时转诊；康复护理服务，即社区针对术后、慢性病康复老年人，提供专业康复训练计划与护理服务，帮助恢复身体机能。

③ 社区文化娱乐服务

社区老年教育服务。社区开设书法、绘画、陶艺、编织、插花等艺术创作类课程，设置诗词鉴赏、历史文化、旅游语言学习等文化知识类课程，以及开展养生保健和慢病管理等知识讲座，传授中医养生、运动健身的方法等健康养生类知识。

社区文化娱乐服务。社区定期举办歌舞表演、戏曲演出等文艺演出活动，邀请专业文艺团体或社区内有才艺的老年人进行表演。组织社区老年人到电影院观看经典老电影、热门影片和反映时代主题的影片。同时，社区也可以组织健康知识、生活常识、趣味历史等竞赛活动。

社会参与服务。社区在传统节日和历史发展重大时刻，举办主题派对、节日庆祝会。鼓励老年人基于兴趣爱好和特长加入合唱团、舞蹈队、摄影俱乐部等（见图5-2-1）。组织老年人参与关爱孤寡老人、环保公益活动等志愿服务。

图5-2-1 社区老年人演奏葫芦丝

2. 老龄社区康养服务业发展现状

(1) 政策扶持力度加大

① 顶层发展规划引导

《"十四五"国家老龄事业发展和养老服务体系规划》提出，到2025年，居家社区养老服务网络更加完善,社区养老服务设施覆盖率显著提高等目标。各地依据国家规划,结合自身实际,制定地方版的老龄社区康养服务发展细则,从土地利用规划、社区功能布局等方面,为老龄社区康养服务的落地提供政策依据,引导资源合理配置,推动老龄社区康养服务朝着规范化、体系化方向发展。

② 财政资金补贴支持

民政部、财政部联合实施居家和社区基本养老服务提升行动项目,中央财政通过专项转移支付,支持地方开展居家和社区养老服务工作。例如:对符合条件的社区养老服务机构,按其服务人数、服务质量等指标给予运营补贴,降低机构运营成本;对新建或改造老龄社区康养服务设施的项目,给予一次性建设补贴,减轻企业资金压力,吸引更多社会资本投入该领域,有效提升服务供给能力。据统计,2012—2021年,中央财政累计投入359亿元支持养老服务设施建设,社区养老服务基本覆盖城市社区和半数以上农村社区①。

③ 服务标准与规范建设

为提升社区康养服务质量,国家出台《养老机构服务安全基本规范》《社区老年人日间照料中心服务基本要求》等标准,从设施设备、人员配备、服务流程、安全管理等方面,对社区康养服务进行详细规定。各地以此为基础,进一步细化本地服务标准,建立服务质量评估机制,定期对社区康养服务机构进行检查评估,督促其按照标准提供服务,保障老年人享受优质、安全的康养服务。

(2) 市场主体积极布局

① 地产企业跨界融合

众多房地产企业看到了老龄社区康养服务的市场潜力,纷纷跨界转型。例如,万科推出"随园嘉树"等养老社区项目,凭借其在地产开发领域的优势,打造适老化居住环境。社区建筑采用无障碍设计,房屋内部配备紧急呼叫系统、智能健康监测设备等。在服务方面,与专业医疗机构合作,提供定期体检、康复护理等服务,还组织各类社团活动,让老年人在社区中找到归属感。远洋地产则通过旗下的远洋养老运营品牌,打造"椿萱茂"老年公寓,注重社区文化建设,营造温馨、互助的社区氛围。

② 新兴科技企业赋能

新兴科技企业为老龄社区康养服务业注入新活力。科技公司研发出智能穿戴设备、智能床垫等产品。智能穿戴设备可实时监测老年人的心率、血压、运动步数等健康数据,并上传至云端,一旦数据异常,系统立即向社区服务中心与老年人家属报警。智能床垫能监测老年人睡眠质量,分析睡眠周期,为老年人健康管理提供依据。这些科技产品与社区康养服务深度融合,提升服务效率与质量,改善老年人生活体验。

(3) 服务内容日益丰富

各地老龄社区康养服务内容不断拓展,涵盖生活照料、医疗保健、精神文化等多个维度。很多社区不仅提供助餐、助浴、助洁等基础生活服务,还开设书法、绘画、烘焙、编织、视频剪辑等兴趣课程,组织文艺演出、电影放映等文化活动,满足老年人的多元需求。但绝大部分社区康养服务供给总量存在不足,难以充分满足日益增长的老年人口需求。

3. 老龄社区康养服务业面临的问题

(1) 基础设施建设不足

我国大部分社区在规划建设时,未充分考虑养老服务需求,导致养老服务设施短缺。尤其是部分城

---

① 钱景童. 民政部:社区养老服务基本覆盖城市社区和半数以上农村社区[OL]. (2022-09-20)[2025-05-28]. https://news.cctv.com/2022/09/20/ARTI0ElJ87HxcYGsVxTNeuH5220920.shtml

市老旧社区,缺乏无障碍通道、适老化公共活动空间等。即使有部分养老设施,也存在面积狭小、设备陈旧的问题,难以满足老年人生活照料、医疗卫生、健康管理与文化娱乐等多样化活动需求。

(2) 服务供给不匹配

① 社区康养服务内容单一

目前,多数社区养老服务集中在基础生活照料,如助餐、助洁和助行等方面,而康复护理、心理咨询、法律援助、文化娱乐和老年教育等专业服务供给不足。随着老年人健康状况变化与精神需求提升,单一服务难以满足其全方位需求。

② 个性化服务普遍缺乏

目前,社区康养服务模式同质化严重,未充分考虑社区老年人的个体差异,如不同年龄、健康状况、兴趣爱好的老年人需求不同,现有服务无法精准匹配,降低了服务满意度。

(3) 专业人才严重短缺

① 社区康养服务人才总量不足

我国老龄化呈现加速且高龄化加剧趋势。根据民政部数据,我国失能半失能老年人超5 000万人。不仅如此,2000年我国80岁及以上人口为1 199.1万人,占比9.23%,到2022年升至4 020.2万人,占比达14.02%,预计2035年将达到7 682.5万人,占比17.67%,2050年约达1.18亿,占比25%。同时,独居空巢比例持续升高。数据显示,2000年65岁及以上独居老年人口规模为783.5万人,比例为8.9%,2020年规模增长到2 486.1万人,比例升至13.58%[1]。社区康养服务刚性需求巨大,而持证养老护理员、康复师、心理咨询师等岗位缺口率大,农村持证护理员更是严重不足。社区养老服务人力不足,服务质量难以保障。

② 社区康养服务人员专业素养不高

目前,社区康养服务人员主要是进城务工人员,而且基本上是"40"或"50"人员,素质参差不齐,多数未接受系统专业培训,缺乏康养护理、心理咨询等专业知识与技能。部分护理员仅能完成简单生活照料,面对复杂护理需求或老年人心理问题时束手无策。尽管院校的智慧健康养老服务与管理、老年保健与管理、健康管理等相关专业布点快速增多,但毕业生仍难以满足巨大的市场需求,人才培养速度滞后。

(4) 社区康养服务资金投入保障不稳定

① 政府资金投入不足

老龄社区康养服务产业在很大程度上具有公益性特征和社会性属性。社区康养服务项目建设初期需要大量资金投入基础设施建设和设备购置,需要大量的政府资金支持。但部分地区财政资金比较紧张,对社区康养服务的资金投入不足,无法建设适老化的设施设备和进行环境适老化改造,影响了社区康养服务的有效供给。

② 社会资本参与度较低

社区养老服务项目的基础设施建设和设备设施需要大量投资,加之运营阶段人力资本和服务成本持续消耗资金,尤其是受传统观念影响,部分老年人及家属对康养服务付费意愿低,服务收费受限致使项目盈利困难,资金回收周期长,制约社会康养服务行业发展。以社区食堂、日间照料中心为例,其平均利润率很低,这就导致社会资本投资意愿不强。即便有社会资本进入,也可能因运营困难,导致资金链断裂,影响社区康养服务的持续性。

---

[1] 王璐. 如何构建养老服务顶层设计的"四梁八柱"[OL]. (2022-09-20)[2025-05-28]. https://www.financialnews.com.cn/2025-03/03/content_419744.html.

(5) 社区康养服务业区域发展不均衡

区域经济发展水平、教育文化等非均衡性造成了老龄社区康养服务业发展的区域差异。我国东部经济发达地区凭借资金、政策优势，社区康养服务产业发展较快，设施完善、服务内容丰富。而欠发达地区则因资源匮乏，社区康养服务业发展滞后，服务供给有限。同时，城乡社区日间照料服务差异也比较大，城市社区养老服务相对完善，农村地区因人口分散、经济落后，养老服务设施与服务项目稀缺，老年人难以享受到优质康养照护、医疗卫生和心理慰藉等服务。

(6) 社区康养服务标准尚不统一

目前，尽管政府已经颁布了《养老机构服务安全基本规范》《社区老年人日间照料中心服务基本要求》，但老龄社区康养服务业缺乏全国统一、完善的行业标准。不同地区、康养机构服务内容、质量、收费差异大。服务质量评定无明确依据，导致市场混乱，消费者难以辨别优质服务，不利于行业健康规范发展。

4. 老龄社区康养服务业的发展方向

(1) 政策支持社区康养规模化发展

① 政策体系持续完善

党的二十届三中全会明确提出"培育社区养老服务机构"，为老龄社区康养服务业发展提供了顶层设计。从中央到地方，一系列扶持政策不断出台，涵盖规划、土地、财税、金融等多方面。例如，中共中央办公厅、国务院办公厅印发的《关于推进基本养老服务体系建设的意见》，明确支持养老机构运营社区养老服务设施。

② 财政资金支持加力

在"十四五"中央财政安排专项资金支持居家和社区养老服务提升行动项目的基础上，国家财政将继续大力支持社区康养服务业发展，加大财政补贴力度，对建设运营良好的项目给予资金支持，减免税收。同时，财政还将通过PPP模式，积极引入社会资本，实现政府与社会资本的合作。政府鼓励企业、金融机构投资老龄社区康养服务项目。在此背景下，社区康养服务机构将朝着规模化方向发展。通过连锁化、集团化运营，实现资源共享、降低成本，提升服务效率与质量。以江苏省为例，当地积极构建高质量"苏适养老"服务体系，统筹推进社区养老机构建设，使得全省养老服务供给能力显著增强。未来，老龄社区康养服务业将逐步走向规模化，实现产业发展的规模效应。

③ 人才培养体系逐步完善

政策支持康养专业人才培养体系建设。鼓励更多院校开设老年服务类专业，并根据市场需求优化课程设置，注重实践教学，培养出具备医学、护理、康复、心理等多方面知识与技能的复合型人才。

针对在职人员的培训实现常态化、规范化，通过定期培训、技能竞赛等方式，更新知识技能，提升从业人员专业水平，促进康养服务从基础生活照料向专业化、精细化照护转变，满足老年人多样化健康需求。目前，江苏省探索构筑学历教育、实习实训、职业培训"三位一体"的养老服务人才培养模式，还建立了养老护理职称体系。

(2) 科技赋能下的智慧康养新生态构建

① 推动智能设备普及化

在物联网、人工智能等技术推动下，智能穿戴设备走进千家万户。智能穿戴设备实时监测老年人的心率、血压、睡眠等健康数据，并通过无线传输技术将数据同步至健康管理平台。一旦数据出现异常，系统立即发出预警，通知家属及相关医护人员，实现疾病早发现、早干预。同时，室内智能监控设备能够监测老年人行动轨迹，预防跌倒等意外发生。智能机器人不仅能在养老社区承担消毒清洁、辅助移动等任务,还能陪老年人聊天,自动驾驶轮椅等。未来,智能设备将更加小型化、便捷化、智能化,与老年人日常生活深度融合,成为他们贴心的"健康管家"。

② 积极发展互联网医疗

大数据技术可整合老年人健康信息,为每位老年人建立精准健康画像,助力医疗机构制订个性化医疗方案。互联网医疗平台让老年人足不出户即可享受在线问诊、远程医疗咨询服务,打破地域限制,缓解看病难问题。在"养老服务+医疗"融合模式中,数字化技术提升了服务效能。社区康养机构与上级医疗机构通过信息系统互联互通,实现双向转诊,优化医疗资源配置。未来,远程医疗将更加流畅、高效,高清视频会诊、远程手术指导等复杂医疗服务有望在社区层面实现,让老年人在"家门口"就能获得优质医疗资源。

(3) 社区康养服务内容拓展与创新

① 社区健康服务体系建设

老龄社区康养服务以社区卫生服务中心为核心,构建集预防、治疗、康复、护理于一体的健康服务体系。社区康复中心提供物理治疗、运动康复、中医治疗等专业服务,并通过健康讲座、咨询等普及健康知识。社区家庭医生签约服务进一步将健康管理延伸至家庭,定期上门访视、监测老年人健康状况、提供个性化建议,如为失能老人定制"家庭床位+社区巡护"套餐。

社区康养机构与周边医院建立合作关系,开通绿色通道,确保急危重症患者及时救治。例如,一些地区试点的"医养结合联合体"模式,整合医疗与养老资源,为老年人提供连续性健康服务。通过完善医养康养融合服务链条,提升老年人健康水平与生活质量。

推动"时间银行"互助养老新模式,推动社区康养服务模式创新,尤其是社区有组织地开展低龄老年人就近为高龄老人或者失能失智老年人提供服务,激活低龄老年人服务潜能,增加社区康养服务供给。

② 文化教育服务内容丰富

在老龄社区中加大老年教育投入,开设各类老年大学课程,涵盖文化艺术、科学技术、健康养生、电子产品应用等领域,满足老年人终身学习需求。设计并组织丰富多样的文化活动,如文艺演出、书画展览、图书阅读等,为老年人搭建社交平台。结合各地文化旅游资源,设计"康养+文旅"项目,开发特色旅居产品,让老年人在旅行中领略不同地域文化,拓宽视野。通过丰富精神文化服务,让老年人拥有更加充实、有意义的晚年生活。

(4) 社区康养服务标准建设

政府相关部门联合行业协会,制定统一的老龄社区康养服务行业标准,涵盖社区康养服务内容、适老化设施配备、康养服务人员资质、收费标准等方面。建立严格监管机制,定期对社区康养服务机构和企业如日间照料中心等,进行检查评估,对不符合标准的机构,责令整改或依法取缔,规范市场秩序,提升社区康养服务质量。

任务评价

学生自评表

小组互评表

教师评学表

思考练习

1. 单项选择题

2. 简答题

（1）老龄社区康养服务业的定义是什么？
（2）老龄社区康养服务业的主要内容包括哪些方面？
（3）老龄社区康养服务业面临的主要问题有哪些？
（4）老龄社区康养服务业的发展方向是什么？
（5）政府在老龄社区康养服务业中扮演了什么角色？

3. 拓展研究

（1）查阅发达国家的互助养老新模式"时间银行"的经验做法，设计中国本土化的"时间银行"方案。
（2）请扫码阅读《社区养老服务优化研究——以上海亲和源社区为例》。了解社区康养服务的内容与模式创新，并结合智能技术发展提出建议。

社区养老服务优化研究——以上海亲和源社区为例

项目三 养老机构康养服务业

任务发布

泰康·燕园是泰康保险集团打造的大型高端持续照料型养老社区，位于北京昌平区。社区占地约14万平方米，地上建筑面积达30.9万平方米，可容纳约3 000个养老单元。其服务涵盖独立生活、协助生活、专业护理及记忆照护等。社区内设有康复医院，为老年人提供疾病治疗、康复护理等医疗服务，实现医养融合。泰康·燕园还开设多门兴趣课程，举办各类文体活动，丰富老年人精神生活。在硬件设施上，采用无障碍设计，配备紧急呼叫系统，保障老年人安全。凭借泰康品牌优势与高品质服务，吸引众多中高端老年客户，为行业提供机构养老优质范例，推动国内养老服务向专业、多元方向发展。那么，我国养老机构康养服务业发展的状况如何？作为重要养老方式，养老机构康养服务包括哪些内容？养老机构康养服务业未来的发展趋势是什么？

请你完成以下任务——

任务一：研究不同类型的养老机构，如公立养老院、民办护理院、高端康养社区的服务模式与运营机制，对比其优缺点。

任务二：收集全国或本地区养老机构的相关数据，包括机构数量、入住率、护理人员配比、床位供需情况等。通过数据分析，评估当前机构康养服务的现状、存在的问题，并提出基于数据的优化建议。

任务三：结合政策趋势、市场需求，分析我国养老机构康养服务业的发展方向。

任务准备

任务分组表

任务准备单

知识链接

1. 养老机构康养服务业的内容和特征

养老机构康养服务业是以专业养老机构为核心载体，整合医疗护理、康复保健、文娱教育等资源，为老年人提供集中居住和专业化全方位照料服务的全周期康养服务的产业，覆盖生活照护、健康干预、精神慰藉等全维度需求。

（1）主要内容

① 生活照料服务

养老机构生活照料服务主要是照顾老年人的日常起居，包括饮食供应、个人卫生护理、衣物洗涤、居住环境清洁等基础服务，确保选择机构养老的老年人生活舒适、便捷。例如，养老机构为行动不便的老年人提供专人协助起床、洗漱、用餐等服务。（见图5-3-1）

图5-3-1 老年人在养老机构享受专业服务

② 医疗护理服务

养老机构医疗护理服务主要包含老年人的健康监测、疾病预防与治疗、康复护理等内容。养老机构配备专业医护人员，为老年人建立健康档案，定期体检，及时发现和处理健康问题。尤其是一些具备医疗资质的养老机构能够为患有慢性疾病的老年人提供日常用药指导、康复训练等服务。

③ 健康管理服务

养老机构健康管理服务主要是通过营养咨询、运动指导、心理疏导等方式，促进老年人身心健康。例如，营养师根据老年人身体状况制订个性化饮食方案，康复师为老年人设计适宜的运动计划，心理咨询师帮助老年人缓解孤独、焦虑等不良情绪。

④ 文化娱乐服务

养老机构组织各类文化、体育、娱乐、手工制作等活动，丰富老年人精神生活。例如，养老机构开展书法、绘画课程，举办文艺演出，组织棋牌比赛，开展智能设备使用、非遗手工制作等活动，让老年人在娱乐中结交朋友，保持积极乐观的生活态度。

⑤ 社会参与服务

养老机构鼓励老年人参与社会活动，发挥余热。例如，组织老年志愿者服务团队，参与社区公益活动，或者为有意愿的低龄老年人提供再就业机会，让他们重新融入社会，为经济社会发展贡献力量。

(2) 特征

① 服务专业性强

养老机构拥有经过专业培训的护理人员、医护人员、康复师等，能针对老年人身体机能衰退、慢性疾病护理等复杂需求，提供专业照护与医疗服务，如熟练处理老年人常见的褥疮护理、进行康复训练指导等。

② 服务集成化

养老机构从日常的饮食供应、卫生清洁、衣物换洗，到疾病预防治疗、心理健康疏导、文化娱乐活动组织等，提供"一站式"全方位服务。老年人在养老机构内可满足生活的各方面需求，无须在医院、老年大学、社区等进行奔波。

③ 环境适配化

养老机构在建筑设计与设施配备上充分考虑老年人身体特点，设有无障碍通道、防滑地面、紧急呼叫系统、适老家具等，不仅为老年人打造安全、舒适、便利的居住环境，而且依托智能穿戴设备、远程诊疗系统等技术，实现健康数据实时监测与精准干预。尤其是，针对失能半失能老年人等不同群体需求，定制集中式服务场景。

④ 精神文化生活丰富

在养老机构里，众多老年人共同居住生活，提供社交机会，老年人可结交同龄人，参与集体活动，减少孤独感和寂寞感。尤其是，养老机构的文化娱乐活动内容多，老年人精神生活丰富，如一起参加合唱、手工艺制作、智能电子设备学习、观看经典电影等活动。

2. 养老机构康养服务业发展现状

(1) 政策支持养老机构发展

① 财政补贴政策

政府运用多种资金补贴形式，助力养老机构建设与运营。在建设补贴上，对新建、改建、扩建养老机构给予一次性资金支持。例如，部分地区按照每张新增床位 3 000～10 000 元不等的标准发放建设补贴，这大大减轻了养老机构前期基础设施建设的资金压力，鼓励更多社会资本投入养老机构建设。运营补贴方面,根据养老机构入住老年人数量、服务质量评估结果等因素,按床位给予每月一定金额补贴,一般在100~500元/床/月,确保养老机构日常运营资金充足,稳定机构康养服务供给。

② 土地优惠政策

为保障养老机构建设用地,政府在土地规划和出让上予以倾斜。对非营利性养老机构,采取划拨方式供地;营利性养老机构则可通过租赁、出让等有偿方式取得土地使用权,且在土地出让价格上给予一定优惠。一些城市专门划定养老服务设施用地红线,优先保障养老机构建设需求,从源头上解决养老机构发展的空间制约问题。

③ 税收优惠政策

养老机构享受多项税收优惠。在增值税方面,养老机构提供的养老服务免征增值税;在企业所得税方面,符合条件的非营利性养老机构收入,可作为免税收入,免征企业所得税。此外,在房产税、城镇土地使用税等方面,也有相应减免政策,降低养老机构运营成本,提高其发展积极性。

(2) 养老机构康养服务供给规模增加

① 养老机构总量规模增加

近年来,我国养老机构数量呈持续增长态势。根据《2023年度国家老龄事业发展公报》,截至2023年年底,全国共有各类养老机构和设施40.4万个,养老床位合计823万张。其中,注册登记的养老机构4.1万个,床位数517.2万张,其中护理型床位占比为58.9%;社区养老服务机构和设施36.3万个,社区养老服务机构和设施数量占全国养老服务机构设施数的90%以上,床位总数达到305.8万张。

养老机构和设施数量的增长反映出社会对养老服务重视程度的提升。各方力量积极投身老龄事业和产业,从侧面体现了养老服务需求的不断释放,刺激市场主体积极布局养老领域。众多新建养老机构在城市和农村地区落地,为老年人提供了更多的养老选择空间。

② 医养结合型服务供给增加

随着老年人对健康需求的提升,医养结合成为养老机构发展的重要趋势。目前全国约90%的养老机构通过与医疗机构签约合作、内设医疗机构等多种方式为入住老年人提供医疗卫生服务。截至2023年年底,全国养老服务机构与医疗卫生机构签约合作超过8.7万对,具备医疗卫生机构资质并进行养老机构备案的医养结合型机构达7881家、床位总数约200万张。一些养老机构内设医务室,配备专业医护人员,能为老年人提供日常健康检查、疾病诊疗、康复训练等服务。部分养老机构还与周边大型医院建立绿色通道,确保老年人在突发疾病时能得到及时救治。

③ 机构康养服务内容日益丰富

基于满足老年人的多元化需求,养老机构提供的康养服务内容日益丰富。主要涵盖:基本生活照料服务,包括饮食、起居、个人卫生等服务;医疗护理服务,包括基础医疗、康复护理和紧急救援等服务;康复保健服务,包括健康管理和中医保健服务等;文化娱乐服务,包括文化学习活动、娱乐活动等;心理慰藉服务,包括心理咨询服务和情感关怀服务等。

目前,许多养老机构设有文化娱乐室,组织老年人开展书法、绘画、唱歌、跳舞、棋牌等活动。还有一些养老机构定期举办文艺演出、外出参观等活动,让老年人走出机构,融入社会。

(3) 现代科技赋能养老机构发展

① 智能化管理系统提升运营效率

众多养老机构引入智能化管理系统,包括人员管理、物资管理、财务管理等多方面。在员工管理上,通过智能考勤设备与管理软件结合,精准记录员工出勤情况,合理安排护理人员排班,有效提升人力资源利用效率。物资管理系统能实时监控食品、药品、生活用品等物资库存,当库存低于设定阈值时自动预警,便于及时采购补充,避免物资短缺影响服务质量。财务管理软件则实现财务数据自动化处理、报表自动生成,提升财务核算准确性与效率,让管理者能更清晰掌握机构财务状况,进行科学决策。

② 智能健康监测设备保障老年人健康

一些高端养老机构应用智能手环、智能床垫等健康监测设备。智能手环可实时监测老年人的心率、血压、睡眠质量等生理指标,数据同步至养老机构管理平台,一旦指标异常即刻发出警报,护理人员能及时响应,为老年人提供必要医疗干预。智能床垫能监测老年人在床状态,判断是否发生坠床等意外情况,保障老年人在睡眠期间的安全。这些设备为养老机构提供24小时不间断健康监护,提升对老年人健康管理的及时性与精准性。

③ 信息化服务平台丰富服务内容

养老机构借助信息化服务平台,整合医疗、文化娱乐、生活服务等资源。通过平台,老年人可在线预约周边医疗机构的诊疗服务,平台自动对接医院信息系统,实现检查检验结果共享,方便医生诊断。在文化娱乐方面,平台提供线上课程、电子图书、文艺演出直播等丰富资源,满足老年人多样化精神文化需求。生活服务上,老年人能在线下单购买生活用品、预约上门维修等服务。平台整合周边商家资源,提供便捷生活服务,拓宽养老机构服务边界,提升老年人生活便捷度与满意度。

3. 养老机构康养服务业面临的问题

(1) 机构康养服务质量参差不齐

① 养老机构康养服务内容不全面

部分养老机构仅提供基础的生活照料服务,如饮食、起居照顾等,而对于康复保健、心理慰藉等专业性较强的服务涉及较少。例如,一些小型养老机构缺乏专业的康复设备和康复治疗师,无法为慢性病或术后康复的老年人提供系统的康复训练服务,限制了老年人身体机能的恢复。

② 养老机构康养服务标准不统一

目前,养老机构康养产业缺乏全国统一且详细的服务质量标准,不同地区、不同机构对服务的理解和执行差异较大。这导致在实际运营中,很难对养老机构的服务质量进行准确评估和监督。例如,对于护理人员的服务技能要求,有的机构要求护理人员仅能协助老年人进行简单的日常活动,而有的机构则要求护理人员具备一定的医疗护理知识,能应对常见的突发健康问题,这种差异使得消费者难以选择到合适的康养服务。

③ 养老机构康养服务质量不稳定

养老机构的康养服务质量易受人员流动、资金投入等因素影响。当护理人员离职率较高时,新入职人员可能因培训不足,无法迅速达到服务要求,导致服务质量下降。同时,资金短缺也可能致使机构无法及时更新设备、改善服务环境,进而影响整体服务水平。比如,养老机构因资金紧张,未能及时更换老化的洗浴设备,老年人在洗澡时存在安全隐患,且洗浴体验不佳。

(2) 机构康养服务专业人才缺乏

① 机构康养服务人才培养体系不完善

当前满足康养产业需求的专业教育资源相对匮乏,高校中开设老年护理、康复治疗等专业的数量有限,且课程设置与实际需求存在一定脱节。许多专业课程侧重理论教学,实践教学环节不足,导致培养出的学生实际操作能力较弱,难以快速适应康养机构的工作岗位。

② 机构康养服务行业职业吸引力较低

养老机构康养服务业企业工作强度大但薪资待遇相对不高,且社会认可度有待提升,导致从事该行业的专业人才较少。尤其是,护理人员不仅要承担日常的生活照料工作,还要关注老年人的身心健康,工作压力较大。

③ 养老机构康养服务业员工结构不合理

养老机构中,专业的医疗护理人员、康复治疗师、心理咨询师等严重短缺,而普通服务人员占比较大。这种不合理的员工结构,使得机构在提供高质量的康养服务时面临困难。例如,一些养老机构仅有少数几位护士负责医疗护理工作,面对众多患有慢性病、需要长期护理的老年人,难以提供精细化、个性化的医疗护理服务。

(3) 养老机构融资难度较大

① 养老机构资金投入规模大

养老机构康养服务业投资具有资金投入大,回报周期长的特点。建设和运营养老机构需要大量资金投入,包括场地租赁或建设、设施设备购置、人员培训等方面。然而,康养服务收费相对较低,且入住率可能受到多种因素影响,导致机构的资金回收缓慢,回报周期较长。例如,建设一家中高端养老机构,前期投资可能高达数千万元,而按照当前的市场收费标准,可能需要5~10年甚至更长时间才能实现收支平衡,给投资者带来较大的资金压力。

② 养老机构融资渠道较窄

目前,我国多数养老机构规模较小,缺乏有效的抵押物,难以从商业银行等金融机构获得足够的贷款支持。同时,社会资本对康养产业的投资相对谨慎,风险投资、股权融资等融资渠道在康养产业中的应用较少。这使得养老机构在发展过程中面临资金短缺的困境,限制了其规模扩张和服务升级。

③ 养老机构成本控制难度较大

随着人力成本、物价等不断上涨,养老机构的运营成本逐年增加。为保证服务质量,机构需要不断提高员工待遇、更新设施设备,但在收费不能大幅提高的情况下,成本控制成为难题。例如,近年来护理人员的工资逐年上涨,部分地区涨幅达到10%~15%,而养老机构为保持市场竞争力,收费标准仅能小幅调整,这使得机构的利润空间被压缩,运营压力增大。

(4) 养老机构设施建设不完善

① 养老机构设施布局不合理

由于一些养老机构在建设初期缺乏科学规划,设施布局不合理。例如:老年人居住区域与活动区域距离过远,不利于老年人参加活动;卫生间、浴室等公共设施的位置不方便老年人使用,增加了老年人在行走过程中的安全风险。此外,部分机构的无障碍环境建设不足,如没有设置轮椅坡道、扶手高度不符合标准等,给行动不便的老年人带来诸多不便。

② 养老机构设施设备需要更新

部分养老机构由于运营时间较长或资金投入不足,设施设备老化严重,无法满足老年人的需求。例如:一些养老机构的床铺、桌椅等家具陈旧,舒适度差;康复设备、医疗设备长期未更新,功能落后,无法提供准确的检测和有效的治疗。这不仅影响了老年人的生活质量,也降低了机构的服务水平。

③ 养老机构安全设施存在隐患

部分养老机构对安全设施的重视程度不够,存在安全隐患,如消防设施配备不足或维护不及时,疏散通道不畅通,监控设备覆盖范围有限等。在发生火灾、地震等紧急情况时,可能无法保障老年人的生命安全。据相关统计,老旧养老机构中,超过30%存在不同程度的消防隐患。

(5) 养老机构康养服务业区域差异较大

① 养老机构康养服务业东中西部发展差距明显

经济较为发达的东部沿海地区,养老机构康养服务业发展相对成熟。以江苏、浙江、上海等地为例,养老机构数量多、服务质量高、专业化程度强。在政策支持下,吸引了大量社会资本投入,民办养老机构发展迅速。例如,江苏省通过土地划拨、规费减免、贷款贴息等多种方式,鼓励社会资本投资兴办福利性、非营利性养老服务机构。在服务内容上，不仅涵盖基础生活照料，还在医疗康复、文化娱乐等方面提供多样化、个性化服务。许多高端养老机构引入国外先进养老理念和管理模式，打造高品质养老服务品牌。与此相对比，中西部地区养老机构康养服务业发展相对滞后。养老机构数量相对较少，尤其是民办养老机构发展受限，资金投入不足，导致服务设施陈旧、服务内容单一。同时，专业养老服务人才短缺，影响了服务质量提升。

② 养老机构康养服务业城乡发展水平差距大

城市养老机构在地理位置、交通便利性、医疗资源配套、服务内容和标准等方面具有明显优势，吸引更多老年人入住。而农村地区养老机构数量有限，多数为敬老院等公办养老机构，服务对象主要是农村五保老人等特殊群体。而且农村养老机构在基础设施建设、服务质量提升等方面面临诸多困难，如资金短缺导致设施更新缓慢，专业护理人员不愿到农村工作等。

4. 养老机构康养服务业的发展方向

(1) 增加养老机构康养服务供给

随着人口老龄化的加剧、政策的支持以及市场需求的不断增长，养老机构数量未来将继续增加。据预测，随着养老需求的扩张，中国养老机构的市场规模有望在2027年达到2581.2亿元，年复合增长率为3.9%，这也从侧面反映出养老机构在未来几年有一定的发展空间。[①]

《"十四五"国家老龄事业发展和养老服务体系规划》提出，2025年，养老服务床位总量达到900万张以上，养老机构护理型床位占比达到55%。据预测称，2026年我国养老机构床位数量将接近1000万张。长期来看，按照全国老龄工作委员会预测的老年人口数量，到2053年，即便只有3%的老年人选择养老服务机构，我国对养老机构床位数量的需求也将达1400余万张；若根据第四次城乡老年人生活状况调查显示15.2%的老年人有照料需求来测算，需求床位数量将达到7400万张。[②]

(2) 养老机构康养跨产业深度融合

① 数字化驱动医养深度融合

借助互联网医院平台，养老机构可实现老年人在线问诊、远程医疗咨询以及健康数据实时监测。例如，通过智能手环等设备，实时采集老年人的心率、血压等生理数据，并传输至医护人员的终端，以便及时发现异常并进行干预。同时，利用大数据分析技术，依据老年人的健康数据为其量身定制个性化医疗方案，涵盖疾病预防、慢性病管理等内容，提升医疗服务的精准性与有效性。

② 养老机构康养服务业与医疗产业深度融合

养老机构与医疗机构建立紧密合作关系，实现医疗资源共享。医疗机构为养老机构提供医疗技术支持，如：定期派遣医生到养老机构坐诊、查房，开展医疗培训等；养老机构为医疗机构提供康复护理等后续服务，接收医疗机构康复期的患者。双方通过双向转诊机制，确保老年人在患病时能够得到及时、有效的治疗，康复期能够得到专业的护理和康复训练。

③ 养老机构康养服务业与文旅产业深度融合

养老机构康养服务企业与文旅企业联合开发旅居养老产品，结合各地的自然风光、历史文化和民俗风情，为老年人提供特色旅居体验。例如，组织老年人到云南大理、广西桂林等地，在欣赏美景的同时，了解当地的文化习俗，参与传统手工艺制作等活动。这种融合不仅丰富了老年人的精神生活，还为

---

① 头豹研究院. 2025年养老机构市场规模预测及竞争格局分析[OL]. (2025-03-10)[2025-05-28]. https://weibo.com/ttarticle/p/show?id=2309405142663417692222.
② 常秉钊. 数字化改革赋能机构养老高质量发展[OL]. (2025-02-18)[2025-05-28]. https://www.cssn.cn/skgz/bwyc/202502/t20250218_5845056.shtml.

养老机构带来新的经济增长点。

④ 养老机构康养服务业与保险产业深度融合

保险行业依托长期稳定的资金流与风险管理经验,积极布局养老机构康养服务领域。中国人寿、中国平安、泰康保险和太平洋保险均投身于养老机构康养服务业。例如:太平洋保险在多个城市打造"太保家园"系列康养社区;中国人寿在全国26个重点城市布局养老养生项目,提供超万张养老床位;中国平安打造"平安臻颐年"项目,已在深圳、上海等城市落地。这些养老社区内配备高端医疗设施,引入专业医疗团队,提供从健康管理到疾病诊疗的全流程服务,同时设置丰富的文娱活动场所,满足老年人精神需求。

(3) 养老机构康养服务业融资多元化

随着商业银行、证券公司和基金公司等开发针对养老机构的特色金融产品,放宽贷款条件,降低融资门槛等金融政策的实施,并叠加税收优惠、财政补贴等财政政策,养老机构可以通过老龄金融创新、财政补贴、社会资本(PPP模式)等实现融资多元化。例如,金融机构推出以养老机构未来现金流为还款来源的贷款产品,解决机构抵押物不足的问题。金融机构为养老机构提供设备融资租赁服务,降低机构购买设施设备的资金压力。

(4) 养老机构康养服务精细化与个性化

① 养老机构康养服务个性化

养老机构依据每位老年人的身体状况、兴趣爱好、生活习惯等,为其提供个性化的康养服务。例如:对于爱好书法的老年人,组织书法兴趣班,邀请专业老师指导;对于患有糖尿病的老年人,制订低糖、营养均衡的专属饮食计划,并定期监测血糖变化,根据结果调整饮食和治疗方案。

② 养老机构康养服务精细化

养老机构未来将建立完善的服务质量管理体系,细化服务流程和标准。从老年人入住前的咨询接待,到入住后的生活照料、医疗护理、文化娱乐等各个环节,都制定详细的操作规范和质量考核指标。例如,规定护理人员为老年人洗澡的水温控制在38～40℃,洗澡时间控制在20～30分钟等,通过严格的管理确保服务质量的稳定性和可靠性。

(5) 智慧康养服务供给有效提升

① 智慧化设备广泛应用

养老机构广泛应用智能穿戴设备、智能家居系统、远程监控设备等。智能穿戴设备可实时监测老年人的健康数据,如心率、血压、睡眠质量等,一旦出现异常立即发出警报;智能家居系统可实现对老年人居住环境的智能控制,如自动调节室内温度、湿度,智能开关灯光等;远程监控设备可对老年人的生活状态进行实时监控,保障老年人的安全。

② 大数据与人工智能提高服务质量

养老机构利用大数据技术对老年人的健康数据、生活习惯数据等进行分析,为服务决策提供依据。例如,通过分析老年人的饮食数据,发现老年人的营养摄入问题,及时调整饮食方案。人工智能技术用于健康评估、疾病预测等方面,如通过人工智能算法对老年人的健康数据进行分析,预测老年人患某种疾病的风险,提前采取预防措施。

(6) 智慧康养服务标准化建设加快

未来,国家和行业将制定更加统一、详细的康养服务质量标准,涵盖服务内容、服务流程、服务质量评估等各个方面。养老机构将按照标准进行服务运营,监管部门依据标准进行监督管理,消费者也可根据标准选择合适的康养服务,促进整个行业的健康发展。

学生自评表

小组互评表

教师评学表

1. 单项选择题

2. 简答题

（1）养老机构康养服务业的定义是什么？
（2）养老机构康养服务业的主要特征有哪些？
（3）简述养老机构康养服务业面临的主要问题。
（4）养老机构康养服务业的发展方向有什么？
（5）在养老机构康养服务业的技术应用与模式创新方面，有哪些具体的例子？

3. 拓展研究

（1）调查、了解一家保险公司开发的养老社区，梳理其服务体系，撰写调查报告。

（2）请扫码阅读《2025年中国养老机构行业现状与趋势分析》，了解我国养老机构康养服务内容与未来的发展趋势，并进行小组讨论。

2025年中国养老机构行业现状与趋势分析

模块六

老龄文旅服务业

模块导读

随着我国老龄化进程加速，3.1亿银发群体正成为文旅市场的重要力量，老龄文旅服务业作为银发经济的关键板块，2016年至2020年间，年均增长速度达到23%，迎来了前所未有的发展机遇。《"十四五"国家老龄事业发展和养老服务体系规划》明确提出，鼓励发展老年旅游、文化娱乐等服务业。2025年商务部、文化和旅游部等9个单位联合印发的《关于增开银发旅游列车促进服务消费发展的行动计划》提出，到2027年构建覆盖全国、线路多样、主题丰富、服务全面的银发旅游列车产品体系，银发旅游列车服务标准体系基本建立，形成一批主题旅游列车品牌，银发旅游列车开行数量、旅客运输量较2024年实现较大幅度增长。老龄文旅服务业具有"安全、舒适、社交、定制"四大核心特点，以提升老年人生活质量为目标。海南"候鸟式"康养、四川青城山康养小镇、上海长者旅游专列等典型案例，形成"旅游＋康养""文化＋养老"等老龄文旅服务创新模式。本模块介绍老龄文旅服务业的发展状况与发展战略。

模块目标

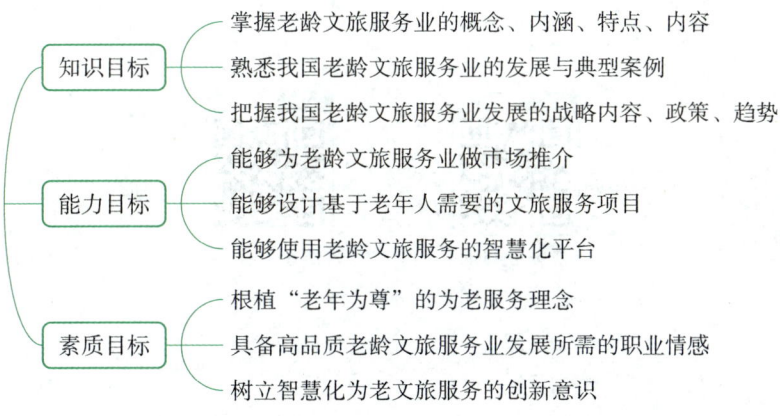

- 知识目标
  - 掌握老龄文旅服务业的概念、内涵、特点、内容
  - 熟悉我国老龄文旅服务业的发展与典型案例
  - 把握我国老龄文旅服务业发展的战略内容、政策、趋势
- 能力目标
  - 能够为老龄文旅服务业做市场推介
  - 能够设计基于老年人需要的文旅服务项目
  - 能够使用老龄文旅服务的智慧化平台
- 素质目标
  - 根植"老年为尊"的为老服务理念
  - 具备高品质老龄文旅服务业发展所需的职业情感
  - 树立智慧化为老文旅服务的创新意识

模块导图

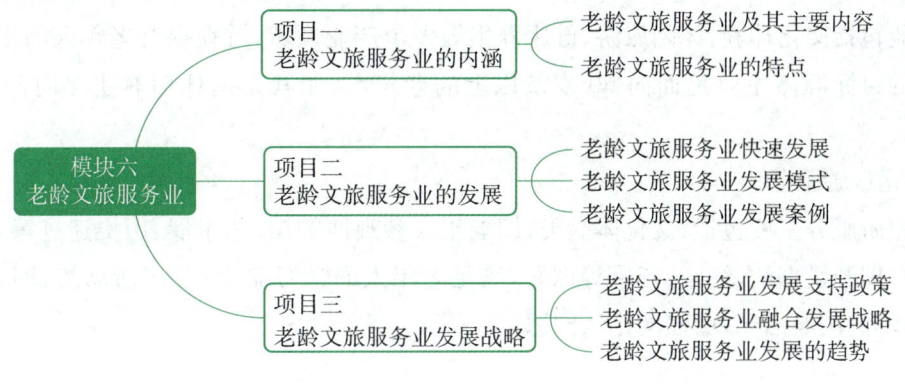

- 模块六 老龄文旅服务业
  - 项目一 老龄文旅服务业的内涵
    - 老龄文旅服务业及其主要内容
    - 老龄文旅服务业的特点
  - 项目二 老龄文旅服务业的发展
    - 老龄文旅服务业快速发展
    - 老龄文旅服务业发展模式
    - 老龄文旅服务业发展案例
  - 项目三 老龄文旅服务业发展战略
    - 老龄文旅服务业发展支持政策
    - 老龄文旅服务业融合发展战略
    - 老龄文旅服务业发展的趋势

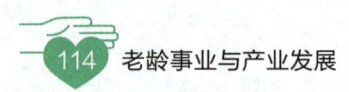

项目一 老龄文旅服务业的内涵

任务发布

随着老年人消费能力提升,近年我国老龄文旅服务业快速发展,在银发经济和消费刺激等多重因素的推动下,市场规模扩大,服务内容多样化,产业链不断完善,科技赋能,呈品牌化发展。在中国的旅游市场中,银发群体正逐渐发展为关键的旅游客源,并且这一现象很明显。依据2023年的调查数据,60岁及以上的银发旅游者人数已经达到11.6亿人次,在国内旅游总人次中占比高达20.6%,这一数据不仅凸显了老年群体在旅游市场中的重要地位,而且也表明了他们对于参与旅游活动的积极态度以及对提升生活品质的不懈追求。那么,究竟什么是老龄文旅服务业?老龄文旅服务业有哪些内容和特点?

请你完成以下任务——

任务一:理解老龄文旅服务业概念、内涵。

任务二:阐述老龄文旅服务业的内容和特点。

任务三:设计老龄文旅服务需求调查问卷,深入社区和养老机构进行调查,进行数据分析,为社区和养老机构提供报告。

任务准备

任务分组表

任务准备单

知识链接

1. 老龄文旅服务业及其主要内容

老龄文旅服务业是指针对老年人个体及群体社会参与和体验需求设计的文化旅游活动和服务产业。老龄文旅服务业包括文化体验、休闲旅游、健康养生等多个产业领域,旨在提升老年人的生活质量和幸福感。老龄文旅的目标群体主要是面向60岁及以上的老年人,尤其是退休后有更多时间和支付能力的人群。

① 老龄文化旅游服务

老龄文化旅游服务主要包括:文化体验类,即老年人参观博物馆、艺术展、历史遗迹等,丰富其文化生活;文化学习类,即开设书法、绘画、音乐等课程,满足老年人的学习需求;节庆活动类,即策划传统节日,如春节、重阳节等的庆典活动,增强文化认同感。

② 老龄休闲旅游服务

老龄休闲旅游服务主要包括三类：观光类服务提供适合老年人的旅游线路，注重舒适与安全；康养旅游类服务是结合健康管理，提供温泉疗养、森林康养等服务；定制旅游类服务是根据老年人需求，提供个性化旅游方案。

③ 健康养生服务

老龄健康养生服务包括三类：健康管理类服务提供体检、健康咨询等服务，关注老年人健康；养生服务类服务提供中医养生、食疗等课程，推广健康生活方式；康复护理类服务为有康复和护理需求的老年人提供相关服务。

④ 老龄社交娱乐服务

老龄社交娱乐服务主要有三类服务，即社交活动服务、娱乐设施类服务、志愿服务类服务。社交活动服务是组织兴趣小组、社区活动，促进老年人社交；娱乐设施类服务即提供棋牌室、舞蹈室等，丰富老年人娱乐生活；志愿服务类服务是鼓励老年人参与志愿服务，提升社会参与感。

⑤ 老龄智慧文旅服务

老龄智慧文旅服务主要包括三类服务，即智能设备类服务、在线服务、虚拟旅游服务。智能设备类服务是为老年人提供智能手环、健康监测设备等，提升老年人文旅游质量；在线服务包括提供在线旅游预订、健康咨询等便捷服务；虚拟旅游服务包括通过 VR 等技术，让老年人足不出户体验旅游。

⑥ 旅居养老服务

旅居养老服务是为在常住地域以外的城镇旅行并居住，并且单次旅居时间超过 15 日的老年人提供各类适老服务，以满足旅居养老服务需求。旅居生活隶属旅游活动的范畴，往往是在外地停留较长时间的旅游活动。

鉴于本项目旨在介绍老龄文旅产业情况，后文"老龄文旅服务业"主要针对老年人文旅游、休闲旅游、旅居等旅游相关的服务，公益性的老年活动不在讨论范围内。

2. 老龄文旅服务业的特点

① 过程安全性

由于老年人群体具有身体和心理上的特殊性，老龄文旅服务必须注重行程安排和设施的安全，配备专业医护人员和安全员，保证文化旅游活动全过程的安全性。

② 体验舒适性

相较于年轻人，老年人体力相对较弱，考虑到老年人的体能和进行文旅活动目的，无论是旅游，还是组织参加文化活动，都要为他们提供节奏舒缓的行程、活动安排。旅途中，需要为他们提供舒适的住宿和交通，注重过程体验和老年人之间的交流。

③ 设计社交性

随着年龄增长，老年人对社交的需求愈发重要，良好的社交性设计不仅能丰富他们的文旅活动体验，还能增强其心理健康和社会归属感。这就需要老龄文旅服务的设计充分满足老年群体在旅游和文化活动中对人际交往、情感连接和社会参与需求。

④ 定制个性化

老年群体旅游和文化活动需求具有多样化、差异化特点，老龄文旅服务通过精准的服务设计，满足老年人基于身体状况、兴趣爱好、消费能力、文化背景等方面的个性化需求。这种定制化服务不仅能提升老年人的文旅活动体验，还能增强他们的满意度和忠诚度。

**任务评价**

学生自评表

小组互评表

教师评学表

**思考练习**

1. 单项选择题

2. 简答题

（1）简述老龄文旅服务业的概念。
（2）简述我国老龄文旅服务业的内容。
（3）结合我国人口老龄化发展，预测未来老龄文旅服务的新需求。

3. 拓展研究

（1）查阅资料，从人工智能、大数据、定位导航等数智化技术应用发展，分析未来老龄文旅产业的优势。
（2）请扫码阅读《中国老人旅居康养现状、特征与趋势》，分析我国老龄文化旅游服务业发展的前景，撰写研究性报告。

中国老人旅居康养现状、特征与趋势

项目二　老龄文旅服务业的发展

任务发布

随着我国社会经济的持续发展，老年群体的可支配资产及收入水平显著提升。相较于以往，当代老年群体的消费内容已逐渐由传统的生活必需品转向更为多元的领域，包括文化娱乐、健康养生以及智能化产品等。在此过程中,老年群体的核心需求也在经历转变,从基本的生存和生理需求,过渡到更为关注健康和情感层面的满足。Ageclub的数据显示,在中国老年群体的消费结构中,旅游休闲活动占据了主导地位,占比高达57.0%。这一数据不仅凸显了旅游休闲在老年消费群体中的重要性,也反映了老年旅游市场对于旅游业的巨大潜力和发展空间。那么,我国老龄文旅服务业发展的状态怎么样?有哪些典型的老龄文旅案例?

请你完成以下任务——

任务一:理解我国老龄文旅服务业快速发展的态势。

任务二:熟悉我国老龄文旅服务业典型案例,并分析其特色。

任务三:通过查阅资料,阐述我国老龄文旅需求主要有哪些。

任务四:结合老年人文旅游需求,设计老年人文化旅游方案。

任务准备

任务分组表

任务准备单

知识链接

1. 老龄文旅服务业快速发展

(1) 老龄文旅服务业市场需求规模大

据统计,2016—2020年,中国老年文旅消费年均增速达23%,2021年老年文旅消费超7 000亿元。据估算,"十四五"末老龄国内旅游收入将达1.14万亿元。2024年1—9月份,50岁及以上银发人群旅游订单同比增长26%,高于其他年龄段人群,其中61—65岁是增速最快的银发群体,同比增速达58%。相关预测显示,17.6%的中老年群体每年旅游3次及以上,40.8%的中老年人每年旅游1~2次。银发族普遍倾向于错峰出游,节后淡季成为他们的主要出行时间,2024年国庆后一周,50岁及以上银发人群旅行订单预订量较2023年同期增长近两成。

2025年,商务部、文化和旅游部、国家发展和改革委员会等9单位联合印发了《关于增开银发旅游列车 促进服务消费发展的行动计划》,提出到2027年,构建覆盖全国、线路多样、主题丰富、服务全面的银发旅游列车产品体系,银发旅游列车服务标准体系基本建立,形成一批主题旅游列车品牌,银发旅游列车开行数量、旅客运输量较2024年实现较大幅度增长。

(2) 老龄文旅服务消费能力提升

与照护、助餐、助急、助医等养老服务刚性需求不同,随着经济发展和社会保障体系的完善,老年人消费能力显著增强,老年人对于老龄文旅服务的消费观念也从"节俭型"向"享受型"转变,老年人更愿意为健康、文化、旅游等服务付费(见图6-2-1)。各地方宣传地方旅游特色和产品,政府积极推动老龄文旅服务业发展,通过资金支持、税收优惠等措施鼓励企业参与,以吸引来自全国的银发消费群体前来旅游,刺激和带动本地经济的发展。

图 6-2-1 老年人享受旅游好时光

(3) 老龄文旅产业跨行业深度融合

老龄文旅产业融合是指将文化、旅游与养老服务相结合,满足老年人日益增长的精神文化需求。随着人口老龄化加剧,老年群体对健康、休闲、文化体验的需求不断提升,文旅产业通过开发适老化产品和服务,如康养旅游、文化体验、研学旅行等,推动产业升级。这一融合不仅丰富了老年人的生活,还促进了地方经济发展,带动了相关产业链的延伸,如健康管理、文化创意等。同时,政府政策支持和社会资本投入也为老龄文旅产业融合提供了保障,助力构建多层次、多元化的服务体系。老龄文旅服务业将与医疗、保险、房地产等行业进一步融合,形成更加完善的产业生态。例如,"旅游+康养""文化+养老"等模式将成为主流。数据显示,我国老年群体对于历史文化浓厚、自然景观优美相结合的景点具有更高兴趣度。依托丰富的自然资源和文化底蕴,老龄文旅服务业将康养旅游与文化旅游紧密结合,形成了"候鸟式"康养旅游、"康养休闲小镇"、"文化体验"、"长者旅游专列"、"儒家文化"体验、"长寿养生"旅游和智慧旅游等多元文旅康养服务模式。携程数据显示,九寨沟、梵净山、武当山、三清山、灵山大佛等景区的银发人群旅游热度非常高。

(4) 老龄文旅产业科技赋能加速

① 人工智能促进文旅服务创新融合发展

随着老龄化社会的加速到来,满足老年人日益增长的精神文化需求成为重要课题。科技赋能老龄文旅产业,为破解这一难题提供了新思路。新时期人工智能、大数据、云计算等前沿技术将进一步与文旅行业有机结合,创新融合发展,产生新的发展方向,包括利用大数据、人工智能等技术,为老年人提供个性化旅游路线推荐、智能语音导览、无障碍设施导航等服务,提升旅游体验。

② 新技术推动沉浸式文旅服务体验

借助 VR/AR 技术,打造沉浸式文旅体验,让行动不便的老年人也能"身临其境"感受历史文化、自然风光。开发适老化文旅 APP、小程序,提供线上预订、文化讲座、互动交流等功能,打破时空限制,丰富老年人的精神文化生活。科技赋能老龄文旅产业,不仅能够提升老年人的生活品质,还能促进银发经济发展,具有重要的社会和经济意义。

③ 科技赋能适老化文旅服务产品开发

充分利用科技研发和新技术应用,开发更多适老化文旅产品和服务,让科技真正成为老年人享受美好生活的助力。智能设备和数字化服务将进一步普及,提升老年人的生活便利性和幸福感。

（5）老龄文旅服务业国际化发展

我国老年群体旅游意愿强烈，消费能力不断提升，银发旅游市场持续升温。越来越多的中国老年人选择出境游，或是乘坐邮轮去世界各地旅游，或是到海外体验旅居结合式度假，为我国老龄文化旅游服务市场带来了新增量。随着我国持续深化养老、旅游等领域开放，国内旅游企业积极开展国际合作，我国老龄文旅服务业将开展更多的国际业务。

同时，随着国内外康养旅游产业交流合作的加深，国际品牌纷纷进入中国市场，带来了先进的理念、技术和服务模式。国外的旅行产品，也将带来模式经验。欧洲以健康疗养和文化体验为主导，如，瑞士的康养旅游和法国的文化之旅；日本通过精细化服务推出"银发旅游"，结合温泉、养生和文化体验。这些模式、服务细节，都将为中国老龄文旅服务业带来新思路。

2. 老龄文旅服务业发展模式

（1）老龄旅居养老模式

老龄旅居养老模式是将养老与旅游深度融合，老年人在不同地区的旅居养老目的地短期居住，享受当地的自然环境、文化氛围和适老服务。比如，海南三亚、云南西双版纳、四川攀枝花、广西巴马等是首批旅居养老目的地。各地纷纷出台相关规划，推动养老与医疗、旅游、文化等多业态融合，提供全生命周期旅居养老产品，建设老年友好型旅居环境，提升异地旅居养老便利性，解决"数字鸿沟"问题，以满足老年人多层次、多样化的养老服务需求。

（2）老龄游学康养模式

老龄游学康养模式是集旅游、学习、社交、休闲、娱乐于一体，满足老年人精神文化消费需求。目前，一些平台和企业积极发展这种模式，如红松平台，组织老年人游历各地风景区和文化艺术地标，游学主题丰富多样。通过提供零购物团、专人全程帮助、高额保险等服务，为老年人打造更符合其需求的游学服务体系。

（3）银发旅游列车模式

银发旅游列车模式充分发挥铁路运输安全、舒适、准时的优势，采用"一线多点"的运营模式，将分散的旅游资源有机串联。列车从车厢设计到服务设施都进行全方位适老化改造，配备专业医疗团队和护理人员，提供健康监测、用药提醒等服务。旅游线路设计充分考虑老年人身体状况，合理安排行程节奏，并提供个性化服务方案。

（4）老龄康养旅游模式

老龄康养旅游模式把旅游业和"大健康"产业结合，包括"康"模式，即"医疗＋旅游"模式和与"养"模式，即"养生＋旅游"模式。基于这两种模式，结合国内老龄化及医疗水平参差不齐的社会背景，进一步衍生出养老及养生旅游的概念，以及各类老年之家、疗养小镇等具体产品。各地根据自身资源特色，推出不同的康养旅游产品，如东部地区康养产业基础好，发展海滨休闲度假、都市近郊田园体验、文化旅居等康养服务业，东北地区利用冰雪资源发展医养旅游和运动康养，中部地区以文旅康养为突破，西部地区则以纯粹资源康养为主导。

（5）老龄自助旅游模式

老龄自助旅游模式是随着老年人消费观念的转变和身体状况的改善，一些具备一定经济实力和自主能力的老年人选择自助游。他们根据自己的兴趣和时间安排行程，自由选择旅游目的地、交通方式和住宿。一些旅游平台也为老年人提供了丰富的自助游产品和服务信息，帮助他们更好地规划行程。同时，一些老年群体还会通过摄影、骑行、轮滑、登山等方式，深度体验旅游目的地的文化和风景。

3. 老龄文旅服务业发展案例

(1) 海南"候鸟式"康养旅游服务模式

海南依托得天独厚的自然环境和气候条件,大力发展康养旅游,吸引了大量老年人前来度假和疗养。结合温泉、海滨等资源,提供健康疗养服务。同时,建设了一批高端养老社区和康养基地,如三亚海棠湾康养中心。推出"候鸟式养老"模式,老年人可在冬季到海南避寒疗养。海南已成为国内知名的老年康养旅游目的地,年接待老年游客数量持续增长。

(2) 四川青城山"康养休闲小镇"服务模式

青城山依托道教文化和自然资源,打造集康养、旅游、文化于一体的康养小镇。青城山道家文化养生游线路,让游客参与太极拳、道家药膳制作、中医养生等课程,感受道家养生文化。同时,配套康养服务设施,都江堰景区周边康养酒店提供中医理疗、温泉疗养等服务,使游客在游览古迹后能享受全方位康养体验。

(3) 上海"长者旅游专列"模式

上海推出专门为老年人设计的旅游专列,提供舒适、安全的旅游体验。专列配备医疗人员和护理设施,保障老年人健康。设计适合老年人的旅游线路,如漫游古镇、文化探访等。提供全程贴心服务,包括餐饮、住宿、导游等。长者旅游专列受到老年人的广泛欢迎,成为上海老龄文旅服务的亮点。

(4) 山东曲阜"儒家文化"体验模式

曲阜依托儒家文化资源,推出针对老年人的文化旅游体验项目。尼山圣境坐拥千年儒家文化和标志性孔子像,近年来不仅推出了《金声玉振》、尼山圣秀、明礼小剧等演出,还设置了丰富多彩的研学游。这种模式一方面组织老年人参观孔庙、孔府、孔林,了解儒家文化。另一方面,开设国学课程,讲授《论语》《孟子》等经典著作。举办传统文化活动,如祭孔大典、古礼体验等。曲阜成为老年人文化体验的热门目的地,提升了老年人的文化素养。

(5) 广西巴马"长寿养生"旅游模式

广西依托长寿文化资源禀赋优势和巴马"世界长寿之乡"的品牌,联合巴马东兰、凤山、天峨、都安、大化等六个县,全面开发特色长寿养生文化,深度挖掘长寿核心旅游资源价值和特色,优化旅游区发展的空间布局、旅游产品规划等,提供饮用长寿水、体验自然疗法等健康养生服务,组织老年人参与长寿文化节、健康讲座等活动。构筑以养生度假为主体功能的旅游开发建设体系,尤其是巴马长寿养生国际旅游区是集长寿养生、生态观光、休闲度假、民俗体验、康体疗养、文化探秘、瑶医保健等多功能于一体的综合性示范区,并成为世界知名、全国一流的国际旅游目的地、世界长寿养生科学研究中心和国际长寿养生文化交流中心。

(6) 云南省旅游"综合服务平台"模式

云南省为了促进老龄文旅服务业发展,面向游客端的旅游综合服务平台"游云南"APP上线了"长辈模式",通过优化界面、简化程序、增大字体等方式,更好满足老年人的实际上网需求。同时,着眼应用数据分析,聚焦常用功能:针对老年群体对辨识花草功能使用率较高的特点,为其在游玩中提供拍照辨识植物的服务;针对老年群体在线投诉和在线退货操作流程多的问题,提供电话投诉和退货方式,方便其一键拨号;紧急呼救功能帮助老年用户快速识别准确位置,实现快速求助。

学生自评表

小组互评表

教师评学表

思考练习

1. 单项选择题

单项选择题

2. 简答题

（1）简述老龄文旅服务业新发展方向。
（2）简述我国老龄文旅服务项目设计的影响要素。
（3）简述文化旅游资源优势对老龄文旅服务业发展的影响，并举例说明。

3. 拓展研究

（1）查阅资料，提出建立老年人旅游良好生态环境的对策建议。
（2）请扫码阅读《国务院办公厅关于进一步激发文化和旅游消费潜力的意见》，查阅本地区激发文化和旅游消费潜力的典型做法，并运用统计数据进行分析，形成分析报告。

国务院办公厅关于进一步激发文化和旅游消费潜力的意见

项目三　老龄文旅服务业发展战略

任务发布

2021年，我国老年旅游市场规模达7 000亿元，粗略估算2025年老龄国内旅游达1.14万亿元。国家出台《"十四五"国家老龄事业发展和养老服务体系规划》，明确提出鼓励发展老年旅游、文化娱乐等服务业。我国老龄文旅服务还存在产品种类单一，缺乏深度体验和文化内涵的问题。此外，适老化设施尚不完善，专业服务人员匮乏，难以满足老年人多样化需求。同时，存在低价竞争、虚假宣传、损害老年人权益等诸多问题。在发展战略上，应加大鼓励开发符合老年人需求的文旅产品，如康养旅游、文化体验、研学旅行等，注重参与性和互动性；完善适老化设施，加强专业人才培养，提供个性化、精细化服务；充分利用大数据、人工智能等技术，提升服务效率和质量，开发智慧文旅产品；打造具有影响力的老年文旅品牌，提升市场竞争力；完善相关政策法规，加强市场监管，营造良好发展环境。随着老龄化加剧和消费升级,老龄文旅服务业将快速发展。那么,我国老龄文旅服务业的发展战略是什么?政策支持有哪些?未来我国老龄文旅服务业的发展趋势怎么样?

请你完成以下任务——

任务一:理解我国老龄文旅服务业发展的战略内容。

任务二:熟悉我国老龄文旅服务业支持政策。

任务三:通过查阅资料,思考智慧科技在老龄文旅服务领域的应用发展。

任务四:结合老年人文旅游学需求,分析未来老龄文旅服务发展趋势。

任务准备

任务分组表

任务准备单

知识链接

1. 老龄文旅服务业发展支持政策

(1) 老龄文旅服务业发展的宏观战略

《国务院关于促进旅游业改革发展的若干意见》提出,大力发展老年旅游。结合养老服务业、健康服务业发展,积极开发多层次、多样化的老年人休闲养生度假产品。规划引导各类景区加强老年旅游服务设施建设,严格执行无障碍环境建设标准,适当配备老年人、残疾人出行辅助器具。鼓励地方和企业针对老年旅游推出经济实惠的旅游产品和优惠措施。抓紧制定老年旅游服务规范,推动形成专业化的老年旅游服务品牌。

2016年,《旅行社老年旅游服务规范》开始实施,该规范对老年旅游产品设计、服务标准、安全保障等方面作出了具体规定。例如,要求旅行社为老年旅游者提供适合其身体状况的旅游产品、配备随团医生、提供24小时应急服务等。同年颁布的《"健康中国2030"规划纲要》中指出,应积极促进健康与养老、旅游、互联网、健身休闲、食品融合,催生健康新产业、新业态、新模式。同年,《关于推进老年宜居环境建设的指导意见》提出,要加快推进旅游景区、交通设施等公共场所的适老化改造,为老年人提供更加便利、舒适的旅游环境。

2021年颁布的《"十四五"旅游业发展规划》,明确提出要开发适合老年人的旅游产品和服务,提升老年旅游服务质量,推动老年旅游市场健康发展。2024年《国务院办公厅关于发展银发经济 增进老年人福祉的意见》提出,拓展旅游服务业态,完善老少同乐、家庭友好的酒店、民宿等服务设施,鼓励开发家庭同游旅游产品。推出一批老年旅游发展典型案例,拓展推广怀旧游、青春游等主题产品。以健康状况取代年龄约束,完善相关规定,便利老年人出游,健全投诉举报机制并加强监管。发展老年旅游保险业务,鼓励扩大旅游保险覆盖面。组建覆盖全国的旅居养老产业合作平台,培育旅居养老目的地,开展旅居养老推介活动。

(2) 老龄文旅服务特色产品供给政策

① 多元化文旅服务产品开发

《国务院办公厅关于发展银发经济 增进老年人福祉的意见》鼓励拓展旅游服务业态，开发适合老年群体的特色旅游产品。各地应依托自身资源禀赋，挖掘历史文化、自然生态、民俗风情等元素，策划休闲康养、乡村旅居、文化体验等优质旅游产品。例如：在森林资源丰富地区打造森林康养旅游产品，让老年人享受森林浴、森林瑜伽等活动；在历史文化名城推出文化古迹深度游，满足老年游客对传统文化的探索需求。

② 个性化文旅线路设计

为了推动老年旅游服务发展，各地根据老年群体不同兴趣爱好、身体素质，开发个性化旅游线路。针对喜欢运动的老年人，设计户外徒步、骑行等主题线路，线路中合理设置休息点，配备专业领队保障安全；针对身体较弱、偏好休闲的老年人，规划节奏舒缓、以休闲观光为主的线路，多安排室内参观、养生体验等项目。同时，线路规划充分考虑老年人用餐、住宿的便利性，选择卫生条件好、安静舒适的餐饮住宿场所。例如，四川省通过《巴蜀文旅走廊建设规划》，推动"老年研学旅行"特色产品开发，2023年落地12条省级老年旅游精品路线。

(3) 老龄文旅服务设施建设政策

① 升级公共交通设施

《关于促进交通运输与旅游融合发展的若干意见》支持建设集"吃住行游购娱"于一体的"慢游"交通网络，因地制宜建设旅游风景道，结合沿线景观风貌和旅游资源，打造具有通达、游憩、体验、运动、健身、文化、教育等复合功能的主题线路，并根据需求增设自行车道、步道等慢行设施。《"十四五"国家老龄事业发展和养老服务体系规划》进一步强调，推动旅游场所服务设施的无障碍改造和适老化改造，确保老年游客在车站、码头、机场等交通枢纽，以及景区内部的通行顺畅与安全。

② 完善景区内部设施

《"十四五"国家老龄事业发展和养老服务体系规划》明确提出，引导各类旅游景区、度假区加强适老化建设和改造。景区要增设充足的休息区域，这些区域配备舒适的座椅，具备良好的遮阳避雨功能，周边环境宜人，为老年游客提供舒适的休憩空间。完善标识系统，采用大字体、高对比度颜色，同时增加盲文标识，方便老年视力、听力障碍游客识别。在卫生间设置无障碍厕位、扶手，调整洗手台高度，以满足老年人身体机能需求。

(4) 老龄文旅数字适老化服务提升

① 智能服务产品研发支持

《国务院办公厅关于发展银发经济 增进老年人福祉的意见》提出，支持研发更多适老化智能服务产品，提升数字适老化水平。旅游平台、景区线上服务等要进行适老化改造，简化操作流程，将界面字体、图标增大，增加语音导航、人工客服一键转接等功能，帮助老年群体跨越"数字鸿沟"，方便其在线预订门票、酒店，查询景区信息、旅游攻略等。

② 实施线上线下融合服务

政府支持景区、旅行社等文旅企业开展线上线下融合服务，为老年游客提供全方位服务。线上平台提供丰富的旅游产品信息、虚拟游览体验，线下服务网点提供面对面咨询、预订服务，帮助老年游客更好地规划行程。同时，利用线上平台开展老年旅游知识讲座、文化分享活动，增强老年游客参与感。

(5) 老龄文旅服务业的市场监管与规范

① 专项执法检查常态化

《国务院办公厅关于加强旅游市场综合监管的通知》明确，制定旅游市场综合监管责任清单，要求完善旅游法律规范体系,健全完善旅游市场监管标准,从而进一步加强旅游市场的监管力度,规范市场秩序,提高服务质量。为了促进老年旅游发展,各地公安、工商、交通运输、商务等部门应常态化开展老年人旅游活动的专项执法检查,对旅行社等市场主体经营情况定期摸排。严厉查处不合理低价游、强制购物、虚假宣传等侵害老年游客权益的违法违规行为,规范旅游市场经营秩序,营造健康、诚信的老年旅游市场环境。

② 畅通投诉渠道与宣传引导

为了切实维护老年游客合法权益,不断提升老年旅游服务质量,努力营造公平透明的老年旅游市场环境。各地纷纷出台保护老年游客权益的文件,如福建省文化和旅游厅在2022年11月下发了《关于进一步维护老年游客合法权益的指导意见》。畅通文旅消费投诉举报渠道,设置专门的热线电话、网络投诉平台,及时收集、处理老年游客的投诉举报事件。持续开展文旅市场维护老年人权益的主题宣传活动,通过社区宣传、印发宣传册、制作动漫宣传片等方式,提升老年人识骗防骗能力,引导老年游客理性消费,增强自我保护意识。

2. 老龄文旅服务业融合发展战略

(1) 老龄文旅服务与康养产业深度融合

① 打造康养旅游产品体系

结合各地的自然生态资源,如森林、温泉、海滨等,开发康养旅游产品。在森林资源丰富的地区,建立森林康养基地,提供"森林浴"、森林冥想、森林瑜伽等项目,利用森林中的负氧离子等促进老年人身心健康。在温泉资源地,打造温泉康养旅游产品,配备专业的温泉疗养师,根据老年人身体状况制订个性化的温泉泡浴方案,同时结合中医理疗,如艾灸、推拿等,形成综合康养服务。

② 完善康养旅游配套设施

在康养旅游目的地,建设适老化的住宿设施,房间配备无障碍设施、紧急呼叫系统、医疗急救箱等。打造专业的医疗服务中心,与当地医院建立合作关系,实现远程医疗会诊,为老年游客提供及时、有效的医疗保障。此外,还应设置健康管理中心,为老年游客建立健康档案,提供定期体检、健康监测、健康咨询等服务。

③ 培养康养旅游专业人才

加强对康养旅游从业人员的培训,包括康养知识、医疗急救技能、老年服务心理等方面。培养一批既懂旅游服务,又懂康养专业知识的导游、康养师、护理人员等。可以与相关院校合作,开设康养旅游专业课程,为老龄文旅服务业发展输送专业人才。

(2) 老龄文旅服务业与农业产业协同发展

① 开发乡村旅居产品

依托农村的田园风光、农事活动、民俗文化等资源,开发乡村旅居产品。建设乡村养老社区、民宿等,让老年人在乡村长期居住,体验乡村生活。组织老年人参与农事活动,如种植蔬菜、采摘水果、喂养家禽等,感受劳动乐趣,同时了解农业生产知识。开展民俗文化活动,如传统手工艺制作、民间歌舞表演等,丰富老年人的精神文化生活。

② 发展绿色农业与健康餐饮

利用农村的绿色生态优势,发展绿色农业,种植有机蔬菜、水果等农产品。将这些农产品引入老年文旅餐饮服务中,打造健康、营养的餐饮产品。例如,推出以当地有机食材为主的农家菜、养生餐等,让老年游客品尝到原汁原味、绿色无污染的美食。同时,可以开展农产品加工体验活动,如制作果酱、泡菜等,让老年人参与其中,增加旅游趣味性。

③ 推动农业与文化创意结合

挖掘农村的文化内涵,将农业与文化创意相结合,开发具有特色的文创产品。以农产品为原材料,制作手工艺品,如用麦秸编制工艺品、用葫芦制作雕刻艺术品等。利用农村的传统建筑、民俗风情等元素,开发文创产品,如乡村主题的明信片、钥匙扣、文化衫等。通过文创产品,传播乡村文化,提升乡村旅游的附加值与老年游客的获得感。

(3) 老龄文旅服务业与科技产业创新融合

① 应用智能技术提升服务质量

在老龄文旅服务中应用智能技术,提升服务质量和效率。利用智能导览系统,为老年游客提供精准的景区导航、景点介绍、语音讲解等服务,方便老年游客游览。在住宿、餐饮等环节,引入智能预订、智能点餐等系统,简化操作流程,提高服务便捷性。同时,通过智能安防系统,保障老年游客的人身和财产安全。

② 开发数字文旅产品

利用VR/AR等技术,开发数字文旅产品,为老年游客提供沉浸式的文化体验。例如,通过VR技术,让老年游客身临其境地感受历史文化场景,如古代宫殿的建筑风貌、历史事件的发生过程等。开发线上文化课程、虚拟展览等,让老年游客足不出户就能学习文化知识、欣赏文物藏品。

③ 建立老龄智慧文旅服务平台

搭建老龄智慧文旅服务平台,整合医疗、健康、旅游等资源,为老年游客提供一站式服务。通过平台,老年游客可以查询康养旅游产品信息、预订服务、了解健康知识等。同时,平台可以实时监测老年游客的健康数据,为其提供个性化的健康管理方案。

(4) 老龄文旅服务业与文化产业多元融合

① 挖掘文化内涵,打造特色文旅产品

深入挖掘各地的历史文化、民俗文化、红色文化等资源,将其融入老龄文旅产品中。例如:在历史文化名城,开发以古建筑、历史遗迹为主题的文旅产品,让老年游客了解该地区历史变迁、文化传承;在民俗文化丰富的地区,开展民俗文化体验活动,如传统节日庆典、民间艺术表演等,让老年游客感受民俗文化的魅力;在红色文化资源地,打造红色旅游产品,通过参观革命纪念馆、遗址等,让老年游客接受红色文化教育。

② 举办文化活动,丰富老年文旅体验

定期举办各类文化活动,如文化节、艺术展览、戏曲演出等,丰富老年游客的文旅体验。邀请知名艺术家、学者举办讲座、研讨会等,提升老年游客的文化素养。组织老年游客参与文化创作活动,如参与诗歌创作、书法绘画比赛等,激发老年人的创造力和参与热情。

③ 加强文化品牌建设,提升产业影响力

打造具有地域特色和老年群体吸引力的文化品牌,通过品牌建设提升老龄文旅服务产业的影响力。加强品牌宣传推广,利用各种媒体渠道,宣传品牌形象和产品特色。举办品牌主题活动,如品牌文化周、品牌旅游节等,提高品牌知名度和美誉度。

3. 老龄文旅服务业发展的趋势

(1) 人口结构变化推动老龄文旅需求增加

① 老龄文旅有益于提升身心健康

旅游对提升老年人的身心健康具有重要的正面效应。在老年人的职业生涯中,出于工作责任、交通不便、家庭义务以及经济条件等多重限制,大多数老年人未能充分体验休闲旅游。然而,退休生活为他们带来了更多的自由时间和放松的心理,加之稳定的退休金或养老金收入,以及长期以来攒下的积蓄,使得他们在退休后拥有了较多的可支配资金。这激发了老年人对旅游活动的极大兴趣,他们渴望通过旅游来充实自己的精神文化生活,弥补年轻时的遗憾,追求更加充实的晚年生活。

② 老龄文旅促进老年人社会参与

首先,旅游是促进老年人社会参与的重要方式,有助于预防和减轻老年人可能出现的负面情绪和消极行为,促进他们保持积极乐观的心态,从而提高心理健康水平。其次,老年旅游是实现积极老龄化战略的关键路径。世界卫生组织在《积极老龄化政策框架》中明确提出,提升老年人的生活质量,并为其创造健康、参与和安全的最佳机会,是实现积极老龄化的核心目标。旅游活动作为老年人积极参与社会生活的一种方式,不仅能够增强他们的社交互动和自信心,还有助于他们重新融入社会,利用其丰富的人生经验和知识为社会作出贡献。因此,老年旅游在促进社会融合和提升社会福祉方面发挥着至关重要的作用。

③ 老龄文旅促进银发经济增长

老年旅游不仅对促进银发经济的增长具有显著的推动作用,还对优化我国旅游产业结构、推动旅游产业可持续发展,以及拉动旅游消费具有重要的战略意义。老年人在平衡旅游产品的季节性波动、延长旅游时间、促进家庭亲子旅游,以及丰富旅游产品多样性等方面起着积极作用。同时,老龄文旅服务业的发展也为旅游业带来了新的就业机会和收入来源,专业化的老龄文旅服务等新兴消费领域将进一步促进经济增长。

(2) "享老型"老年旅游体验受到青睐

老年人群旅游偏好舒适出行,随着社会经济的稳步增长、旅游产业的持续完善,以及老年人群精神追求的不断提高,老年旅游者在选择旅游产品时,越来越注重出行的整体体验和服务质量。根据中国旅游研究院2023年7月发布的《中国老年旅居康养发展报告》,老年旅游需求持续提档升级。老年旅游从福利事业向旅游产业转变,从小众市场向主流市场转型。老年人消费档次提升,有84%的受访者表示希望获得更好的产品和服务,有71%的受访者希望获得专为老年人设计的产品和服务,消费标准从追求性价比转向追求品质和服务。老年旅游者的消费特点表现为:更重视旅游核心价值,选择观光游览和养生保健疗养的老年旅游者更多;更重视旅游文化内涵,更看重旅游过程中的情感互动、文化和研学体验,对历史型、怀旧型旅游产品情有独钟;更青睐专业旅行服务;更依赖完善的社会公共服务体系;更重视旅游经验交流,呈现出"慢旅游"特征,度假属性的休闲产品是老年市场的主导产品,度假住宅、康体疗养两大产品有望成为未来老年旅游的主流。

(3) 老龄旅游服务业市场规模不断增大

近年来,我国老龄旅游市场呈现出积极的增长态势。未来,我国人口老龄化的加速、国家政策的持续支持以及旅游产业结构的不断优化,老龄旅游市场将保持持续增长的势头。预计到2028年,该市场规模将达到约2.7万亿人民币。2023—2028年,老龄旅游市场的复合年增长预计将达到13.6%。老龄文旅市场在需求增长、产品多样化、科技赋能等多重因素推动下,呈现出蓬勃发展的态势。随着政策支持和技术进步,老龄文旅将更加多元化、智能化,并注重健康与文化的深度融合。

学生自评表

小组互评表

教师评学表

思考练习

1. 单项选择题

2. 简答题

(1) 总结并概括老龄文旅服务业发展的战略要点。

(2) 梳理近年来我国支持和鼓励老年旅游的政策及要点。

(3) 简述人工智能与未来老龄文旅的结合和创新应用实践,并举例说明。

3. 拓展研究

(1) 查阅资料,分析回答应如何建立良好的老年旅游生态环境。

(2) 请扫码阅读《关于支持和推进上海银发旅游发展的实施方案》,查阅所在地区出台的相关文件,讨论如何推动老龄文旅服务业发展,需要哪些政策支持,撰写一篇论文。

关于支持和推进上海银发旅游发展的实施方案

模块七

老龄金融服务业

模块导读

推进中国式养老事业、发展银发经济,事关国家发展全局和亿万人民福祉。老龄金融是综合运用信贷、保险、债券、股权、理财等金融工具,满足社会成员的多样化养老需求,服务银发经济发展的一系列金融活动总和。老龄金融产业链涵盖养老金金融、养老服务金融和老龄产业金融三大领域。养老金金融关注养老金制度安排与资产管理,养老服务金融致力于满足老年人非制度化养老的各类需求,老龄产业金融则为养老相关产业提供投融资支持。发展老龄金融是促进中国特色金融和老龄产业高质量发展良性循环的关键着力点。《国务院办公厅关于发展银发经济 增进老年人福祉的意见》提出,落实加快建立完善养老金融体系。《关于金融支持中国式养老事业 服务银发经济高质量发展的指导意见》提出,到2028年,养老金融体系基本建立,养老金融产品和业态逐步丰富,养老金融意识普遍形成,养老金融供给水平有效提升,人民福祉得到有效增进。到2035年,各类养老金融政策效果充分显现,养老金融产品和服务更加精准高效、养老资金投资管理更加成熟稳健,基本实现中国特色金融和养老事业高质量发展的良性循环。本模块围绕老龄金融服务业的全链条展开,通过五个项目层层递进,解析老龄金融服务业的基本内容、发展状况、面临问题与发展战略。

模块目标

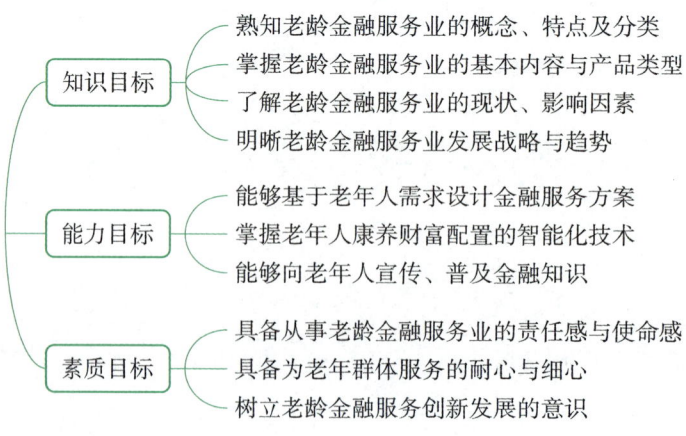

模块导图

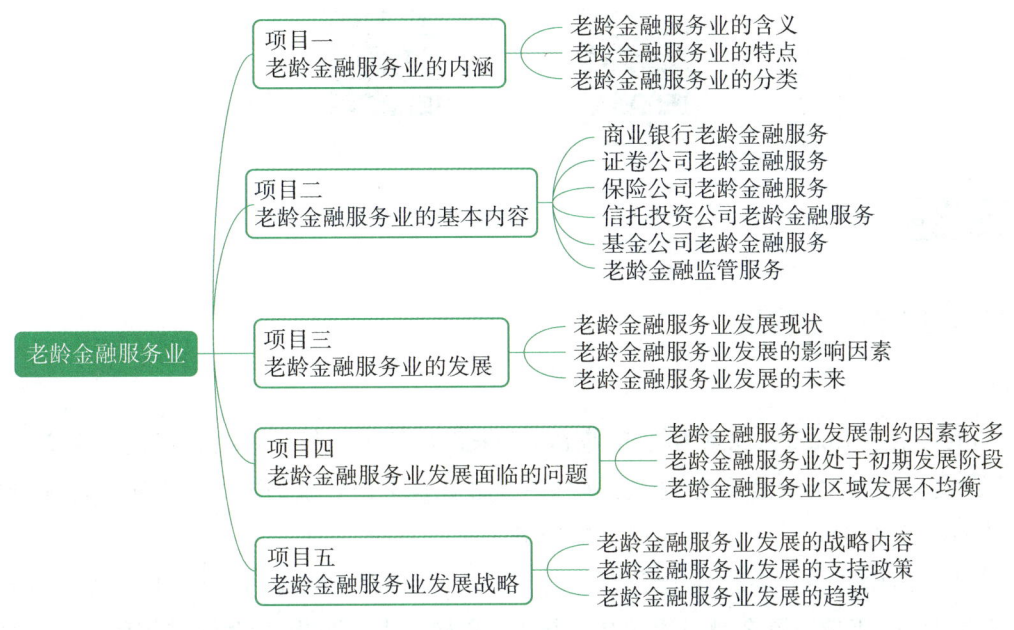

项目一　老龄金融服务业的内涵

任务发布

随着我国老龄化进程加快，老龄金融服务业正成为金融领域最具潜力的发展方向之一。它专为老年人和老龄产业设计，涵盖养老金管理与投资、养老保险、养老理财、医疗支付、养老资产托管、理财规划等多元化金融服务，以及对老龄产业发展的金融支持，旨在帮助老年群体实现养老财富稳健增值、提升养老保障水平，推动老龄产业发展，增进老年人福祉。国家颁布《国务院办公厅关于发展银发经济 增进老年人福祉的意见》等政策文件，强调建立完善的养老金融体系，鼓励创新养老金融产品，优化服务模式，以满足老年人对安全、便捷、长期收益的理财需求。对于老年人而言，选择专业的老龄金融服务产品，不仅能有效管理养老资金，防范金融风险，还能通过科学规划实现资产保值增值，确保晚年生活质量。对于老龄产业来说，老龄金融有利于解决其投融资需求。

那么，什么是金融，什么是老年金融？如何利用金融手段更好服务老年人群，支持老龄产业发展？如何规划老年人群的康养财富，使其保值增值？

请你完成以下任务——

任务一：借助互联网，检索并整理出5条老龄金融服务业的相关概念。

任务二：查阅中国经济变化数据，阐述中国老龄经济的特点。

任务三：走进社区，了解社区老年人对老龄金融服务的认知情况，撰写调查报告。

任务准备

任务分组表

任务准备单

知识链接

1. 老龄金融服务业的含义

(1) 金融

金融一词的英语是 finance，原意为终结、期限，后来逐步衍生出偿还、支付、缴纳的含义。《辞源》中，其解释为"金钱之融通"。金就是资金，融就是融通，金融就是货币资金的融通。金融从起源到发展，贯穿其中的核心职能是金融中介服务，是资金融通的服务。

伴随着货币与信用的相互渗透，金融逐步形成了一个新的资金融通的过程，并覆盖投资和保险等领域。投资、保险、信托、租赁与资金融通活动结合起来，成为金融。所以，金融就是信用货币的融通。金融工具、金融机构、金融市场、金融交易制度等都是金融业的重要组成部分。

金融是一种有借有还的有偿性活动。金融的本质是跨时间、跨空间的资源配置。与财政相比，金融最大的特点是有偿性。金融活动要求有借有还，再借不难，如果借了不还，整个活动就都会受到影响。

金融是国民经济的命脉，各经济行为主体的生产、经营、消费、支付等活动都需要货币来支付。有资金盈余的经济行为主体把资金存放在商业银行中或进行投资，存在资金短缺的经济行为主体通过各种方式融入资金。

(2) 金融服务

金融服务就是需要资金融通方凭借其资金、资产或权属与专门的金融机构进行的资金往来活动。在现代经济金融相融合的大背景下，养老作为居民经济生活的重要组成部分，与金融的联系越来越密切，现代社会的养老需要得到金融的服务。离开了金融服务，养老是缺乏效率的，经济越发展，社会越进步，越需要金融服务养老。随着互联网的飞速发展，金融正在快速地渗透到经济生活的方方面面，老年人正在主动或被动地与金融业发生千丝万缕的联系；另外，金融业顺应人口老龄化发展趋势，不断创新出一系列适合老年人的金融产品，从而保障老年人的晚年生活，使其安享晚年。

(3) 老龄金融服务

老龄金融服务就是人口老龄化过程中，政府和金融机构等对有养老需求的人们、对老龄产业发展提供的各种金融服务。服务的主体是政府和金融机构，服务的客体是有养老需求、有金融支持需求的个体和企业，是供求的实现。老龄金融服务致力于满足老年人非制度化养老和老龄产业发展的各类需求，包括商业银行、证券公司、保险公司、基金公司和资产管理公司等金融机构，围绕老年人和老龄产业发展所进行的金融服务活动。

金融服务机构包括银行金融机构与非银行金融机构。银行金融机构主要是为老年人提供个人储蓄服务，为老龄产业提供信贷与财务管理服务；非银行金融机构主要是为老年人提供个人保险和投资服务，为老龄产业提供投融资、风险管理与结算服务等。养老实质上是劳动成果在人生的不同时段的享用。老龄金融问题是一个既涉及养老服务，又涉及金融安全；既涉及供给，又涉及需求；既涉及养老资金操作运营,又涉及风险防范与金融监管的问题。

2. 老龄金融服务业的特点

(1) 养老资产种类多

养老资产是指直接属于家庭或个人专门用于家庭成员养老生活的资产,包括物质类养老资产、金融类养老资产、人力资本类养老资产和权益类养老资产等。

① 物质类养老资产

物质类养老资产是指家庭成员的房产、贵金属、古董、古玩、艺术收藏品和其他珍藏品等供养老用的资产。它是看得见、摸得着的,可以通过置换实现价值、通过出租等获得养老收入、通过抵押置换获得养老金等。这是少数老年人由于长期积累,可用以换取的养老收益,对于他们提高养老生活水平和追求高品质养老生活具有重要作用。只不过除了房产外,拥有这类资产的老年人并不多。绝大多数老年人既没有这种爱好,又不拥有这类养老资产。但是,以资产投资和租赁等方式参与金融服务养老是有必要的。

② 金融类养老资产

金融类养老资产包括属于个人缴费、家庭缴费和企业缴费的储蓄,积累型养老金计划资产,商业养老保险,债券、股票、基金等有价证券,各类管理性资产和外币存款等。

③ 人力资本类养老资产

人力资本类养老资产是指基于推迟退休年龄,附加在人身上的知识、技能、能力和素质创造的个人、社会和经济福祉。受身体、知识、文化和经历等的影响,有不少老年人几乎不具有这方面的资产。有的老年人由于身体好、有广博的知识文化,特别是人生经历,尽管老了,他们仍然可以借此获得收益而养老,甚至其收益大大超过其养老所需。

④ 权益类养老资产

权益类养老资产是政府为保障公民权益设立的制度所安排的资产,基本上属于待遇确定的养老福利计划。这类资产包括政府为居民提供的货币形态的养老金、企业为员工提供的福利养老金和制度内的个人养老储蓄,各类补充的权益类养老和救助型养老资产。这类养老资产来源于养老的制度安排,较好地保障了老年人的基本生活安全。

北京大学"中国健康与养老追踪调查"(简称CHARLS)项目组编写完成的《中国健康与养老报告》显示,中国居民的养老资产主要包括6部分:养老金、房屋、土地、流动资产、耐用消费品、固定资产中属于家庭财产的部分。养老资产的主体是养老金,占比达到40.7%;房产次之,占比为38.8%。然后依次为流动资产,占比8.7%,土地,占比5.9%,耐用消费品,占比4.4%,以及固定资产,占比1.6%。在不考虑通货膨胀和养老金增长的状态下,以2.5%的增长率计算房屋、土地、流动资产、耐用消费品和固定资产的价值,则60岁时退休人群的个人平均总资产为367851元,其中城镇居民平均为799059元,农业居民为200010元。

(2) 老龄金融资产总量大

养老离不开资金、资产和权益,特别是资金,资金是进行养老最基本的条件。任何吃、喝、穿、用、住等基本生存都需要资金。随着金融服务的进一步发展,原本由子女和财政负担的资金流入金融服务体系,进一步扩大了现金流。由于老年人口数量多,养老需要源源不断的资金。无论通过何种途径和方式进行养老,都需要资金的支持。老年人口的快速增长使得金融服务养老的资金总量增大。截至2023年底,全国企业职工基本养老保险基金累计结余已接近6万亿元。

据调查,在家庭金融资产总量中,60%以上的资产是用于养老储备的,只有不到40%的资产用于现期消费。家庭金融资产成为养老资产的主要部分。用于养老的投资型金融资产占比越来越大,用于其他类的金融资产占比越来越小。总的来看,养老资产总量巨大。

(3) 老龄金融服务期限长

金融的本质是跨时间、跨空间的资源配置,金融服务养老则是跨时间的金融资源配置。其中,"跨时间"长短不一,有的是几年,有的长达几十年,有的贯穿养老的整个阶段。在这个期间内,老年人的养老都离不开金融的长期支持和服务。这些服务可以是投资类的服务、权益类的服务或综合类的服务。例如,养老金具有多次缴纳、未来返还的特征。缴纳时间少的几年,多的长达几十年,返还时间较长,需要进行资本市场投资才能保值增值。在如此长的过程中,无论是老年人,还是养老金都充满着不确定性。老年人可能生病甚至过世,养老金可能会受到利率或通货膨胀的影响而贬值。从年轻时缴款、期间管理运营,再到养老时领取养老金,持续时间长达几十年,离不开金融机构所提供的各种养老服务。同样,为老龄产业发展提供融资支持也具有长期化与规模化特点。

养老保险的参保人员从参加工作起就要按照相关规定缴纳保险费,兑现则是在参保人员达到法定退出劳动年龄后的事,往往有几十年的时间差。在这个过程中,金融服务养老的机构可能会发生变动,服务产品可能会有创新。特别是在互联网金融下,较长时期的金融服务会发生意想不到的变化。

(4) 老龄金融服务养老须便捷性明显

老年人在接受养老服务的过程中非常需要得到心理上的疏导和感情上的关怀,特别是心理预期的引导与调节。养老金融机构与医院、护理机构、旅行社等推出的电子挂号、预约护理服务、休闲旅游等个性化金融服务深受老年人欢迎,能够满足他们生活照顾、医疗护理和精神慰藉等服务需求。

老龄金融服务养老是否便捷,决定着其服务需求量的大小。在人工服务与自助服务之间,老年人更喜欢传统的人工服务。老年人感觉自动取款机、网上银行、手机银行和其他互联网金融操作不便,并对其存在不少质疑。只有让老年人感觉到金融服务的便捷,他们才容易接受。便捷的服务是金融服务养老的一个明显特征。对于中小微老龄产业企业金融服务来说,同样需要便捷性。

(5) 老龄金融服务养老须安全且流动性强

老年人往往更加注重养老金或资产的安全性与流动性,对获益性的要求次之。大部分老年人金融知识匮乏且更新慢、资讯渠道狭窄,导致其对网上银行、手机银行和财富中心等了解甚少,从而不喜欢甚至厌恶不熟悉的金融创新产品。老年人对不喜欢或不熟悉的养老产品和服务,难以产生对它们的需求。老年人更倾向选择储蓄、国债投资等风险较低的产品,而对股票、信托、基金等金融服务养老产品兴趣不大,并且更趋于保持一定的资金流动性。正是老年人的生理、心理特点和经济收入变化,使他们更注重养老金或资产的安全性与流动性。

(6) 养老财富须保值增值

随着资金来源的多样化,老年人资金以存定期存款、购买国债、投资银行理财产品为主,以选择投资养老股票、债券或基金为辅。之所以这样,是因为老年人都希望有限的养老财富不仅能够保值而且能增值。此外,老年人自身具有的特殊性,即对价格敏感度高于其他群体,也使其受金融产品服务价格的影响更大,往往更愿意通过价格比较进行产品服务的选择。

老年人手中的资金是有限的,晚年生活的支付能力与其理财能力有着直接的关系。老年人理财的目的是使自己的养老金或动产与不动产等财产尽可能实现保值增值,实现养老效用的最大化,使自己晚年有更好的生活保障,过上更美好的生活。如果养老财富不能保值增值,不能实现养老效用的最大化,会给他们的养老生活带来一定的困难,他们也是不会参与金融服务养老活动的。老年人因为生命的不确定性而经受不起折腾,他们的最大愿望是能够实现养老财富的保值增值。

3. 老龄金融业的分类

老龄金融业的内容繁多,从所提供服务的机构、市场、监管来看,涉及养老的诸多方面。老龄金融涵盖储蓄、投资、保险、信托及基金等内容,能满足老年人多方面的服务需求。随着金融的不断创新,老龄金融的内容还在不断地丰富和完善(如表 7-1-1 所示)。

表 7-1-1 老龄金融分类一览表

项目	经济关系 (何种凭证,受益者)	收益来源	投资渠道	投资收益与风险大小
储蓄	银行负有保本付息责任 (储户)	利息收入	商业银行、信用社	利率固定,投资比较安全
股票	所有权凭证 (公司股东)	股利收入、资本利得	证券公司	高风险、高收益,价格波动大
债券	债权凭证 (公司债权人)	利息收入、资本利得	发行机构,债券公司, 商业银行	低收益、低风险,价格波动小
信托	委托凭证 (信托受益人)	资本利得	基金管理公司、信托公司	收益相对固定,风险较小
基金	受益凭证 (基金受益人)	利息收入、股利收入、 资本利得	基金管理公司、商业银行、 证券公司	有价证券风险分散, 收益相对稳定
权益	权益凭证 (权益受益人)	固定收益	权益公司	收益相对固定

任务评价

学生自评表　　　小组互评表　　　教师评学表

思考练习

1. 单项选择题

2. 简答题

(1) 解释老龄金融服务业的概念。
(2) 阐述老龄金融服务业的特点。
(3) 简述老龄金融服务业的分类。

3. 拓展研究

(1) 走进社区,了解老年人持有哪些金融服务产品,搜集整理老年人持有金融服务产品的目的。
(2) 请扫码阅读中国人民银行等 9 部门联合印发《关于金融支持中国式养老事业 服务银发经济高质量发展的指导意见》,选择一家金融机构,如商业银行、证券公司、基金公司或保险公司进行调研,总结金融支持银发经济发展的措施或者推出的老龄金融产品。

关于金融支持中国式养老事业 服务银发经济高质量发展的指导意见

项目二　老龄金融服务业的基本内容

任务发布

我国的养老金制度经过30多年的发展,已从单一责任主体走向多方分担责任、从单一层次走向多层次化,符合全球养老金制度发展的客观规律。目前,我国养老金制度由基本养老保险、企业年金和职业年金、个人储蓄性养老保险和商业养老保险"三支柱"构成,但在实践中"三支柱"发展不平衡问题凸显,表现为以现收现付制为主的基本养老保险"一枝独大",二、三支柱发展滞后。尽管我国的储蓄率水平长期处于全球主要经济体的首位,但我国养老金财富占国内生产总值(GDP)的比例仅为8.13%,远低于发达国家平均水平,其核心原因在于我国居民财富配置结构不合理,居民储蓄集中于现金和银行存款,难以实现资产保值增值。那么,我国不同类型的金融机构的老龄金融服务包括哪些内容?老龄金融服务业的产品有哪些?不同老龄人群应该如何进行康养资产配置和规划,以保障养老资产的保值增值?

请你完成以下任务——

任务一:借助网络平台,检索并整理老龄金融服务业的内容。

任务二:查阅相关资料,从金融服务养老的视角,阐述适合中国家庭养老的金融策略。

任务三:走进一家商业银行,调查商业银行老龄金融服务的内容与产品类型。

银发经济对金融提出哪些新要求?

任务准备

任务分组表

任务准备单

知识链接

1. 商业银行老龄金融服务

(1) 专属储蓄和理财

针对老年人养老需求,商业银行推出"养老储蓄计划",为老年人提供灵活存取、利率优惠的定期存款或大额存单,满足老年人稳健理财需求。同时,开发低风险养老理财产品,如养老目标基金、年金保险等,帮助老年人实现资产保值增值。

(2) 老龄信贷支持

老年人通过商业银行提供住房反向抵押贷款融资获得即期现金,即老年人将房产抵押给银行,定期获得养老金,身故后房产由银行处置。商业银行为养老机构、社区提供信贷融资支持,推动适老化设施建设。

(3) 养老金管理

商业银行代理企业或个人养老金账户管理,提供账户查询、投资组合建议等服务。商业银行与社保机构合作,优化养老金发放渠道,确保资金安全便捷到账。商业银行还能为社保经办机构和参保对象提供便捷的服务。老年人可以利用网上银行、手机银行、自助设备等渠道获得服务,利用银行理财实现资金保值增值服务。

视频

个人养老金制度

(4) 老年人生活便利服务

商业银行提供老年专属银行卡,减免跨行取款、转账手续费,集成紧急呼叫、定位等安全功能;开发大字版、语音版手机银行 APP,降低老年人数字使用门槛。与社区合作开展金融知识讲座,防范电信诈骗。为老年活动中心、日间照料中心提供资金支持或公益捐赠。同时,商业银行联合社区开展金融知识科普活动(见图 7-2-1),设置"老年人绿色通道"和专属客服,并对高风险产品实施年龄限制,避免误导性销售。

图 7-2-1　养老金融"主题银行进社区"

(5) 健康和医疗金融服务

商业银行开展健康保险代理,即代销针对老年人的健康险、医疗险、意外险,覆盖常见病、慢性病及意外风险。同时,商业银行针对老年人多元化需要推出医疗联名卡,整合医保结算、自费支付、健康积分等功能,简化就医流程。

(6) 养老产业间接融资

商业银行不仅为养老机构、医疗企业、适老化产品制造商提供信贷支持,还发行绿色养老债券,专项用于环保型养老社区建设。同时,商业银行联合房地产企业和医疗机构,推出"养老社区+医疗+金融"综合服务方案。

2. 证券公司老龄金融服务

(1) 养老产业直接融资

① 老龄企业上市与并购重组业务

证券公司服务养老体现在协助大型养老机构、医疗健康企业、智慧康养产品制造企业等通过上市(IPO)或借壳上市融资,扩大经营规模。

② 康养企业并购重组顾问服务

证券公司为老龄产业企业提供并购重组顾问咨询服务,推动老龄企业形成规模化养老服务集团。

③ 承销康养债券和资产证券化

证券公司开展承销康养债券和资产证券化业务。承销养老产业专项债券,支持养老社区、康复中心等基础设施建设。设计康养不动产投资信托基金,将养老地产等不动产转化为流动性证券,吸引社会资本参与。

(2) 养老目标基金与资产管理计划

证券公司发行养老目标日期基金或养老目标风险基金,根据老年人风险偏好动态调整资产配置。实施养老产业主题资产管理计划,投资于医疗、康复、科技养老等养老产业。同时,与保险公司合作开发康养"保险+证券"组合产品。例如,年金保险与养老基金结合,提升收益稳定性。

(3) 康养财富管理

提供老年客户专属理财工具,即为老年人提供国债、货币基金等低风险、高流动性的理财工具,满足老年人现金管理需求。根据老年人的财富与养老服务需求,利用生命周期理论,为老年人设计个性化投资方案和养老财富规划。

对投资者进行教育与风险提示。针对老年人投资,证券公司开展针对老年人的金融知识讲座,普及理财风险与防诈骗知识。在产品销售中设置年龄适配性评估,避免高风险产品误导老年客户。

(4) 开发康养智能投资平台

证券公司针对老年人投资理财需求,开发康养智能投资平台,为老年人提供语音交互、大字体界面的投资咨询服务。同时积极探索区块链技术在养老金账户管理中的应用,提升透明度与安全性。

3. 保险公司老龄金融服务

(1) 养老保险产品创新

保险公司提供年金保险、分红型(万能型)养老保险、健康与医疗保险。其中,年金保险提供终身或定期给付的养老金,分红型(万能型)养老保险兼具保障与投资功能,健康与医疗保险主要包括老年人专属医疗险、重疾险,以及针对糖尿病、高血压等慢性病的专项保险产品。

保险公司开发普惠型老年意外险,为低收入或农村老年人群体提供服务,试点税收递延型商业养老保险。同时,保险公司设立养老公益基金,支持失能老年人照护、养老服务人员进行培训。

(2) 健康管理与养老服务整合

创新"保险+健康管理"为老服务模式。保险公司为投保人提供体检、健康咨询、慢性病管理等增值服务,降低老年人健康风险。保险公司与医疗机构合作,建立绿色就医通道,优化医疗资源配置。同时,保险公司为养老机构提供责任保险,覆盖意外事故、服务纠纷等风险。

(3) 老龄产业发展的长期资金支持

保险公司通过保险资金直接投资养老社区、医疗康复中心、养老机构等实体项目,参与老龄产业基金,支持适老化技术研发、智慧养老平台建设。

(4) 适老化保险服务优化

保险公司不仅推出"老年版"保险 APP，支持语音交互、大字体显示，而且设立线下服务专柜，配备专业人员协助办理投保、理赔等业务。同时，保险公司加强老年客户风险提示，防范老年人被诈骗，建立老年人投诉快速响应机制。

(5) 开发智慧养老平台

保险公司联合商业银行、证券公司开发"保险＋理财＋信托"的"养老财富包"，根据老年人的健康状况，定制个性化保险方案，与科技公司合作开发智慧养老服务平台，将医疗、家政、社区、金融和养老机构集成，为老年人提供助餐、助浴、助洁、助医、助行等方面的服务。

4. 信托投资公司老龄金融服务

(1) 老龄产业融资支持

信托投资公司为老龄产业提供债权融资、股权投资和资产证券化业务。其中，债权融资业务是信托投资公司发行资金信托计划，为养老社区、老年公寓等养老地产开发提供债权融资。股权投资主要是信托公司通过股权投资方式持有养老地产项目或其他养老企业，为项目提供资本金支持，推动养老产业的规模化和专业化。资产证券化主要是信托投资公司将养老项目运营中产生的稳定现金流进行证券化，即将特定财产或财产权设立信托，在银行间市场或交易所市场发行资产支持证券，盘活养老项目的存量资产，降低资金成本。

(2) 养老财富管理

信托投资公司进行养老财富管理的业务主要包括养老理财信托、家族信托和以房养老信托。其中，养老理财信托是信托投资公司针对老年人理财需求，设计发行期限比较长、收益率相对较高且风险较低的信托产品，实现老年人财产保值增值，为老年人获得养老生活保障，满足老年人的养老资金需求。家族信托是为了满足高净值老年人在财富传承方面的需求，设计财富管理、分配以及传承等功能的家族信托产品。以房养老信托是针对拥有房产但缺乏足够养老资金的城市部分老年人，将房屋以信托财产形式交给信托投资公司，获得信托收益作为养老金来源，保障养老生活资金需求。

(3) 养老消费信托

信托投资公司开发"理财收益＋养老消费权益"的养老消费信托产品，老年人利用信托产品部分收益，获得养老设施使用、养老服务享受、养老医疗、文体健身、餐饮服务等综合化养老服务消费权。同时，信托投资公司与公益福利机构合作，通过慈善信托方式，将慈善资金用于资助敬老、爱老、扶老相关的公益慈善事业，如为高龄失能老年人购买意外险、资助养老公益项目等。

(4) 养老年金信托

信托投资公司作为企业年金的受托人，开展企业年金受托管理业务，提供企业年金、职业年金的积累、保值增值、分配管理等金融服务。同时，发行信托产品，满足社保基金、企业年金等养老金的投资和保值增值服务需求。

5. 基金公司老龄金融服务

(1) 基金产品创新

基金公司发行养老目标基金和个人养老金产品。其中，养老目标基金采用目标日期或目标风险策略，为老年投资者提供长期资产配置方案，并根据投资者年龄动态调整权益与固收资产比例，平衡风险与收益。个人养老金产品是基金公司在养老目标基金增设份额，并接入电子社保卡平台，实现开户、投资和查询一站式服务,以低费率、长期限为特点,助力居民养老资金保值增值。

(2) 老龄产业投资

基金公司一方面通过设立专项基金参与老龄产业发展与康养设施建设,如江西养老基金注资2 536万元支持天同健康产业集团。另一方面,基金公司引导社会资本投资老龄产业。例如,苏州养老服务业发展引导基金,通过"扶一把、送一程"模式,为初创养老企业提供资金与管理支持,帮助其渡过发展瓶颈期,推动本地养老服务品牌化、规模化发展。中国老年健康基金投资建设老年病医院、护理学校等设施,并推出"老年健康一卡通"整合医疗资源。同时,基金公司积极探索"互联网+养老"模式,通过智慧平台优化服务资源配置。

老龄时代怎么规划财富?

任务评价

学生自评表　　小组互评表　　教师评学表

思考练习

1. 单项选择题

2. 简答题

(1) 简述证券公司老龄金融服务内容。
(2) 简述信托投资公司老龄金融服务内容与信托产品类型。
(3) 简述老龄金融服务业分类,并绘制思维导图。

3. 拓展研究

(1) 走进社区或者养老机构,了解老年人持有商业养老保险产品的情况,整理商业养老保险产品需求清单。
(2) 请扫码阅读《老年人如何防范金融消费诈骗?听专家支招》,组成小组深入社区,宣传老年人如何防止金融消费诈骗,并拍摄老年人防诈骗小视频。

老年人如何防范金融消费诈骗?听专家支招

项目三 老龄金融服务业的发展

任务发布

我国无论是老年人口绝对规模,还是人口老龄化速度,在全世界都无先例,中国老龄事业发展正面临严峻形势,老龄问题越发受到关注,政府多次提及"老龄"或与养老相关的问题:"全面实施全民参保计划""完善城镇职工基本养老保险和城乡居民基本养老保险制度,尽快实现养老保险全国统筹""健全农村留守儿童和妇女、老年人关爱服务体系""构建养老、孝老、敬老政策体系和社会环境,推进医养结合,加快老龄事业和产业发展",这为我国的老龄事业和相关产业发展指明了方向。某种程度上说,老龄问题在本质上也是重大的金融问题。"全民参保计划""实现养老保险全国统筹""加快老龄事业和产业发展",其本质都涉及老龄金融的范畴和具体业务。老龄金融将是中国老龄产业的核心引擎,中国也将成为未来全球最大的老龄金融市场。那么,我国老龄金融业发展的状况如何?老龄金融服务业的影响因素有哪些?老龄金融服务业的未来发展趋势是什么?

请你完成以下任务——

任务一:借助网络平台,检索并整理中国老龄金融在人口老龄化与金融服务业发展背景下的发展现状。

任务二:查阅相关资料,找出目前中国老龄金融业存在的问题。

任务三:通过走访调查和查阅资料,探索老年人潜在的金融需求及其内在规律,形成一篇小论文。

任务准备

任务分组表

任务准备单

知识链接

1. 老龄金融服务业发展现状

目前,老龄金融服务业正在起步,呈现出服务内容越来越多、越来越个性化、市场规模越来越大、政策支持越来越完善等特征,与此同时,相应的监管也提上日程。金融服务养老正为老年人的养老发挥越来越大的作用。

(1) 老龄金融服务正在起步

我国老龄金融服务处于刚刚起步的状态,老年人顺应时代的发展,正越来越多地通过金融服务而养

核心家庭

老。根据《中国城市居民养老服务需求调查(2021)》,养老费用的来源主要包括养老金和企业年金、存款(国债)、理财(基金、股票)、保险收益、房租收入、房产销售、子女供养和其他方面。受访者及其父母可以用来支付养老费用的资金,主要来源于退休金、养老金和企业年金构成的国家养老金,最高比例为70%,理财和储蓄存款均在40%以上。

(2) 老龄金融服务内容日益丰富

养老并不仅是资金的问题,老年人退出劳动以后所需要的金融服务,同样是养老从家庭顺利转向市场的必要前提。老龄金融服务涉及的服务烦琐、内容众多且转型升级换代很快。在人口老龄化加快、养老问题突出和政策支持下,各金融机构加快探索和实践服务养老。除了商业银行、保险外,证券、信托、基金提供了越来越多的金融服务。不少金融机构探索了综合性的金融服务,开发出符合老年人需要的银行卡、理财产品等金融产品,对外借助养老服务公司,不断拓宽他们的增值服务内容,满足老年人不断变化的金融服务需求。

商业银行开发的金融服务养老产品主要包括养老储蓄、养老理财、住房反向按揭,以及为老年人领取养老金、紧急救助、保健护理、挂号就医、交通出行、日常缴费的养老一卡通和养老专属银行卡;保险公司开发的金融服务养老产品主要有商业养老保险、住房反向按揭养老保险和养老保障委托管理业务;证券公司开发的金融服务养老产品主要有养老证券和专属养老投资产品;信托投资公司开发的金融服务养老产品主要有养老信托业务;基金管理公司开发的金融服务养老产品主要有生命周期基金、目标养老基金和养老主题基金等养老型基金。养老服务的范围是老年人全部的生活,而金融服务养老则是养老服务的重要内容。服务养老的金融机构越来越多,服务养老的产品和内容也越来越丰富。

哪些资产长期确定性最强?

(3) 老龄金融服务专业性越来越强

由于养老服务特别是老龄金融服务业属于新兴行业,许多金融机构对养老服务业认识存在误区,认为老龄金融服务业只是一个能赚钱的行业,并不需要十分专业的人才提供专业化的服务。事实上,老龄金融服务业是一个专业化程度相当高的行业。这种专业化表现为从业人员需要掌握金融专业的知识和技能,并根据不同老年人的需要提供不同的专业服务,包括个人储蓄服务、养老保险服务、养老股票债券投资服务、养老信托投资服务、养老基金服务和住房反向按揭服务等多元化多层次化专业服务。特别是,随着经济金融的发展和科技的进步,互联网和区块链的发展使金融服务养老、服务老龄产业越来越专业化。这不仅要求从业者具有专业的金融知识,而且还需要其掌握计算机知识、社会保障知识、医学护理知识、养老健身知识、公共管理知识等。

(4) 老龄金融服务市场规模越来越大

由于老年人口众多和老龄金融服务业的市场广阔,老龄金融服务业吸引了各类金融机构的广泛参与。商业银行、证券公司、养老保险公司、保险资产管理公司、各类基金公司、信托投资公司等机构纷纷以不同的形式参与市场竞争(图7-3-1)。截至2023年底,全国基本养老保险金累计结余8.24万亿元,基本养老保险基金委托投资规模达到1.86万亿元。其中,权益类资产配置比例不断优化,市场化投资收益率保持稳定。全国企业年金规模达3.19万亿元,职业年金规模达2.56万亿元。全国社会保障基金规模稳定在2.9万亿元,养老目标基金规模突破1.5万亿元。商业银行参与老龄事业和产业发展的资金规模快速增加。以中国银行为例,2023年末养老金托管运营资金达9924亿元,受托资金规模超2000亿元。

(5) 老龄金融服务业政策支持日益完善

老龄金融服务业离不开政策支持。为了满足老年人借助金融服务养老的需要,政府出台了一系列政策。这些政策旨在鼓励金融机构开发适合老年人的金融产品,并加强风险管理。

《中国银保监会关于规范和促进商业养老金融业务发展的通知》旨在推动银行保险机构更好地服务多层次、多支柱养老保险体系建设,支持金融机构通过创新产品和服务,满足老年人多样化的老龄金融服

图 7-3-1 邮储银行获准首批开办个人养老金业务

务需求。《国务院办公厅关于推动个人养老金发展的意见》提出,与国际通行的个人养老金制度接轨,从试点地区推向全国,旨在鼓励和规范个人养老金的发展。《国务院办公厅关于发展银发经济 增进老年人福祉的意见》强调银发经济的潜力和对提高人民生活品质的重要性。《中共中央 国务院关于深化养老服务改革发展的意见》提出,大力发展养老金融,拓展养老服务信托业务,推广包含长期护理责任、健康管理的商业健康保险产品。

老龄金融服务业发展的政策支持构成我国养老服务体系的金融支持框架,旨在通过金融创新和服务提升,满足老年人和老龄产业发展的金融需求,同时确保金融市场的稳定性和老年人资金的安全性。可以预见,老龄金融服务业政策支持会越来越多且内容趋于详细和完善。

(6) 老龄金融服务业监管越来越严格

老龄金融服务业存在着难以控制的风险,老年人无法承担面临的风险,这就需要相关部门对老龄金融服务业进行有效监管。《国务院办公厅关于建立健全养老服务综合监管制度 促进养老服务高质量发展的意见》发布后,有效地推动深化"放管服"改革,明确了老龄金融服务业监管的责任,加强了对资金和金融产品的监管,提出了养老服务高质量发展的要求。

2. 老龄金融服务业发展的影响因素

(1) 经济发展水平

① 决定老龄金融服务业发展水平

老龄金融服务业发展水平与经济发展水平成正比。经济发展水平决定金融市场的发达程度,即老龄金融服务业是发达金融市场与养老需求相结合的产物。在经济不发达和人们收入有限的阶段,老龄金融服务业就十分落后。在经济发达和收入水平很高的阶段,老龄金融服务就非常完善。

② 有助于改善老龄金融服务质量

经济发展水平越低,老龄金融服务的机构越少,服务人员越少,服务水平也越低。经济越发展,老龄金融的投资越普遍,越需要高水平的老龄金融服务业务。特别是随着资本市场的发展,参与养老股票、养老债券、养老信托、养老基金投资就越多。金融越发达,为老年人提供的金融服务模式、方式、渠道、内容等就越多。发达的经济为老龄金融服务业的发展提供了条件。

③ 构成老龄金融服务业发展的基础

老龄金融服务业是建立在一定的经济发展水平基础之上的。老龄金融服务业的机构、服务人员、资金规模、产品服务等都是随着经济发展水平的提高而增加或扩大的,服务质量和服务水平也是随着经济的发展而提高的。同时,老龄金融服务业的发展水平直接反映一国的经济发展水平。

(2) 金融业发展状况

① 形成老龄金融服务业发展基础

没有一定的金融发展,就没有老龄金融服务业。传统的养老之所以大多是养儿防老或政府养老金养老,其中一个原因是老龄金融服务业落后。老龄金融服务业是建立在金融业发展基础之上的,并与金融业发展阶段相适应。在金融不发达和人们收入有限阶段,老龄金融服务业十分落后甚至根本没有。随着金融业的创新发展和人们收入水平的提高,老龄金融服务业得以产生和发展。

② 决定老龄金融服务业的发展

金融业发展水平和状况决定着老龄金融服务业发展水平的高低。金融业发展越落后,老龄金融服务业发展的机构越少,服务人员越少,服务水平也越低,这时的金融服务项目主要是商业银行所提供的个人养老储蓄。即使有商业保险养老,其人数、保险金额和获益等占比也不大。商业银行员工主要是进行信用服务,为养老提供储蓄服务的人员也有限。这时的服务水平不高,主要是进行定期或活期储蓄服务。金融业越发展,老龄金融服务的投资越普遍。随着金融市场,特别是资本市场的发展,参与养老股票、养老债券、养老信托、养老基金投资的就越多。金融业越发达,老龄金融服务业创新就越多,对老龄金融服务业的监管也越严格。

③ 促进老龄金融服务业创新

老龄金融服务业是建立在较高的金融业发展水平基础之上的。传统金融业的快速发展为老龄金融服务业的创新发展提供了技术支持。一定程度上,老龄金融服务业是金融业发展水平的标志。老龄金融服务业的机构、服务人员、资金规模、产品服务等都是随着金融发展水平的提高而增加或扩大。金融服务养老的水平是金融发展的结果和表现,发达先进的金融服务养老也离不开发达的金融基础。

(3) 金融服务效用状况

金融服务效用是影响老龄金融服务业的基本因素。老年人是否需要老龄金融服务,主要看其服务效用的高低。人们对于财富的占有多多益善,即在有了生活的资金保障后希望拥有更多的资产或权益。服务效用越高,越能得到支持。服务效用实际上反映了老年人对于风险的态度。老龄金融服务业越具有高效用、高质量的服务内容,老年人越需要老龄金融服务。所以,老龄金融服务效用状况与老龄金融服务的需求密切相关。

(4) 社会养老制度

采取何种社会养老制度,在很大程度上影响着老龄金融服务业发展。如果政府所提供的社会基本养老保险金充足,那么,进行养老证券、信托、基金投资的比重就会增加。如果采用家庭养儿防老,那么,进行个人银行储蓄养老和购买商业保险养老的比重就会很小。社会养老制度健全、体系完善,老龄金融服务则越普遍。反之,社会养老制度不健全,开展老龄金融服务的机构少、市场规模小、养老金融新产品少。因而,社会养老制度是影响老龄金融服务业的重要因素。

(5) 社会文化

社会文化是影响老龄金融服务业发展的精神因素。不同的文化对老龄金融服务具有不同的影响。文化影响养老贷款、个人储蓄、投资等,也影响住房反向按揭。西方发达国家较为普遍的住房反向按揭在中国开展困难,其中的一个重要原因就是受文化的影响。我国老百姓普遍认为,子女养老是天经地义的,住房是由子女继承的。他们难以接受将自己长期居住、习惯了的房子交给银行,由银行提供养老贷款服务。现代文化对老龄金融服务业的影响表现为只要能更好地获得养老服务,获得老龄金融服务是值得的。

（6）传统观念

观念有传统的观念和革新的观念。我国养儿防老的传统观念和风险厌恶观念在很大程度上影响着老龄金融服务业发展。受此传统观念影响，老年人不愿意将个人养老储蓄投资于养老证券、养老基金或养老信托。一定程度上，传统观念是影响老年人是否参与及在多大程度上参与老龄金融服务的重要影响因素。

3. 老龄金融服务业发展的未来

（1）老龄金融服务机构逐步增加

人口老龄化程度的加深决定了我国老龄金融服务业的发展前景非常广阔。提供老龄金融服务的机构越来越多，不仅包括商业银行、保险公司、证券公司、基金公司和信托投资公司等，而且还包括中央银行、政策性银行和金融监管机构等。中央银行主要是制定相关的政策，服务于养老；政策性银行主要是提供养老的政策性支持，服务于养老；金融监管机构主要是制定和实施管理、监督办法和措施，服务于养老。可以说，全部的金融机构，包括银行金融机构和非银行金融机构、经营性的金融机构与监督管理的金融机构都在为养老和老龄产业发展提供金融服务。它们在服务养老中所占的地位、发挥的作用不同。缺少任一方面的服务，金融服务养老都是不全面的且难以有较好发展。

（2）老龄金融服务市场不断扩大

未来我国庞大的老年人口决定了我国老龄金融服务业是一个巨大的产业，将会形成一个不同于其他市场的老龄金融市场。老龄金融市场包括为养老提供短期信贷的货币市场和进行养老长期投资的资本市场。未来的老龄金融服务业更多地体现在权益类养老、投资类养老和综合性养老等方面。与老龄金融服务机构逐步增加相适应，老龄金融服务市场将会相应地扩大，养老基金市场、养老信托市场、养老租赁市场将会代替相当部分的个人养老储蓄市场。有相当一部分过去由子女承担的养老服务和由政府承担的养老金供给会逐渐被老龄金融服务市场活动所取代。现代金融发展表明，金融机构越来越多，金融市场越来越繁荣，金融监管越来越复杂。随着中国经济高速发展，人民收入水平不断提高，为老龄金融服务市场的发展提供了坚实的经济基础，老龄金融服务市场前景广阔。

（3）老龄金融服务需求持续上升

由于人口老龄化的加快和对美好生活的追求，老龄金融服务养老需求增大，特别是刚需总量巨大，势头强劲。一般说来，老年人具有丰富的劳动经验，收入在支出后剩余相对较多，他们会为自己的养老做准备，特别是养老生活上的准备。只不过这些人口中还有相当一部分人口金融资产存量有限、增量不多，由此抑制了对老龄金融服务养老的需求。但随着经济社会的发展，他们将会有越来越多的养老资金、养老资产和养老权益。这些可供老年人选择的养老资金、养老资产和养老权益增加了老龄金融服务的需求，加之寿命延长等原因可能会使老龄金融服务养老需求持续上升。同时，随着老龄产业发展，老龄产业金融需求也不断上升。

（4）老龄金融服务产品不断创新

随着互联网金融和人工智能的快速发展，金融服务养老产品创新不断。目前，老龄金融服务养老产品日益增多，如：商业银行的"得利宝久久添利产品"、"如意人生养老金理财产品"、"建信养老产品"、"金颐养老理财计划"、中老年人专属借记卡"信福年华"、"安愉人生产品"等；保险公司推出了尊贵一生终身年金保险、"福享未来"养老金年金保险计划；基金管理公司推出了昆仑信托型养老金产品。伴随着金融创新，服务养老的金融也在不断地被创新，不断地满足养老的需要。由于经济金融的快速发展和科技的进步，金融服务养老从无到有，从少到多，从单一到多样化，产品和服务不断创新。

（5）老龄金融服务业风险不断降低

老龄金融服务业风险主要是指在老年人离开工作岗位后，由于资金来源不稳定，参与金融活动所享受到的服务不稳定或基本生活存在不确定的情况。这些风险主要表现为,个人银行养老储蓄或养老金受到通货膨胀的影响,社会养老保险或商业养老保险受到支付问题的困扰,养老证券投资损失,养老基金收益和养老信托收益难以保证,养老资产如住房反向按揭出现支付困难等。与此同时,除了非正常死亡,人人都会进入老年阶段,失去劳动和生活自理能力,持续资金保证、住房、医疗服务和生活护理却仍然被需要。这些服务与金融结合在一起,可能会出现意想不到的老龄金融风险。由于老年人对养老金和养老资产安全性的考虑,以及对金融服务养老风险防范和监管完善的渴求,未来的老龄金融服务业的风险会不断降低。特别是老龄金融服务业的风险防范措施的作用和金融监管的完善,未来尽管不能完全消除风险,但老龄金融服务业的风险会不断降低直至可以承受。

(6) 金融服务养老体系更加完善

随着金融服务养老的兴起,老龄金融服务业体系逐步形成。由于养老服务业体系单一,盈利模式尚未形成,金融较难服务养老。没有稳定的收益,机构会缺乏提供养老服务的积极性。金融机构以自有资金(资产或权益)、个人银行储蓄、社会养老保险金、商业养老保险金、土地信托流转金、住房反向按揭等资金为依托,多角度开展老龄金融服务,推进老龄金融服务体系的构建,进而提高我国养老保障水平。目前,老龄金融服务养老体系正在由单一的商业银行、保险服务向银行、保险、证券、信托、基金等服务转变,老龄金融服务体系逐步形成。

(7) 老龄金融服务监管更加严格

老龄金融服务群体涉及不同层次的老年人群,涉及社会的方方面面。由于养老所需的金融服务不同于其他金融服务,特别是老年人经受不起风险,金融服务养老监管会更加严格。金融创新的发展为老年人提供了新的金融产品,而金融风险也随之出现。为了使老年人能够享受到创新所带来的益处,政府将不断完善相关的法律法规,进行全方位的监管。金融越发展,老龄金融服务业越发展,老龄金融服务业监管越严格。在老龄化速度不断加快和养老问题更加突出的情况下,老龄金融服务的需求也会越来越大,并有可能引发许多新的矛盾和问题。如果忽视这些问题,金融服务养老就极有可能成为经济社会发展的短板,成为制约经济社会持续、稳定、快速发展的障碍。特别是,在互联网金融下的老龄金融养老服务可能会出现许多意想不到的风险和问题,对老年人不适应的问题应该予以更多的解释和疏导,对金融机构的员工及服务也应进行严格的监督。

学生自评表

小组互评表

教师评学表

1. 单项选择题

2. 简答题

(1) 简述我国老龄金融服务业发展的现状。

(2) 阐述老龄金融服务业的影响因素,并举例说明。

(3) 叙述老龄金融服务业未来变化的趋势,并提出完善金融服务养老体系的对策建议。

3. 拓展研究

(1) 走进金融机构,了解一种类型金融机构实施老年金融服务的内容与发展状况,形成调研报告。

(2) 请扫码阅读《欧美银行业如何做好适老金融服务?》,并调查我国商业银行的适老金融服务状况,撰写我国商业银行如何借鉴国外适老金融服务先进经验的论文。

《欧美银行业如何做好适老金融服务?》

项目四 老龄金融服务业发展面临的问题

随着全球老龄化趋势的不断加剧,老龄金融服务业作为满足老年人金融需求的重要领域,正日益受到关注。对中国金融业来说,人口老龄化给社会资产配置带来了巨大挑战,但也带来了巨大的金融商机:一方面,中国金融业必须应对人口老龄化导致的金融挑战,科学研究针对老年人的新金融业态、新金融产品、新金融服务,在金融领域进一步全面开放的背景下,迎接来自外资金融机构的全方位挑战;另一方面,中国老龄金融作为一个正在成长和尚待开发的潜力市场,将为老龄产业可持续发展提供资金融通和资本输血,这对中国经济可持续发展具有重要意义。老龄金融服务业涵盖了养老保险、老年理财、长期护理保险等多个方面,对于保障老年人的生活质量、促进经济社会的稳定发展具有重要意义。然而,目前老龄金融服务业在发展过程中面临着一系列问题,发展制约因素有哪些?区域发展有什么样的特点?需要深入研究并加以解决。

请你完成以下任务——

任务一:借助互联网平台,检索并整理出2条老龄金融服务业发展面临的问题。

任务二:走进社区,了解老年人有哪些金融服务产品需求尚未被满足。

任务三:走进非银行金融机构,了解制约老龄金融服务业发展的因素。

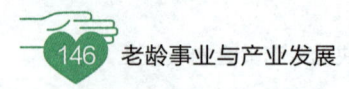

任务分组表　　　任务准备单

1. 老龄金融服务业发展制约因素较多

(1) 产品创新不足

① 老龄金融产品同质化

目前,老龄金融产品同质化现象突出,难以满足多样化养老投资需求。目前市场上推出的老龄金融产品较为相似,多在原有金融产品基础上优化微调,个性化、精准化设计不足。

② 老龄金融产品本土化不到位

我国老龄金融产品在借鉴国外模式时,尚未因地制宜与我国实际情况做结合变通。以住房反向按揭为例,受产品自身风险和我国居民传统思想影响,消费者反响欠佳。

(2) 老龄金融服务存在短板

① 缺乏业务协同性

当前,银行、基金、保险、证券等金融行业在老龄金融服务领域均有所涉足,但不同行业、不同机构之间缺少联系和业务协同性。这导致居民在选择银行、基金、保险等不同类型养老金融产品时存在不便。

② 适老化金融服务改造滞后

尽管我国金融机构不断推进适老化金融服务改革,但一些银行网点无障碍设施缺失或不足,智能设备适老化改造率低。手机银行APP适老化版本普及率不足,往往仅简化界面而未优化操作逻辑。养老理财、保险等产品复杂度高,缺乏通俗化解读和长期稳健选项。尤其是,我国广大农村地区金融适老化服务设施改造步伐较慢,基层老龄金融服务供给不足。

③ 老龄金融服务技术复杂

目前,我国老龄金融服务线上服务操作复杂,影响老年群体使用。加之,老龄金融服务线上、线下适老化改造相对不足。线上金融服务操作界面复杂,字号小,业务指引及操作流程不够通俗易懂,影响老年群体的顺畅使用。

(3) 配套机制支撑不足

我国个人养老金配套政策优惠力度有待加大。对中高收入人群吸引力欠缺,低收入人群惠及面小。目前,个人养老金实施递延纳税优惠政策,按照现行标准每年享受1.2万元免税限额,但对于中高收入人群来讲,政策吸引力欠缺;对于低收入人群来说,个人收入未达到抵扣门槛。根据现行政策计算,该政策对于年收入低于10万元的中低收入人群吸引力较低。

(4) 其他制约因素

老龄金融服务业发展除了上述制约因素外,还存在一些其他方面的问题。随着科技的发展,线上交易逐渐成为主流,但老年人偏好线下交易,对移动端APP不适应。从需求端来看,老年人有自己的偏好和习惯,因能直观地看到余额而更愿意使用存折,更喜欢走进网点进行面对面交流。从供给端来看,越来越来越多的数智化设备用于金融各项业务中,提高了服务效率,但不会用、不愿用成了老年人使用金融服务的障碍和壁垒,需要借助工作人员或家人的指导才能进行,导致老年人在金融服务中自主性丧失。

2. 老龄金融服务业处于初期发展阶段

(1) 市场需求逐渐显现

老年人口数量的增加和寿命的延长,使得老年人对金融服务的需求日益多样化,对稳定收益的养老理财产品的需求、对长期护理保险的需求等。随着老年人财富的积累,他们对财富管理和传承的需求也在不断增长。

(2) 产品和服务供给不足

目前,市场上针对老年人的金融产品相对较少,且产品设计不够完善。养老理财产品的收益稳定性和风险控制有待提高,长期护理保险的覆盖面和保障水平有限。金融服务机构对老年人的服务意识和服务能力有待加强。部分银行网点缺乏适老化设施,金融机构的服务流程对老年人不够友好。

(3) 政策支持力度不断加大

政府部门陆续出台了一系列支持老龄金融服务业发展的政策措施,如鼓励金融机构创新养老金融产品、加强对老年人金融消费者权益保护等。监管部门也在加强对老龄金融服务业的监管,规范市场秩序,防范金融风险。

3. 老龄金融服务业区域发展不均衡

(1) 区域发展不均衡现状

① 北上广及东部地区老龄金融服务业发展较快

北上广及东部地区城市经济发达,老龄金融服务业机构众多,为老龄金融服务业的发展提供了良好的基础。例如,北京、上海、广州等大城市拥有众多银行、保险公司、证券公司等金融机构,这些机构纷纷推出针对老年人和老龄产业发展的金融产品和服务。东部地区金融市场活跃,创新氛围浓厚,老龄金融产品和服务的创新能力较强。例如,一些金融机构推出了以房养老、养老目标基金等新型金融产品,满足了老年人多样化的金融需求。

② 中西部地区发展相对滞后

中西部地区经济相对落后,老龄金融服务机构数量较少,尤其是在广大农村地区,由于金融机构的覆盖不足,老年人难以享受到便捷的老龄金融服务。同时,老龄金融产品和服务较为单一,主要以传统的储蓄、保险产品为主,缺乏针对老年人的特色金融产品和服务,对老龄产业发展的金融服务也缺乏创新。

(2) 区域发展不均衡的原因

① 经济发展水平差异

东部地区经济发达,人均收入高,老年人的金融需求旺盛,为老龄金融服务业的发展提供了强大的动力。中西部地区经济相对落后,人均收入低,老年人的金融需求相对较弱,制约了老龄金融服务业的发展。

② 金融市场成熟度差异

东部地区金融市场成熟度高,金融机构竞争激烈,创新动力强,能够为老龄金融服务业的发展提供良好的市场环境。中西部地区金融市场成熟度低,金融机构竞争不充分,创新动力不足,难以满足老龄金融服务业发展的需求。

③ 人口老龄化程度差异

东部地区人口老龄化程度较高,老年人数量多,老龄产业较发达,对老龄金融服务业的需求大,推动了老龄金融服务业的发展。中西部地区人口老龄化程度相对较低,老年人数量较少,老龄产业欠发达,对老龄金融服务业的需求相对较小,制约了老龄金融服务业的发展。

 任务评价

 学生自评表　　 小组互评表　　 教师评学表

 思考练习

1. 单项选择题

2. 简答题

（1）解释老龄金融服务业发展的制约因素。
（2）阐述老龄金融服务业的区域发展不均衡特点。
（3）简述老龄金融服务业处于初期发展的特点。

3. 拓展研究

（1）走进证券公司，了解证券公司老年金融产品名称。
（2）请扫码阅读《关于个人养老金有关个人所得税政策的公告》，讨论个人养老金实施的背景与意义，撰写一篇论文。

《关于个人养老金有关个人所得税政策的公告》

项目五　老龄金融服务业发展战略

 任务发布

随着全球经济的深度融合与数字化转型的浪潮不断推进，金融服务行业正面临前所未有的发展机遇与挑战。金融服务行业作为现代经济体系的核心组成部分，其发展状况直接关系到国家经济的健康运行和全球竞争力。近年来，随着科技的飞速发展，尤其是信息技术的更新换代，金融科技成为

行业内创新最活跃的领域之一。区块链、人工智能、大数据、云计算等技术的广泛应用,正在深刻改变金融服务行业的生态和服务模式。

老龄金融服务业发展同样面临着一系列问题,老龄金融服务业发展有哪些支持政策?目前老龄金融服务业的发展趋势如何?

请你完成以下任务——

任务一:借助互联网平台,检索并整理发达国家老龄金融服务业发展现状。

任务二:走进社区与金融机构,了解老龄金融服务业发展的重要支持政策落实情况。

任务准备

任务分组表

任务准备单

知识链接

1. 老龄金融服务业发展的战略内容

(1) 战略目标

通过提供多样化、个性化的老龄金融产品和服务,满足老年人和老龄产业发展的金融需求,提高老年人的生活质量和幸福感;为经济增长提供新的动力,缓解社会养老压力,促进社会的稳定和谐;通过不断创新金融产品和服务,推动金融科技的应用,促进金融行业的转型升级。

(2) 战略重点

① 养老金融产品创新

开发多样化的养老理财产品,满足不同风险偏好和收益需求的老年人;推出长期护理保险产品,为老年人提供长期护理保障;探索以房养老等新型养老金融模式,拓宽老年人的养老资金来源;推动老龄产业金融服务创新。

② 金融知识普及和教育

金融机构加强对老年人的金融知识普及和教育,提高老年人的金融素养和风险识别能力;开展金融知识进社区、进养老院等活动,为老年人提供面对面的金融咨询和服务。

③ 金融科技应用

金融机构利用大数据、人工智能、区块链等金融科技手段,创新老龄金融服务模式,提高服务效率和质量;开发适合老年人使用的金融科技产品,如智能理财助手、移动支付等。

④ 行业合作与协同发展

加强金融机构与养老机构、医疗机构、老龄康养产品制造企业等的合作,为老年人提供综合性的金融服务;推动金融机构之间的合作与协同,共同开发老龄金融市场。

⑤ 市场监管和行业规范

加强对老龄金融服务市场的监管,规范金融机构的经营行为,保护老年人的合法权益;建立健全老龄金融服务行业标准和规范,促进行业的健康发展。

(3) 战略措施

① 政策支持

政府出台税收优惠、财政补贴等政策,鼓励金融机构创新养老金融产品和服务。加强对老龄金融服务业的监管,建立健全监管体系,防范金融风险。

② 金融机构创新

金融机构加大对老龄金融服务的投入,加强产品和服务创新,提高市场竞争力。建立专门的老龄金融服务部门,配备专业的服务人员,为老年人和老龄产业发展提供优质的金融服务。

③ 社会参与

鼓励社会组织、企业等参与老龄金融服务,共同推动老龄金融服务业的发展。建立老龄金融服务志愿者队伍,为老年人提供金融咨询和服务。

④ 国际合作

加强与国际上其他国家和地区的交流与合作,学习借鉴先进的老龄金融服务经验和模式。推动中国老龄金融服务"走出去",参与国际老龄金融市场的竞争,提升老龄金融业国际竞争力。

2. 老龄金融服务业发展的支持政策

(1) 完善多层次老龄金融组织体系

① 创新专业金融组织形式

政府支持有条件的金融机构优化整合资源,提高养老领域金融服务水平。鼓励金融机构支持养老服务业和老龄康养产品制造业发展,实现老龄金融业务创新和战略转型,探索建立养老金融事业部制。

② 支持金融组织开展老龄金融服务业务

鼓励银行、证券、保险、基金等各类金融机构积极应对老龄化社会发展要求,优化内部组织架构和管理体制,增强养老领域金融服务能力。

③ 培育服务养老的金融中介体系

鼓励金融机构创新与融资担保机构合作模式,以政府性融资担保机构为主,引导各类融资担保机构加大对养老服务业的支持力度。

(2) 创新老龄金融服务机制

① 完善老龄金融信贷管理机制

鼓励银行业金融机构根据养老服务业发展导向和经营特点,专门制定养老服务业信贷政策,开发针对养老服务业的特色信贷产品,建立适合养老服务业特点的授信审批、信用评级、客户准入和利率定价制度,为养老服务业提供差异化信贷支持。

② 创新养老服务业贷款方式

鼓励银行业金融机构创新承贷主体,对企业或个人投资设立的养老服务机构,在风险可控的前提下,可以向投资企业或个人作为承贷主体发放贷款。

③ 拓宽养老服务贷款抵押担保范围

鼓励银行业金融机构探索以养老服务机构有偿取得的土地使用权、产权明晰的房产等固定资产为抵押,提供信贷支持。

(3) 拓宽养老服务多元化融资渠道

① 推动养老服务企业上市融资

政府推动符合条件的养老服务企业上市融资,支持处于成熟期、经营较为稳定的养老服务企业在主板市场上市。支持符合条件的已上市的养老服务企业通过发行股份等再融资方式进行并购和重组。

② 支持养老服务企业债券市场融资

政府支持处于成熟期的优质养老服务企业通过发行企业债、公司债、非金融企业债务融资工具等方式融资。

③ 鼓励多元资金支持养老服务业

各地采取政府和社会资本合作（PPP）模式建设或发展养老机构，鼓励银行、证券等金融机构创新适合PPP项目的融资机制，为社会资本投资参与养老服务业提供融资支持，积极探索与政府购买基本健康养老服务配套的金融支持模式。

(4) 完善养老保险体系建设

① 完善多层次社会养老保险体系

进一步完善由基本养老保险、企业年金、职业年金、商业养老保险等组成的多层次、多支柱的社会养老保险体系。

② 加快保险产品和服务方式创新

开展个人税收递延型商业养老保险试点，继续推进老年人住房反向按揭养老保险试点，发展独生子女家庭保障计划，丰富商业养老保险产品。

③ 创新保险资金运用方式

积极借鉴国际经验，在符合投向要求、有效分散风险的前提下，推动基本养老保险基金、全国社会保障基金、企业年金基金、职业年金基金委托市场化机构多种渠道开展投资，实现资金保值增值，提升服务能力。

(5) 提高老龄金融服务能力和水平

① 增强老龄金融服务便利性

鼓励金融机构优化网点布局，进一步向养老社区、老年公寓等老年群体较为集中的区域延伸服务网点，提高金融服务的可得性。

② 积极发展老龄金融专业化产品

鼓励银行、证券、信托、基金、保险等各类金融机构针对不同年龄群体的养老保障需求，积极开发可提供长期稳定收益、符合养老跨生命周期需求的差异化金融产品。

③ 扩展老龄金融服务内容

金融机构要积极介入社会保障、企业年金、养老保障与福利计划等业务，做好支付结算、账户管理、托管和投资等基础服务。

(6) 加强组织实施与配套保障

① 加强金融政策与产业政策的协调配合

建立中国人民银行、民政部、国家发展和改革委员会以及金融监管部门等参加的金融支持养老服务业工作协调机制，加强政策协调和信息沟通，形成推进老龄发展的金融政策合力。

② 综合运用多种金融政策工具

加强信贷政策引导，鼓励金融机构加大对养老服务业和医养结合领域的支持力度。运用支小再贷款、再贴现工具，引导金融机构加大对小微养老服务企业的信贷支持。

③ 加强政策落实与效果监测

各金融机构要逐步建立和完善金融支持养老服务业专项统计制度，加强对养老领域金融业务发展的统计与监测分析。

3. 老龄金融服务业发展的趋势

（1）智能化趋势

随着科技的不断进步，老龄金融服务业将越来越智能化。金融机构将利用人工智能、大数据、区块链等技术，为老年人和企业提供更加便捷、高效、个性化的金融服务。例如，通过智能投顾为老年人提供个性化的投资建议；利用大数据分析老年人和老龄产业发展的金融需求，提供精准的金融产品和服务。

（2）多元化趋势

老龄金融服务产品和服务将更加多元化。除了传统的养老保险、养老储蓄等产品外，金融机构将推出更多创新型的金融产品和服务，如长期护理保险与养老社区相结合的产品、以房养老产品、老年消费金融产品等。

（3）专业化趋势

随着老龄金融服务市场的不断发展，金融机构将更加注重专业化服务。金融机构将设立专门的老龄金融服务部门，配备专业的金融服务人员，为老年人提供专业的金融咨询、财富管理、风险评估等服务。金融机构也须加强对老龄金融服务人员的培训，提高其专业素质和服务水平。

（4）国际化趋势

随着经济全球化的不断深入，老龄金融服务业也将呈现国际化趋势。金融机构将加强国际合作，引进国外先进的老龄金融服务产品和服务，为老年人和老龄产业发展提供更加优质的服务。

学生自评表

小组互评表

教师评学表

1. 单项选择题

2. 简答题

（1）分析老龄金融服务业发展有哪些支持政策？

（2）阐述老龄金融服务业发展的战略重点。

（3）简述老龄金融服务业发展的趋势。

3. 拓展研究

（1）走进社区，采访一位老年人，引导性询问其了解哪些老龄金融产品，了解的渠道有哪些。

（2）请扫码阅读中国人民银行等《关于金融支持养老服务业加快发展的指导意见》，讨论"支持拓宽有利于养老服务业发展的多元化融资渠道"，对解决我国中小微养老机构的融资难问题的重要意义。

关于金融支持养老服务业加快发展的指导意见

模块八

老龄康养产品制造业

模块导读

作为老年用品产业的重要组成部分,老龄康养产品制造业以老年人为服务对象,提供医疗设备、信息设备、家居设施、适老化改造部品,与保障老年人的安全、生活品质密切相关。《关于促进老年用品产业发展的指导意见》提出,践行新发展理念,深化供给侧结构性改革,实施创新驱动发展战略,培育龙头骨干企业,激发产业发展内生动力,丰富产品品种、提升产品品质、创建产品品牌,深化互联网、大数据、人工智能、5G等信息技术与老年用品产业融合发展,逐步构建完善的老年用品产业体系,增强适应老龄化社会的产业供给能力,不断满足老年人多样化、多层次消费需求。从老年健康用品到智能外骨骼机器人,从适老家具到全屋智能化改造部品,产业正经历从"被动应对"到"主动预防"的需求转型。面对产业链协同不足、政策监管缺位等问题,老龄康养产品制造业将采取创新驱动、民族品牌、产业集群三大战略,在突破"低端同质化"困境,推动5G、物联网与产品深度融合的同时,也要立足"适老性"本质,践行人文关怀,最终构建"技术精准、产品多元、服务贴心"的产业生态。本模块详细介绍老龄康养产品制造业的内涵、内容、存在问题与发展战略。

模块目标

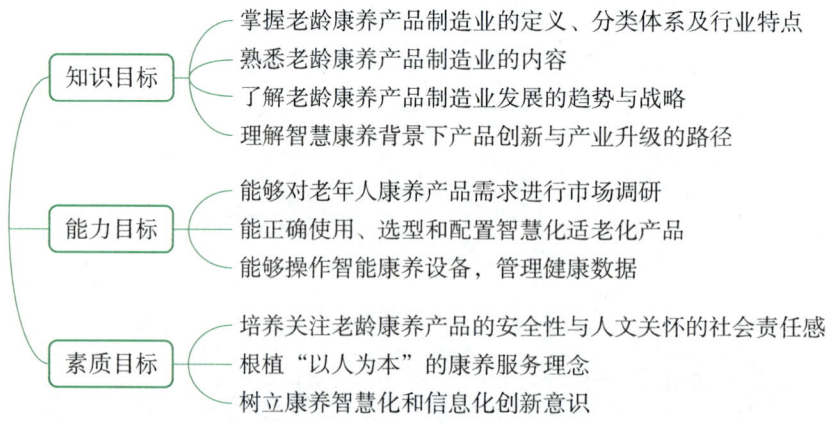

模块导图

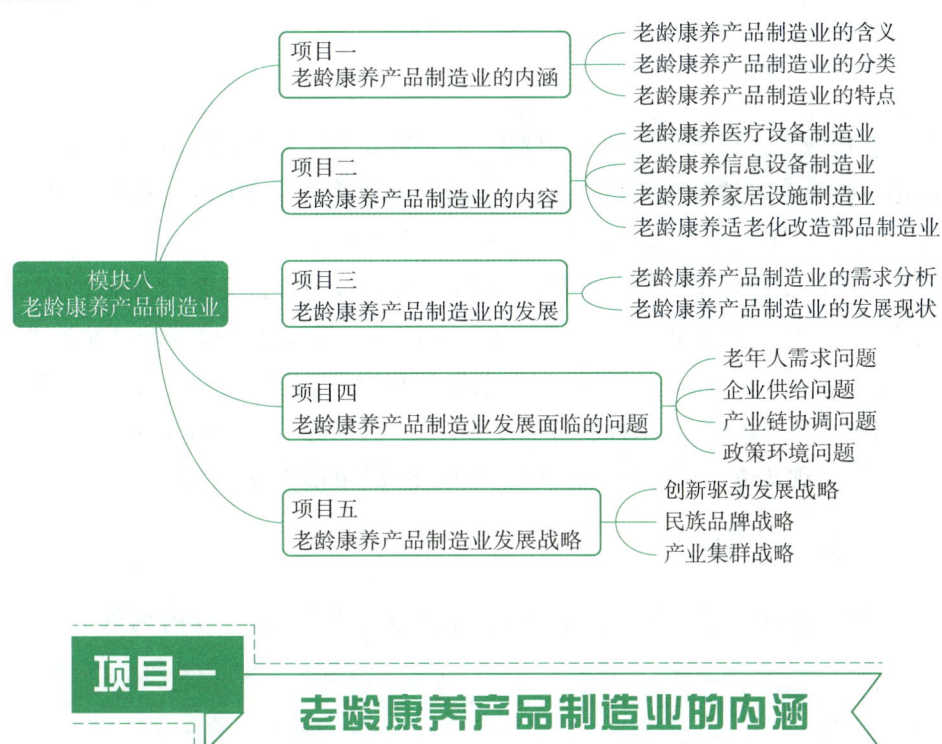

项目一 老龄康养产品制造业的内涵

任务发布

老龄化社会的快速发展催生了庞大的银发经济市场,老年人口数量的增加直接推动了康养产品需求的增长,为老龄康养产品制造业提供了广阔的发展空间。如何在满足老年人需求的同时,实现产品的创新、提升用户体验、降低生产成本,以及应对政策环境的变化,是老龄康养产品制造业目前需要面对的重要挑战。那么,什么是老龄康养产品制造业?如何对它进行分类?它又具有什么样的特点?

请你完成以下任务——

任务一:阅读《养老产业统计分类(2020)》,了解老龄康养产品制造业的分类。

任务二:借助搜索引擎工具,收集5种当前市场上主流的老龄康养产品信息,包括产品类型、功能特点、价格区间等。

任务三:访谈2位以上的老年人及其家庭成员,了解他们对康养产品的使用体验、满意度及改进建议,总结老龄康养产品制造业的特点。

文档

智慧健康养老产品及服务推广目录

任务准备

任务分组表

任务准备单

知识链接

1. 老龄康养产品制造业的含义

老龄康养产品制造业是指以老年人群体的健康、安全和生活质量为核心，专门研发、生产各类康养产品的产业。其核心目标是通过技术创新与产品优化，满足老年人在生活照料、健康管理、疾病预防、康复护理等方面的多元化需求，助力应对人口老龄化带来的社会挑战。

早期老龄康养产品以基础性辅助器具为主，如拐杖、轮椅等，侧重解决老年人基本生活障碍。随着科技进步与市场需求升级，产业逐步向专业化、智能化方向拓展。目前老龄康养产品制造业已形成多元化产品体系，涵盖老年食品、老年日用品及辅助产品、老年健身产品、老年休闲娱乐产品、老年保健用品、老年药品、老年医疗器械和康复辅具、老年智能与可穿戴设备、老年代步车等细分领域，并深度融入物联网、人工智能等新兴技术，实现从单一功能向智能互联、个性化服务的跨越式发展。

2. 老龄康养产品制造业的分类

老龄康养产品制造业通常可以按产品特性、产品功能、技术水平、应用场景分类，如图 8-1-1 所示。

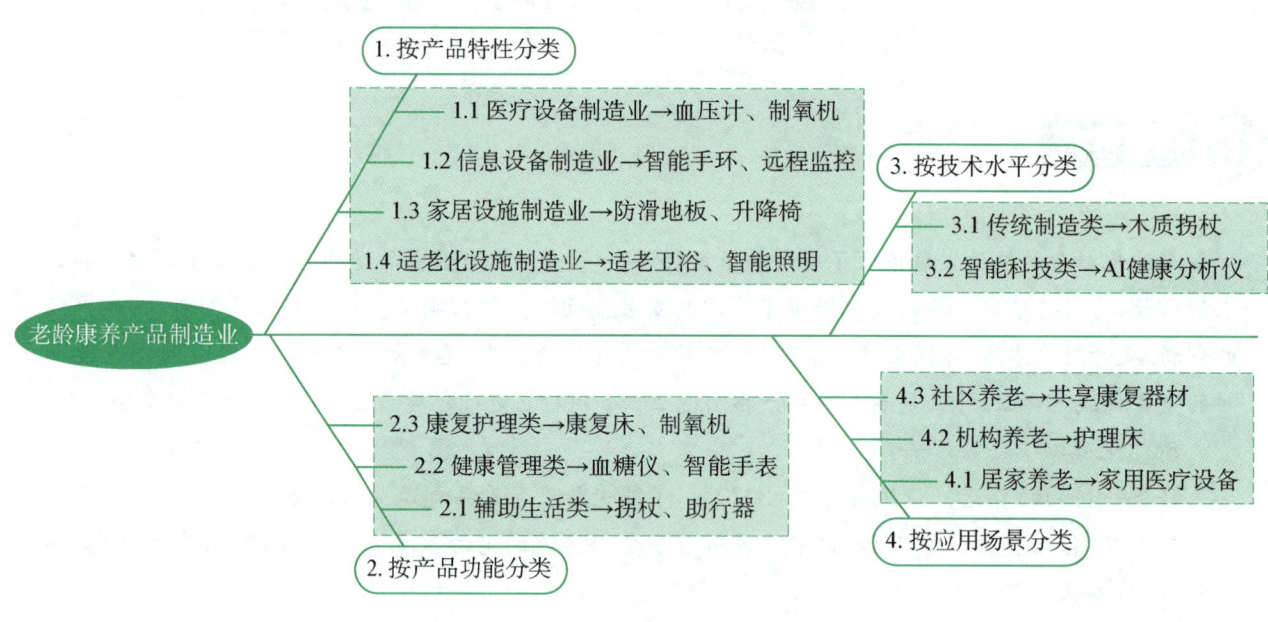

图 8-1-1 老龄康养产品制造业的分类

（1）基于产品特性分类

根据产品特性的不同，老龄康养产品制造业可分为医疗设备制造业、信息设备制造业、家居设施制造业和适老化设施制造业四类。

① 老龄康养医疗设备制造业

老龄康养医疗设备制造业主要制造具有医疗特性的设备，如血压计、血糖仪、制氧机、吸痰器等，这些设备的主要功能是帮助老年人监测健康状况，提供必要的医疗支持，以及进行康复护理。

② 老龄康养信息设备制造业

老龄康养信息设备制造业主要制造具有新一代信息技术特性的设备，包括智能手环、智能手表、远程监控系统、健康管理平台等,这些设备通过物联网、大数据、人工智能等技术,实现老年人的健康监测、紧急救援、生活服务等功能。

③ 老龄康养家居设施制造业

老龄康养家居设施制造业主要制造具有家居属性的设施设备,如无障碍通道、防滑地板、升降椅、抓杆等,这些设施的主要功能是确保老年人在家庭环境中的安全性和便利性,提高他们的生活质量。

④ 老龄康养适老化设施制造业

老龄康养适老化设施制造业主要制造含有适老化元素的设施设备,包括适老化家具、适老化卫浴设施、智能照明系统等,旨在提高老年人在家庭、社区等环境中的舒适度和便利性,减少意外风险。

(2) 基于产品功能分类

根据产品功能的不同,老龄康养产品制造业可分为辅助生活类产品制造业、健康管理类产品制造业和康复护理类产品制造业三种。

① 辅助生活类设备制造业

辅助生活类设备制造业是生产包括拐杖、助行器、轮椅等个人移动辅助设备,以及升降椅、抓杆、防滑垫等家居生活辅助设备等产业,这些设备的主要功能是帮助老年人克服日常生活中的障碍,提高生活自理能力。

② 健康管理类设备制造业

健康管理类设备制造业是生产可穿戴设备(如智能手环、智能手表)、家用医疗设备(如血压计、血糖仪)等产业。健康管理类设备的主要功能是实时监测老年人的生理指标,提供健康预警和管理建议。

③ 康复护理类设备制造业

康复护理类设备制造业是生产康复床、康复椅、矫形器、吸痰器、制氧机等设备的企业,这些设备的主要功能是帮助老年人进行康复训练,提供必要的护理服务。

(3) 基于技术水平分类

根据产品技术水平的差异,可分为传统康养产品制造业、智能科技产品制造业两类。

① 传统康养产品制造业

传统制造类产品主要依赖传统生产工艺和材料进行生产加工,如木质拐杖、金属轮椅等。这些产品虽然功能简单,但价格相对较低,适合经济条件有限的老年人群。

② 智能科技产品制造业

智能科技类产品往往嵌入了物联网、大数据、人工智能等先进技术,如智能穿戴设备、远程监控系统等,具有更高的智能化水平,能够提供更加精准、个性化的康养服务。

(4) 基于应用场景分类

养老行业中常见的应用场景主要包括居家、机构与社区三种。据此,可将老龄康养产品制造业分为居家康养产品制造业、机构康养产品制造业和社区康养产品制造业。

① 居家康养产品制造业

居家康养产品制造业是生产适用于老年人家庭环境的产品,如家居生活辅助设备、家用医疗设备等,这些产品旨在提高老年人在家庭环境中的生活质量和安全性。

② 机构康养产品制造业

机构康养产品制造业主要生产适用于养老机构、医院等场所的产品,如康复床、护理床、远程监控系统等,这些产品能够满足养老机构对老年人进行专业护理和管理的需求。

③ 社区康养产品制造业

社区康养产品制造业主要生产适用于社区养老服务中心、旅游养老基地等场所的产品,如无障碍设施、智能穿戴设备等,这些设备能够提高老年人在社区和旅游环境中的便利性和舒适度。

3. 老龄康养产品制造业的特点

(1) 需求多元性

老龄康养产品制造业需要满足老年人的多元化需求,包括生理需求、安全需求、社交需求与自我实现需求等,如图 8-1-2 所示。

老年人的多元化需求
- ① 生理需求：老年人需要适老化家具、无障碍设计的生活环境,以及方便使用的厨房用具和餐具等,以确保老年人能够安全、舒适地生活
- ② 安全需求：老年人需要血压计、血糖仪、助听器、轮椅等产品以掌控自身身体健康状况,规避风险
- ③ 社交需求：老年人需要能够促进社交互动的产品,如智能手机、平板电脑等电子产品,以方便进行视频通话、浏览新闻、加入社交媒体等
- ④ 自我实现需求：老年人需要一些适合使用的教育产品、文化娱乐产品等,以满足他们的精神追求和成长需求

图 8-1-2　老年人的多元化需求

(2) 技术创新性

老龄康养产品制造业的技术创新特性主要体现在智能化技术和新材料的应用、人机交互与用户体验的优化、数据驱动与智能化决策等多个方面。

① 智能化技术应用

在智能化技术应用方面,老龄康养产品制造业广泛采用智能穿戴设备,如智能手表、健康监测手环等,实时监测老年人的心率、血压、血糖等生理指标,及时预警潜在的健康风险。

② 新材料应用

在新材料应用方面,抗菌、防霉、防滑、耐磨、环保材料成为首选。

③ 人机交互与用户体验优化

在人机交互与用户体验优化方面,老龄康养产品的界面设计注重直观性和易用性,采用大字体、清晰图标等设计元素,能够更方便老年人操作。

④ 数据驱动与智能化决策

在数据驱动与智能化决策方面,老龄康养产品制造业通过数据采集和分析技术,收集老年人的健康数据、生活习惯等数据,为产品优化提供数据支持,同时也能够为老年人提供个性化的健康管理。

(3) 学科交融性

老龄康养产品制造业的学科交融性体现在医学、工学、心理学、人文社科以及材料科学与生物技术的多方面交叉中。其中,医学是老龄康养产品设计的核心,心理学与人文社科的应用为产品增添了情感与文化的维度,工学技术为老龄康养产品带来了前所未有的智能化升级,材料科学与生物技术的交叉应用为老年人提供了更加安全、有效的康养选择。

任务评价

学生自评表

小组互评表

教师评学表

思考练习

1. 单项选择题

2. 简答题

(1) 解释什么是老龄康养产品制造业。
(2) 阐述老龄康养产品制造业的分类方法。
(3) 阐述老龄产品制造业的特点。

3. 拓展研究

(1) 走进社区,了解社区老年人康养产品使用情况,撰写社区老年人康养产品应用报告。
(2) 请扫码阅读《养老产业统计分类(2020)》,为"老年用品及相关产品制造"的9个品类,分别列出5种产品,并列表呈现。

《养老产业统计分类(2020)》

项目二　老龄康养产品制造业的内容

任务发布

在我国老龄化进程加快的背景下,脑卒中发病率总体呈现上升趋势,每年约有超过200万新增脑卒中患者。但目前我国具有康复医学科的医院约6800家,康复中心约800家,康复医师数量约为

除了肢体运动,康复机器人还可辅助哪些身体功能?

每十万人0.4名,远低于发达国家水平[1]。康复医疗资源的紧缺,与庞大的脑卒中患者群体对康复医疗与日俱增的需求形成鲜明对比。因此,探索康复领域的新出路迫在眉睫,康复机器人的引入无疑为解决这一难题提供了创新方案。

康复机器人仅是老龄康养产品制造业中的冰山一角。那么,老龄康养产品制造业究竟包括哪些设备?可以进一步划分为哪几个子产业?具体有哪些产品?

请你完成以下任务——

任务一:借助搜索引擎工具,收集老龄康养产品的市场规模数据。

任务二:使用思维导图工具,划分老龄康养产品制造业的子产业并标注各子产业的典型产品。

任务三:调研一家老龄康养产品制造企业,形成该企业产品布局的分析报告。

任务分组表

任务准备单

1. 老龄康养医疗设备制造业

老龄康养医疗设备特指为老年人群设计的,旨在满足其健康监测、疾病治疗及康复护理需求的医疗器械[2]集合。基于老龄社会的多维度需求,老龄康养医疗设备制造业可细致划分为以下四大专业领域:

(1) 老年健康用品制造

老年健康用品的功能主要是通过实时监测与早期干预降低疾病风险,覆盖健康教育、健康监测、健康管理全流程。围绕这三方面的需要,各种检测设备应运而生,健康干预的用品更是层出不穷,如心率监测手环、血压计手表、智能手环等智能穿戴设备,血糖仪、血氧饱和度测量仪等便携式健康检测仪,跌倒检测传感器、健康床垫、防褥疮床垫、助听器、电动轮椅、助行器、爬楼机等健康辅助设备(见图8-2-1)。

(2) 老年中医药品与中医医疗器械制造

老年中医药与中医医疗器械产品专注于利用中医药理论和传统疗法为老年人提供健康维护和疾病治疗的服务,包括但不限于中药饮片、中成药、中药提取物以及针灸针、拔罐器、刮痧板、艾灸仪等中医特色诊疗设备。此外,还包括一些结合了现代科技的中医医疗设备,如中医体质辨识系统、中医经络检测仪等。

(3) 老年西医药品与西医医疗器械制造

西医药品与西医医疗器械制造专注于生产老年人常用的西药制剂、生物制品及西医诊疗设备。其

---

[1] 姚玉峰,裴硕,郭军龙,等.上肢康复机器人研究综述[J].机械工程学报,2024,60(11):115—134.

[2] 根据2021年3月国务院最新发布的《医疗器械监督管理条例》:医疗器械,是指直接或者间接用于人体的仪器、设备、器具、体外诊断试剂及校准物、材料以及其他类似或者相关的物品,包括所需要的计算机软件。

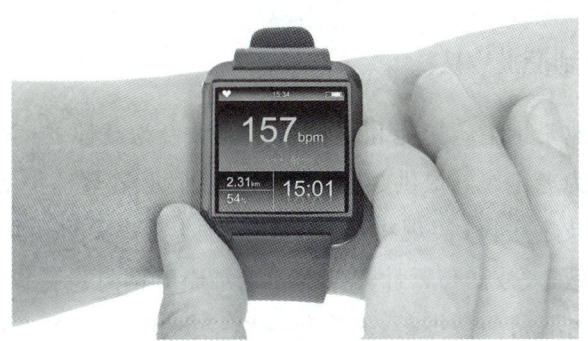

a. 智能穿戴设备

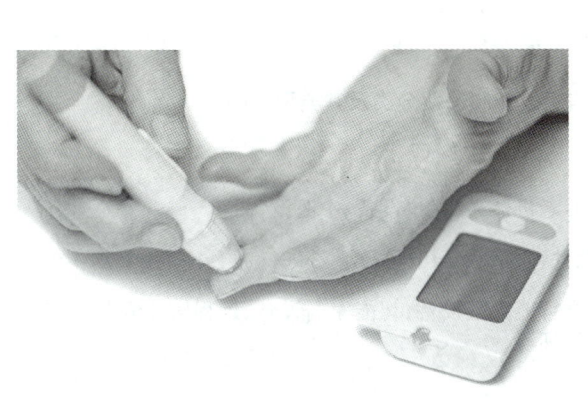

b. 血糖监测仪

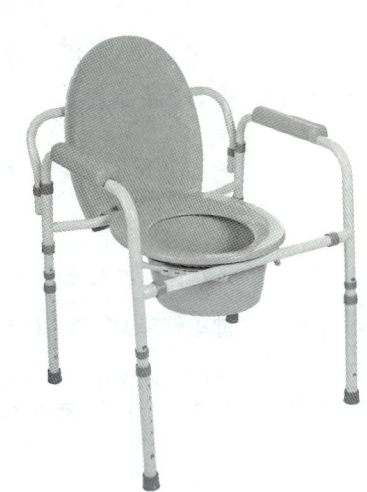

c. 便携式马桶椅

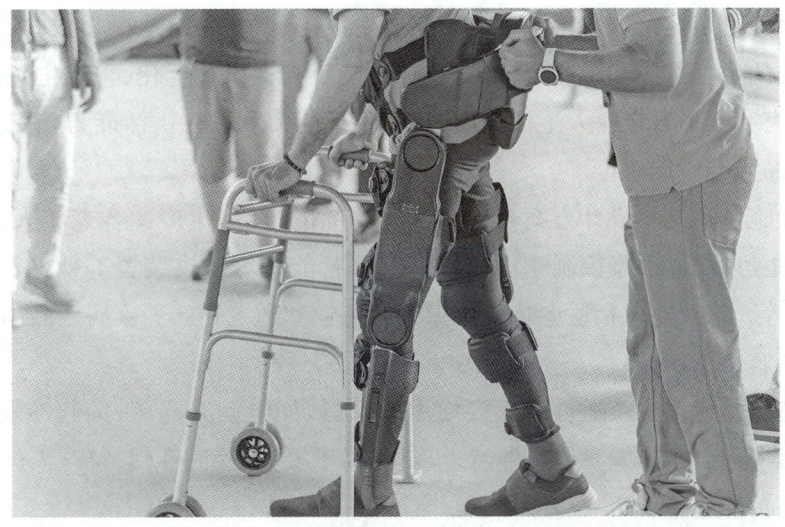

d. 便携式马桶椅

图 8-2-1 老年健康用品

中,西药制剂涵盖降压药、降糖药、心血管药物等,生物制品则包括疫苗、血液制品等,西医诊疗设备如心电图机、超声诊断仪、X 射线成像系统、计算机断层扫描(CT)等。

(4) 老年康复护理器材和辅助材料制造

老年康复护理器材和辅助材料制造领域专注于设计制造辅助老年人康复、日常护理的设备与材料。康复器械包括站立架、平衡训练器、步行训练器、轮椅及电动病床等;护理设备包括护理床、升降台、移动扶手、床边护栏、起身助力架等。此外,还包括伤口护理材料、皮肤保护产品、失禁护理用品等辅助材料。

2. 老龄康养信息设备制造业

老龄康养信息设备制造业是指生产智能和以信息系统平台为载体的产品,运用物联网、大数据与云计算、人工智能等关键技术,为老年人群提供健康管理、康复辅助、养老监护等服务。其中,物联网技术通过感知、识别、传输和处理等技术手段,实现物体与物体、物体与环境的互联互通,被广泛应用于健康监测、紧急呼叫、安全看护等领域;大数据与云计算技术为老龄康养信息设备提供强大的数据处理和分析能力,通过收集老年人的健康数据、行为数据等,并进行深度挖掘和分析,为老年人提供精准的健康管理服务;人工智能技术可以实现对老年人健康状态的智能识别、预测和干预。

因循信息产业的分类逻辑,老龄康养信息设备制造业内容可细分为智能硬件制造、智慧软件制造、一体化解决方案设计三类,产品如表 8-2-1 所示。

表 8-2-1 老龄康养信息设备制造业分类及其典型产品

类别	典型产品
智能硬件制造	外骨骼机器人、健康监测设备、养老机器人、定位设备、中医设备等
智慧软件制造	健康管理类软件、社交娱乐类软件、大字版 APP 等
一体化解决方案设计	智能居家养老方案设计通过整合智能穿戴设备、智能家居设备、远程医疗服务等资源,为老年人打造一个安全、舒适、便捷的居住环境

3. 老龄康养家居设施制造业

老龄康养家居设施制造业是以老年人群体的起居生活需求为核心,从事相关的设施的研发、生产、销售以及提供相关服务的生产部门和企业集合体,旨在为老年人提供适老化、智能化、安全化及功能化的家居产品与配套服务,有利于提升老年人生活品质、健康管理能力和独立生活能力,满足老年人日益增长的康养需求,提升生活品质与幸福感。

老龄康养家居设施制造是将设计方案转化为实际产品的过程,生产适合老年人使用的适老床、大圆角适老椅、适老化鞋柜等家具,语音控制家电,智能门锁、智能访客对讲装置等辅助设备,智能马桶,紧急呼叫装置,防滑地砖等。该产业包括适老化康养家具制造业和适老化康养家居用品制造业。

(1) *适老化家具制造业*

适老化家具制造业是专门生产适合老年人使用的家具,如电动升降床、助起沙发、防滑餐桌椅等,这些家具在设计上通常考虑到老年人身体机能特点,具备易于操作、稳固性强、符合人体工程学等特性。

(2) *适老化家居用品制造业*

适老化家居用品制造业涵盖适老化厨卫用品、适老化建材等,如防洒碗、助食弯头勺、防滑垫、扶手、可折叠淋浴座椅、步入式浴缸等,旨在提升老年人居家生活的便利性与安全性。

4. 老龄康养适老化改造部品制造业

老龄康养适老化改造部品制造业是指为家庭、社区、养老机构等老年人居住环境提供适老化设施改造所需功能性产品、构件及系统的制造业。老龄康养适老化改造部品需符合《老年人照料设施与适老居住建筑部品体系标准》(T/CREA 005—2021)关于安全、健康、卫生、适用、经济、环保等要求,涵盖建筑结构、室内设施、智能设备等领域。

(1) 分类

老龄康养适老化改造部品制造业主要包括无障碍部品、防护部品、墙顶地部品、门窗部品、标识部品、厨卫部品、设备部品、收纳部品、智能管理部品、辅具家居部品和户外适老部品的研发、设计与生产加工。这是按照部品的主要功能及性能进行的分类。

① 无障碍部品制造业

无障碍部品制造业主要包括步行辅助类扶手和动作辅助类扶手的研发、设计和生产加工,具体包括走廊、坡道、楼梯等空间Ⅰ型扶手、L型扶手、U型扶手、围绕型扶手、上翻型扶手、可移动扶手等的制造。

② 防护部品制造业

防护部品制造业主要是研发、设计和生产加工防撞板、防护栏杆、成品护角、楼梯防滑条、高差消除部品等。

③ 墙顶地部品制造业

墙顶地部品制造业主要包括以下产品的研发、设计与生产加工:防滑性、冲击力吸收性、防火性、防污性、耐磨性适老的面层材料;低温辐射热水采暖设备或电热膜采暖设备;墙体装饰条板、隔墙轻钢龙骨、隔墙木骨架;抗菌壁纸、壁布、环保涂料、木塑装饰板、金属装饰板等面层材料;室内加热器、浴霸、暖风机、采暖器等采暖设施;风扇、通风器等通风设施;固定式灯具、嵌入式灯具、外凸式灯具等照明设施。

④ 门窗部品制造业

门窗部品制造业主要包括平开门、推拉门、折叠门,平开窗、推拉窗、复合开启窗,失智老年人专用窗和防止坠落的纱窗网及门窗五金件等产品的研发、设计与生产加工。

⑤ 标识部品制造业

标识部品制造业是研发、设计和生产加工贴壁式、地牌式、悬挑式、悬挂式、电子媒体式的各类标识产品。标识按照传递信息的属性可以分为引导类标识、识别类标识、定位类标识、说明类标识和限制类标识等。

⑥ 厨卫部品制造业

厨卫部品制造业主要包括厨房和卫生间部品的研发、设计和生产加工等。其中,厨房家具包括坐式整体橱柜、洗涤池、洗碗机、炊具、案台、油烟机、具有自动熄火保护装置的燃气灶等产品。

卫生间部品主要包括坐便器、蹲便器、折叠助起扶手、增高座圈、升降式坐便辅助器、马桶助力架等坐便辅助装置;具有易清洁、抗菌等性能洗面器,坐式镜子/镜柜及镜前灯、感应式/杠杆式水龙头、人工造瘘清洗池、花洒、恒温阀、浴凳、浴帘、截水篦子、机械浴缸、坐式淋浴器、淋浴房、灯暖型浴霸、风暖型浴霸、远红外热波(碳纤维)浴霸等(见图8-2-3)。

⑦ 设备部品制造业

设备部品制造业主要包括以下产品的研发、设计与加工制造:散热器、辐射供暖系统、空调系统等采暖设备;集中空调系统和房间空气调节器等制冷设备;通风设备;具有显色指数、色温、照度、无频闪、可调节亮度等性能的照明灯具;大面板开关、遥控器开关、感应器开关、带指示灯开关;带保护门的插座;天花板内嵌式活氧除臭装置和壁挂式活氧除臭装置;等。

适老化空间
打造提升案例

⑧ 收纳部品制造业

收纳部品制造业主要包括适老环保收纳柜和制作材料,抽屉式、导轨式、转轴式、拉篮式、升降式等五金材料等。

⑨ 智能管理部品制造业

智能管理部品制造业主要包括安全防卫设备系统、基本业务办公或信息管理系统、健康管理系统、养

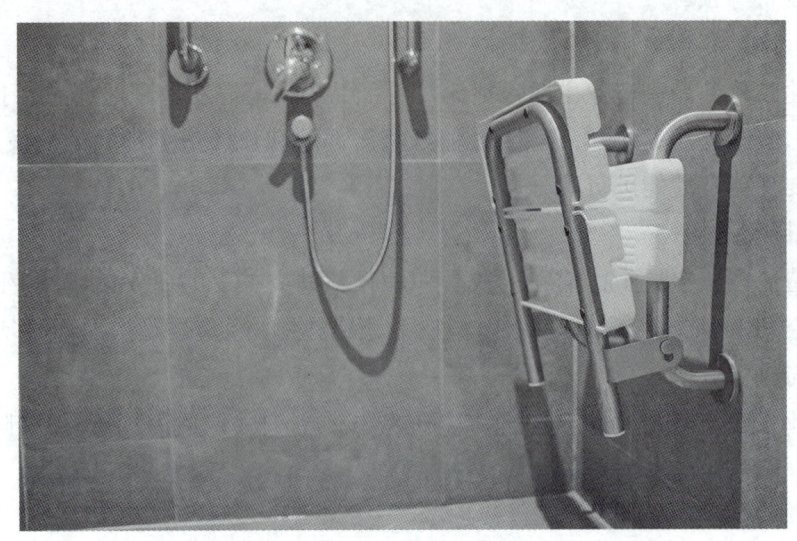

图 8-2-3　带座椅和扶手的适老化淋浴间

护服务系统、环境监测系统、人身安全监护系统、报警求助系统、娱乐培训系统所需要的设备设施的研发、设计与加工生产。

⑩ 辅具家具部品制造业

辅具家具部品制造业主要包括以下各类产品的研发、设计与加工生产：个人医疗辅助器具、技能训练辅助器具、矫形器和假肢、个人生活自理和防护辅助器具、个人移动辅助器具、家务辅助器具；老年人及护理人员日常生活所需的家具，包括餐桌、餐椅、茶几、沙发、电视柜、电动床、床头柜、操作台、鞋柜、玄关凳、阅览桌、棋牌桌、遮挡围帘等。

⑪ 户外适老部品制造业

户外适老部品制造业主要是研发、设计与生产加工室外楼梯、踏步、扶手、护栏、围栏、室外休憩桌椅、饮水器、遮阳设施、展示宣传橱窗、花草种植架、室外康复设施、室外照明灯具、室外无障碍停车位用标识及设备等。

(2) 特点

① 安全性

老龄康养适老化改造部品需要符合《老年人照料设施与适老居住建筑部品体系标准》(T/CREA 005—2021)关于安全性的要求。例如，浴室地砖、走廊地胶等需通过湿摩擦系数测试。

② 功能性

老龄康养适老化改造部品需要满足老年人防滑、紧急呼叫等生活辅助需求。例如，紧急呼叫系统需要具备一键触发、声光报警和后台联动功能，可调节高度扶手适配不同老年人的差异需求。

③ 集成性

老龄康养适老化改造部品需与建筑、家居系统协同设计，实现模块化安装。例如，部品设计与建筑墙体、地面等基体的连接口统一。卫浴、厨房等功能空间的整体式适老部品系统，集成防滑地面、无障碍台面、助力扶手等功能模块。

④ 智能化

老龄康养适老化改造部品融合物联网、健康监测等技术，构建智能化适老环境系统。例如，智能照明设备具有照度自适应调节、无眩光设计和起夜自动感应功能。

学生自评表

小组互评表

教师评学表

1. 单项选择题

2. 简答题

(1) 简述老龄康养产品制造业的分类逻辑。
(2) 阐述老龄康养适老化改造部品制造业的内容,绘制树状图。
(3) 阐述老龄康养信息设备制造业生产的三类产品,列举每类产品的典型产品和生产企业。

课后拓展

(1) 查阅老龄康养产品制造业所包含的产业目录,使用思维导图工具,划分出老龄康养产品制造业的子产业,并标注各子产业的典型产品。要求思维导图应清晰展示老龄康养产品制造业的结构与产品分类。

(2) 请扫码阅读《智慧健康养老产业发展行动计划(2021—2025年)》,组成小组,自选相关老龄康养制造业企业进行调研,撰写老龄康养产品制造业发展现状报告。

智慧健康养老产业发展行动计划(2021—2025年)

项目三 老龄康养产品制造业的发展

中国制造,这一曾经以高速度增长闻名的制造业体系,如今正面临着从高速度向高质量发展,从

产业链低端向高端迈进的巨大挑战。制造业升级的困境和人口老龄化的难题似乎在短时间都难以找到完美的解决方案,但将"老龄"和"制造"相结合,有可能呈现另一番图景:利用老龄经济兴起和制造业复苏的契机,抓住全球范围内新一轮产业结构调整和科技革命的机会。那么,老龄康养产品制造业的发展现状是怎样的?市场需求和供给呈现出怎样的景象?产业发展所面对的社会环境如何?

请你完成以下任务——

任务一:利用搜索引擎,查找5条老龄康养产品制造业相关研究报告、行业新闻或官方数据。

任务二:利用问卷星平台制作调查问卷,调研老年人的老龄康养产品需求。

任务三:收集四类子产业的市场规模数据,利用Excel或在线图表工具生成柱状图、饼图等,直观展示四类子产业的差异。

任务准备

任务分组表

任务准备单

知识链接

1. 老龄康养产品制造业的需求分析

(1) 需求与老年人需求层次

需求是指消费者在一定时期内,在各种可能的价格水平下愿意并且能够购买的商品或服务的数量。它包含两层含义:消费者既有购买的欲望,又有支付该商品的能力。

"老有所养、老有所医、老有所为、老有所学、老有所乐、老有所教"是老龄工作的奋斗目标,这些目标充分概括了老年人在衣、食、住、行、医、用、保、娱、学、为等各个方面的需求。随着低龄老年人与高龄老年人分化的加剧,老年人的需求层次结构也呈现出明显的异质性。以下基于低、中、高三个年龄层次和"养、医、为、学、乐、教"六个方面,对老年人的需求层次进行划分和分析(见表8-3-1)。

表8-3-1 不同年龄段老年人的需求层次的变化

年龄段	第一层次	第二层次	第三层次
低龄老人(60~70岁)	老有所为、老有所乐	老有所学、老有所教	老有所养、老有所医
中龄老人(70~80岁)	老有所医、老有所养	老有所乐	老有所学、老有所教、老有所为
高龄老人(80岁以上)	老有所养、老有所医	老有所乐	老有所学、老有所教、老有所为

(2) 老年人需求特征

① 需求性质由基本的刚性需求转向更高层次的需求

随着20世纪60年代出生群体步入老年,老年消费群体的需求出现显著变化,不再局限于生活必需品,而是向追求生活品质提升的改善型产品拓展。因此,老龄用品产业的发展亟需跳出低端同质化产品的窠臼,转而聚焦技术创新驱动的中高端产品研发。

② 医疗健康需求从"被动应对"转向"主动预防"

"被动应对"指老年人通常在健康问题、生活困境显现后才着手解决,像身体不适才就医、行动不便才用辅助器具,显得滞后。"主动预防"则是未雨绸缪,在疾病、问题萌芽前积极干预。例如,在健康管理上,过去被动等身体"报警"才去医院,如今多数老年人主动定期体检,依身体状况定制饮食、运动计划,防控慢性病。

③ 学习教育类需求萌发

当今社会信息飞速更迭,新科技、新文化、新观念不断涌现,老年人不想被时代抛下,渴望通过了解、学习外界变化,如智能设备操作知识,融入数字生活。此外,随着健康意识提升,老年人对养生保健、慢性病防治知识需求大增,也期望从专业学习资源中获取精准、科学的健康指引,主动管理自身健康。

2. 老龄康养产品制造业的发展现状

(1) 老龄康养医疗设备制造业

老龄康养医疗设备制造业不仅生产传统的医疗诊断与治疗设备,如 X 光机、CT 扫描仪等,还积极研发并推广了一系列针对老年人健康管理的创新产品,如智能血糖监测系统、动态心电记录仪、便携式眼底相机等。这些产品通过精准监测老年人的生理指标,有效提升了健康管理的效率与精确度。特别地,康复辅具市场展现出巨大的发展潜力,据《中国康复辅助器具产业发展报告(2020)》显示,我国康复辅具市场规模已超过 600 亿元,2025 年将突破 1 000 亿元,其中针对老年人需求的康复辅具占比显著。

(2) 老龄康养信息设备制造业

老龄康养信息技术设备在老龄康养领域的应用日益广泛,成为推动智慧养老发展的重要力量。以智能穿戴设备为例,根据 IDC 发布的《中国可穿戴设备市场季度跟踪报告(2023 年第四季度)》,2023 年我国智能穿戴设备市场规模达到 934.7 亿元人民币,同比增长 12.3%,其中针对老年人的健康安全监测、紧急呼叫等功能成为市场增长的主要驱动力。

(3) 老龄康养家居设施制造业

随着老年人口对居住环境安全性与舒适性的要求日益提高,老龄康养家居设施制造业领域积极研发并推广了一系列适老化产品,如防滑地板、扶手、智能浴室系统等,这些产品通过细节设计优化,有效降低了老年人居家生活中的安全风险。同时,智能家居系统的引入,如智能语音助手、远程控制系统等,使得老年人能够更加方便地操作家居设备,享受智能化带来的便利。据《中国智能家居产业发展白皮书(2023)》预测,到 2025 年,我国智能家居市场规模将达到近万亿元,其中适老化智能家居产品将成为重要增长点。

(4) 老龄康养适老化改造部品制造业

老龄康养适老化改造部品制造业涵盖了从基础的无障碍设施部品到高端的智能管理部品,产业内容丰富。随着我国老龄化程度的加深,对适老化改造的需求日益增长,推动了老龄康养适老化改造部品制造业的快速发展。越来越多的企业涉足该领域,产业规模也将逐渐扩大。同时,在政策支持和市场需求的双重推动下,适老化改造部品制造业的技术创新速度加快,有特殊功能的,如具有抗菌性、防滑性和耐污性的扶手材料,以及能够自动报警的烟雾、燃气泄漏或溢水报警装置等部品将不断推向市场。《中国老龄产业发展报告(2022)》显示,我国适老化改造市场规模已超过 200 亿元,预计将以年均 20% 以上的速度增长。据住房和城乡建设部估算,仅对我国现有 400 亿平方米的旧建筑进行适老化改造,市场规模便可达 15 万亿元,居家环境的适老化改造直接市场份额约为 3 万亿元。而智慧家庭将催生一个规模数千亿元的新蓝海市场[1]。

---

[1] 抓住老龄化的时代特征 深入挖掘内需新空间[OL].(2022-06-10)[2025-05-28]. https://www.ndrc.gov.cn/wsdwhfz/202206/t20220610_1327076.html

 **任务评价**

学生自评表

小组互评表

教师评学表

 **思考练习**

1. 单项选择题

2. 简答题

（1）阐述老年人的需求层次与需求特征。

（2）简述老龄康养产品制造业的发展现状。

3. 拓展研究

（1）根据所学知识，基于问卷星平台，发布调查问卷，调研老龄康养产品的市场需求情况，提交一份不少于500字的分析报告。

（2）请扫码观看《创新进行时·智慧养老》，了解老龄康养产品制造业的创新发展，深入社区调查创新性老龄康养适老化改造部品的需求现状，撰写调查报告。

创新进行时·智慧养老

项目四　老龄康养产品制造业发展面临的问题

 **任务发布**

在全球市场中，日本的老龄用品制造业处于领先地位，拥有近4万种老龄用品（全球老龄用品大约有6万多种），且智能化水平较高。德国在养老配套设施和老年人家用器具等领域也较为领先，其高端养老配套设施在全球市场的占有率高达60%。相比之下，中国的老龄用品制造品类与满足日益

增长的老年人口需求尚有较大差距。显然,老龄康养产品制造业的发展正面临着诸多复杂而深刻的问题,如何认识问题,如何突破阻碍,成为促进老龄康养产品制造业高质量发展的关键。

请你完成以下任务——

任务一:搜集相关资料,至少罗列10条老龄康养产品制造业发展面临的问题。

任务二:对搜集到的问题进行深度剖析,从问题主体角度,即老年人需求问题、企业供给问题、产业链协调问题、政策环境问题,为所列问题进行分类。

任务三:根据问题分析结果,针对一类问题给出相应的对策建议。

任务准备

任务分组表

任务准备单

知识链接

1. 老年人需求问题

(1) 需求认知的局限性

由于信息获取渠道有限、生活习惯固化以及健康意识淡薄,部分老年人难以准确识别自身对康养产品的实际需求。老年人通常在失能后才不得不使用老龄用品,没有认识到适时使用老龄用品,才能从全生命周期的角度有效预防疾病和避免失能风险。这种认知局限不仅限制了老年人对新兴康养产品的接受度,也影响了他们对健康生活方式的选择与追求。

(2) 消费潜力的不均衡性

消费理论明确指出,收入是决定消费的首要因素。当前,我国老年人的收入来源多元化,主要包括养老金(退休金)、个人储蓄、子女赡养费、政府补贴、社会捐助及其他财富等。随着老年人口的持续增加和消费能力的稳步提升,银发经济市场规模将持续扩大,展现出巨大的消费潜力。然而,这种消费潜力的分布并不均衡,存在明显的区域和城乡差异。

区域差异主要表现为经济发展水平较高的地区,老年人的消费能力和消费意愿通常更强,而经济欠发达地区的老年人消费潜力则相对有限。

城乡差异主要表现为城市老年人的收入水平、消费观念和生活方式相对现代化,因此其消费潜力大于农村老年人。农村老年人由于收入水平较低、消费观念相对保守以及养老保障制度的不完善,其消费潜力有待进一步挖掘。

2. 企业供给问题

(1) 供需不匹配

① 产品设计与需求不匹配

市场上许多康养产品在设计上缺乏创新,功能相似度高,难以满足老年人多样化的需求偏好。部分康养产品功能过于复杂,操作界面使用难度大,超出了老年人的认知与操作能力。

② 价格定位与消费能力不匹配

一些高端康养产品价格高昂,超出了老年人的经济承受能力,导致老年人难以承担。企业未能充分进行市场细分,不能全面了解不同老年人群体的具体需求,导致产品供给与老年人需求之间存在较大偏差。

(2) 创新动力缺失

受到研发投入不足、高端人才短缺等因素的制约,企业在产品创新、技术研发等方面进展缓慢,导致市场上同质化产品泛滥,缺乏具有核心竞争力的优质产品。根据专利数据库统计,近年来老龄康养产品领域的专利申请数量增长缓慢,且主要集中在少数几家大型企业手中。

老龄康养产品制造业缺乏创新动力的原因主要归结为老龄用品基础科学研究薄弱、知识产权保护力度不足和需求导向出现偏差。大部分老年人在选择用品时,首先看重的是价格因素,其次才是品质和功能,这种消费观念导致一些质量不佳、功能不完善的产品反而具有较高的市场占有率,不仅损害了消费者的利益,也导致老龄用品厂家缺乏技术创新的动力,因为即使投入大量资源进行研发创新,也可能因为价格因素而无法获得市场的认可。

(3) 规模经济未形成

规模经济是指在一定的产量范围内,随着产量的增加,平均成本不断降低的现象,是降低生产成本、提高经济效益的重要途径。然而,在老龄康养产品制造业中,规模经济效应并未得到有效发挥。

老龄康养产品制造业市场规模相对较小,企业在生产过程中难以实现规模经济效应,导致生产成本居高不下。据统计,我国老龄康养产品制造企业中,中小型企业占比超过 80%,这些企业在技术研发、产品设计、市场推广等方面的投入有限,难以形成规模效应和品牌优势。

此外,企业之间竞争激烈,往往采取价格战等低层次竞争手段,进一步压缩了利润空间。这种状况不仅限制了企业的市场竞争力,也制约了老龄康养产品制造业的整体发展。

3. 产业链协调问题

老龄康养产品制造业的产业结构呈现出高度的同质化与单一性特征。当前,该产业主要集中在传统的医疗设备领域,缺乏向更广泛、更深入的产业链上下游延伸,突出表现为产业链上下游衔接不紧密、产品线不完善、产业链延伸受限。

(1) 产业链上下游衔接不紧密

老龄康养产品制造业原材料供应、生产制造、销售服务等各个环节之间缺乏有效的协作和沟通机制,导致信息传递不畅,资源流动受阻,影响了产业链的整体效率和效益。

(2) 产品线不完善

缺乏有效的产业组织和市场引导,企业难以根据老年人群体的实际需求进行产品研发和生产,导致市场上老龄用品种类有限,无法满足老年人的多样化需求。

(3) 产业链延伸受限

由于缺乏有效的产业协作和市场机制,企业难以在现有产业链的基础上进行延伸和拓展,开发新的产品和服务,影响了整个产业的升级和转型。

4. 政策环境问题

(1) 市场竞争失序

由于行业标准和规范尚未完善,一些企业为了追求短期利益,采用低价竞争、虚假宣传等不正当手段,严重扰乱了市场秩序。这不仅损害了消费者的权益,也影响了正规企业的品牌形象和市场地位。

此外,一些企业还存在抄袭、模仿等行为,导致市场上同质化产品泛滥,缺乏创新和差异化。这种市场竞争失序的现象,不仅制约了老龄康养产品制造业的健康发展,也阻碍了行业的整体升级和转型。

(2) 行业监管缺位

老龄康养产品制造业涉及多个领域和部门,监管难度较大,导致一些企业得以逃避监管,进行违法违规操作。如市面上越来越多的老年代步车,这些代步车很多都属于非法拼(组)装产品,没有合法的登记手续,没有牌照和保险,车辆驾驶者也没有机动车驾驶证,存在巨大的道路交通安全隐患。

同时,行业监管的缺位也使得一些企业得以利用监管漏洞,进行不公平竞争,进一步加剧了市场竞争的失序。因此,加强行业监管,完善监管体系,对于保障消费者权益、促进老龄康养产品制造业的健康发展具有重要意义。

(3) 政策支持需加强

在老龄康养产品制造业的发展过程中,科学的中长期专项发展规划的缺失,确实成为制约整个行业快速发展的关键因素。尽管老龄康养产品制造业领域已经出台了一系列政策文件以促进产业发展,但这些政策在实施过程中仍面临诸多挑战。

科学的中长期专项发展规划的缺失可能导致对老龄康养产品制造产业的重要性和潜力认识不足,从而未能给予足够的关注和资源投入,使得行业在发展过程中缺乏明确的方向和目标,难以形成持续、稳定的发展态势。

尽管2019年工业和信息化部等五部门联合发布了《关于促进老年用品产业发展的指导意见》等政策措施,为老龄康养产品制造业的发展提供了一定的指导和支持,但这些政策仍主要停留在原则性要求的层面,距离实际操作层面还存在一定差距。这可能导致政策在实施过程中难以有效落地,无法充分发挥其应有的推动作用。

学生自评表

小组互评表

教师评学表

1. 单项选择题

单项选择题

2. 简答题

(1) 简述老龄康养产品制造业面临的企业供给问题。
(2) 简述老龄康养产品制造业面临的产业链协调问题。

（3）简述老龄康养产品制造业面临的政策环境问题。

3. 拓展研究

（1）调研一家老龄康养产品制造企业或者查询一家老龄康养产品制造企业网站，选择3款智能化康养产品，了解其使用说明，并用视频的方式记录。

（2）扫码观看视频《老龄制造业：启动进行时》，组成小组，讨论老龄康养产品制造业发展中面临的问题，提出并撰写不少于800字的对策。

老龄制造业：启动进行时

项目五　老龄康养产品制造业发展战略

任务发布

科学创新让生活更美好，科技赋能，助力养老服务高质量发展

随着人口老龄化程度的不断加深，老龄康养产品制造业正迎来前所未有的发展机遇。实施创新驱动、民族品牌和产业集群三大战略将成为推动产业高质量发展的关键路径。创新驱动战略通过科技赋能，实现产品智能化、个性化与便捷化，提升产品技术附加值；民族品牌战略立足文化传承与品牌建设，将中华优秀传统文化融入产品与品牌设计，增强品牌认同感，提升消费者忠诚度；产业集群战略聚焦产业集聚与协同发展，降低生产成本，提高生产效率，增强产业整体竞争力与抗风险能力，推动产业向高端化发展。三大战略相互支撑、协同发力，共同推动老龄康养产品制造业向高端化、品牌化、集约化方向发展，构建具有中国特色的现代化康养产业体系。

请你完成以下任务——

任务一：回顾视频中提到了哪些科技创新的例子，思考这些创新案例如何引领生产力的发展。

任务二：分析当前市场上老龄康养产品的优缺点，以及潜在的科技创新点。

任务三：分享各自收集的信息，使用SWOT分析模型，探讨老龄康养产品制造业的发展机遇与挑战。

任务准备

任务分组表

任务准备单

知识链接

1. 创新驱动发展战略

(1) 战略含义

在老龄康养产品制造业中,创新驱动发展战略是推动产业升级与转型的基石。这一战略在老龄康养产品制造业中,指的是通过深度整合科技引领与需求导向,推动产品创新、技术升级和服务优化的综合战略。

创新驱动发展战略不仅符合技术创新与市场需求双轮驱动的理论框架,更体现了人本主义视角下对老年人群体的深切关怀。通过科技赋能,提升产品的智能化、个性化和便捷性,满足老年人多样化的康养需求,进而推动产业向高端化、智能化方向迈进。

(2) 战略重点优化路径

① 提高自主创新能力

在技术研发上,必须紧密跟踪国际老龄康养产品制造业的创新趋势和技术特点,确保我国的自主创新能够与国际接轨。在此基础上,应将优势资源整合聚焦到老龄康养产品制造业的战略目标上,特别是在重点领域和关键技术上,力求取得重大突破。为实现这一目标,政府应通过政策引导和市场机制,双管齐下,鼓励企业加大研发投入,积极推动技术创新和产业升级。在创新模式上,应采取多元化策略,不仅在优势领域进行原始创新,还要对现有技术进行集成创新,并加强对引进技术的消化吸收再创新,从而形成具有自主知识产权的核心技术和产品。

② 构建技术创新体系

确立企业在技术创新中的主体地位,让企业成为技术需求选择、技术项目确定、技术创新投入和创新成果产业化的主体。同时,构建协同创新体系,高校、研发机构、中介机构以及政府、金融机构等应与企业一起构建分工协作、有机结合的创新链,形成具有中国特色的协同创新体系。通过产学研合作,实现技术创新与产业升级的深度融合。

③ 加快科技体制机制改革创新

建立科技创新资源合理流动的体制机制,通过政策引导和市场机制,促进科技创新资源在老龄康养产品制造业中的合理流动和高效配置。建立政府调控与市场竞争有机结合的体制机制,在老龄康养产品制造业中,既要让市场充分发挥基础性调节作用,也要让政府充分发挥引导、调控和支持作用。建立科学的创新评价激励机制,在老龄康养产品制造业中,建立科学的创新评价机制,以激励科技人员的积极性和创造性。

2. 民族品牌战略

(1) 战略含义

民族品牌战略在老龄康养产品制造业中,指的是通过深入挖掘和传承中华优秀传统文化元素,塑造具有民族特色的品牌形象,提升品牌竞争力和市场影响力的战略。此战略体现了文化认同理论在品牌建设中的应用,通过文化元素的融入,增强消费者对品牌的情感认同和忠诚度,推动老龄康养产品制造业向品牌化、国际化方向发展。

(2) 战略重点优化路径

① 在创业期奠定品牌基础与确立核心价值

在老龄康养产品制造业的创业期,企业需具备强大的自身实力和明确的发展愿景。鉴于产品的可替代性高,品牌成为区分竞争者的关键。因此,企业从一开始就应深入挖掘中华优秀传统文化中的康养理念、养生方法和艺术元素,通过创意设计和现代科技手段,将其融入品牌设计、产品开发和市场推广中,形成独特的品牌文化。

② 在成长期提升品牌认知与强化核心价值理解

品牌认知度不仅关乎顾客的知晓程度,更在于顾客对品牌的深刻理解。企业应通过多种方式,如产品体验、品牌故事等,使顾客全面认识品牌的特性,而不仅仅是品牌的名称、标志等外在元素。

③ 在成熟期培育品牌忠诚度与保持竞争优势

品牌忠诚度反映了顾客对品牌的深厚感情和转向其他品牌的难度。企业应通过提供稳定的产品质量、优质的售后服务和与顾客建立融洽的关系来培育品牌忠诚度。在保持民族特色的基础上,积极寻求国际化发展机遇,通过国际合作与交流,提升品牌在国际市场的竞争力和影响力。

3. 产业集群战略

(1) 战略含义

产业集群战略在老龄康养产品制造业中,指的是通过产业集聚和协同发展,形成规模效应和协同创新效应,推动产业快速发展的战略。此战略符合产业集群理论的核心观点,即通过产业集聚降低生产成本、提高生产效率、优化资源配置,进而推动产业向集群化、高端化方向发展。

(2) 战略重点优化路径

① 科学规划与布局产业园区

根据老龄康养产品制造业的特点和发展需求,科学规划和布局产业园区,形成产业集聚效应。同时,加强园区内的基础设施建设和服务配套,提升园区的吸引力和竞争力。

② 加强产业链上下游协同

推动老龄康养产品制造业产业链上下游企业的紧密合作与协同创新,形成完整的产业链体系。通过产业链的延伸和整合,提高产业的整体竞争力和抗风险能力。

③ 强化政策引导与支持体系

政府应出台相关政策,对老龄康养产品制造业给予引导和支持。通过税收优惠、资金扶持、人才引进等措施,推动产业的快速发展和转型升级。同时,加强行业监管和标准制定,推动产业的规范化、标准化发展。

学生自评表

小组互评表

教师评学表

1. 单项选择题

2. 简答题

（1）简述老龄康养产品制造业创新驱动发展战略内容。

（2）简述老龄康养产品制造业的民族品牌战略内容。

（3）简述产业集群概念，查阅我国老龄康养产品制造业集群的分析与典型园区，并列表梳理。

拓展研究

（1）调查至少两家老龄康养产品制造企业，了解企业发展状况与战略，撰写一个企业案例。

（2）请扫码阅读《关于促进老年用品产业发展的指导意见》，探讨老龄康养产品制造业发展趋势，完成一份不少于800字的报告。

关于促进老年用品产业发展的指导意见

主要参考文献

References

图书

［1］董克用,等.中国养老金融发展报告（2024）[M].北京:社会科学文献出版社·皮书出版分社,2024.
［2］国家应对人口老龄化战略研究老龄事业发展指标体系研究课题组.老龄事业发展指标体系研究[M].北京:华龄出版社.2014.
［3］李璐,等."十四五"老龄事业和产业发展规划研究[M].北京:中国社会科学出版社,2021.
［4］刘克生.老龄事业与产业发展[M].北京:旅游教育出版社.2024.
［5］娄飞鹏.养老金融发展及政策支持研究[M].北京:经济管理出版社,2021.
［6］马骏,等.中国人口老龄化及其政策应对研究[M].南京:南京大学出版社,2023.
［7］世界卫生组织.积极老龄化政策框架[M].北京:华龄出版社,2003.
［8］王海涛.中国旅居养老发展报告[M].北京:中国社会出版社,2019.
［9］徐建中.中国银发经济发展报告（2024）[M].北京:社会科学文献出版社,2024.
［10］许江萍.中国养老政策目标与路径[M].北京:中国市场出版社,2018.
［11］杨全民.居家养老:适老化改造与设计[M].南京:江苏凤凰美术出版社,2023.
［12］张岩松,等.智慧健康养老服务与管理[M].北京:清华大学出版社,2023.
［13］赵晓芳.医养结合:健康老龄化的中国方案[M].北京:中国财富出版社,2023.

标准

［1］国家市场监督管理总局,国家标准化管理委员会.电子商务平台适老化通用要求:GB/T 45445—2025[S/OL].（2025-02-28）[2025-06-03]. https://openstd.samr.gov.cn/bzgk/std/newGbInfo? hcno=5CCAD18E4F7687C12D1E419533868FC8.
［2］国家市场监督管理总局、国家标准化管理委员会.城市公共设施 适老化设施服务要求与评价:GB/T 45158—2024[S/OL].（2024-12-31）[2025-06-03]. https://openstd.samr.gov.cn/bzgk/std/newGbInfo? hcno=D4F2788C83144DBC2931D257F0AEF5A0.

期刊

［1］杜鹏,李龙.新时代中国人口老龄化长期趋势预测[J].中国人民大学学报,2021,35(01):96-109.
［2］房红,张旭辉.康养产业:概念界定与理论构建[J].四川轻化工大学学报（社会科学版）,2020,35(04):1-20.
［3］封铁英,齐心竹.旅居养老产业链智慧化纵向整合——基于演化博弈模型构建与情景仿真[J].西安

交通大学学报(社会科学版),2021,41(01):89-101.
[4] 金牛,原新.银发经济高质量发展:人口基础、战略导向与路径选择[J].河北学刊,2024,44(02):158-166.
[5] 刘昌平,汪连杰.新常态下的新业态:旅居养老产业及其发展路径[J].现代经济探讨,2017,(01):23-27+48.
[6] 刘智勇.积极应对人口老龄化国家战略:观念更新、任务定位、实现途径[J].学习论坛,2023,(01):81-88.
[7] 马丽萍.数读2023年度国家老龄事业发展公报[J].中国社会工作,2024,(29):24-25+27.
[8] 彭青云,黄灿炜,田佳乐.社区居家老年人智慧康养产品购买意愿与影响因素研究[J].智能社会研究,2024,3(04):89-109.
[9] 沈凡植,何律琴.老龄产业与老龄事业的差异分析[J].经济研究导刊,2021,(33):55-57.
[10] 谭小芬,曹倩倩.中国养老金融:趋势展望与发展建议[J].新金融,2025,(03):10-19+57.
[11] 向运华,黄蓉.中国养老金融发展的内在逻辑与路径选择——基于10年政策文本的扎根分析[J].社会科学家,2025,(02):89-96.
[12] 杨菊华.智慧康养:概念、挑战与对策[J].社会科学辑刊,2019,(05):102-111.
[13] 杨立雄,余舟.养老服务产业:概念界定与理论构建[J].湖湘论坛,2019,32(01):24-38.
[14] 杨晓奇.我国老龄产业政策的现状、问题及其完善建议[J].老龄科学研究,2022,10(08):1-13.

图书在版编目(CIP)数据

老龄事业与产业发展/吴玉韶,张国芝主编.
上海:复旦大学出版社,2025.6. -- ISBN 978-7-309-17994-1
Ⅰ.D669.6
中国国家版本馆CIP数据核字第2025SV7365号

老龄事业与产业发展
吴玉韶　张国芝　主编
责任编辑/张彦珺

复旦大学出版社有限公司出版发行
上海市国权路579号　邮编:200433
网址:fupnet@fudanpress.com　http://www.fudanpress.com
门市零售:86-21-65102580　团体订购:86-21-65104505
出版部电话:86-21-65642845
浙江临安曙光印务有限公司

开本 890毫米×1240毫米　1/16　印张11.75　字数331千字
2025年6月第1版第1次印刷

ISBN 978-7-309-17994-1/D·1223
定价:55.00元

如有印装质量问题,请向复旦大学出版社有限公司出版部调换。
版权所有　侵权必究